Uwe Topper

ERFUNDENE GESCHICHTE

Uwe Topper

Erfundene Geschichte

Unsere Zeitrechnung ist falsch
Leben wir im Jahr 1702?

Mit 23 Fotos des Autors
und 30 Abbildungen

Herbig

Bildnachweis:

Alle *Fotos* stammen vom Verfasser.

Die *Abbildungen* sind vom Verfasser gezeichnet, außer: Abb. 14 (aus F. Codera y Zaidin, »Tratado de Numismática«, Madrid 1879, Tafel II); Abb. 21 (aus Hans Lülfing, Hans-Erich Teitge und Joachim Petri, »Handschriften und alte Drucke: Kostbarkeiten aus Bibliotheken der DDR«, Wiebaden 1981); Abb. 22 (Lexikon-Abbildung); Abb. 23 (Alter Stich in einem spanischen Schulbuch); Abb. 24 (Ausschnitt aus dem Plakat zum Festakt des 1155. Todestages von König Alfons II. in Oviedo, 1997); Abb. 27 (aus Emil Hübner, Berlin 1871, No. 235); Abb. 30 (aus Graichen und Hillrichs, München 1993, S. 211 u. 213).

Fremdsprachige Ausgaben:
Bulgarien, Litera Prima, Sofia

Gedruckt auf chlorfrei gebleichtem Papier

2. Auflage 2000 – Sonderproduktion
3. Auflage 2001 – Sonderproduktion

Umschlaggestaltung: Ulrike Storch, München
Umschlagbild: Archiv für Kunst und Geschichte, Berlin
Satz: Schaber Satz- und Datentechnik, Wels
Gesetzt aus 11/13 Punkt Stempel Garamond
Druck und Binden: GGP Media, Pößneck
Printed in Germany
ISBN 3-7766-2085-4

Inhalt

Meinem Sohn Alexander Topper
danke ich für die technische und
mathematische Mithilfe

Vorwort

Dieses Buch handelt von einer neuen Zuordnung der geschichtlichen Daten im ersten Jahrtausend unserer Zeitrechnung.
Die Gedanken zur Zeitrekonstruktion, die ich hier ausspreche, sind nicht einem einzigen Gehirn entsprungen. In tastenden Versuchen über mehrere Jahrzehnte hinweg, mit Fehlwegen und Rückmärschen, Wiederholungen und Vorstößen, haben einige Forscher und Wissenschaftler in regem Gedankenaustausch wie auch Streitgesprächen ein Konzept aufgebaut, das zu einer tragfähigen Theorie geworden ist, die ernsthafte Diskussion verdient und auch bekommt.
Wer der erste war, ist schwer zu erkennen. Wer sich am weitesten vorwagte, ist allen sichtbar vor Augen: Heribert Illig hat der Theorie feste Gestalt gegeben mit genau begrenzten Jahreszahlen und verantwortlichen Persönlichkeiten der Geschichtsschreibung. Die Gruppe, die sich um seine Zeitschrift geschart hat, löst immer größere Wellenkreise aus. Sie bewegt sich in einem neuen Spielraum auf ein geistiges Abenteuer zu, das in der modernen Geschichtsforschung einmalig dasteht. Ich werde möglichst viele »Zeitrekonstrukteure« zu Wort kommen lassen und – vor allem zu Beginn – erst einmal berichten, wie wir zu dieser neuen Vorstellung vom Zeitbegriff gekommen sind und welchen Stand die Diskussion erreicht hat.
Natürlich fließen dabei auch meine persönlichen Gedanken ein, das ist unvermeidlich. Darum betone ich noch einmal: Es sind die Gedanken eines guten Dutzends von Vorarbeitern, von denen jeder auf seine Weise den Vorstoß mitgemacht hat. Im Literaturverzeichnis findet der Leser die Artikel aufgeführt, die

in der von Heribert Illig herausgegebenen Vierteljahreszeitschrift »Vorzeit-Frühzeit-Gegenwart« – ab 1995 umbenannt in »Zeitensprünge« – in Gräfelfing bei München erschienen sind. In diesen Artikeln sind wichtige Hinweise auf die benützte Literatur enthalten, die verständlicherweise nur zum Teil in meinem Literaturverzeichnis aufgeführt ist.
Wer die Einzelheiten besser verstehen und vor allem nachprüfen will, kann sich in diesen Zeitschriftenaufsätzen informieren. Er wird darin auch den spannenden Entstehungsvorgang der neuen Gedankenrichtung vorfinden und kann dabei das Abenteuer des gemeinsamen Vorstoßes und die Diskussionen nachvollziehen.
Und wer an der weiteren Arbeit interessiert ist, hat die Möglichkeit, zu den Vorträgen in unserem Berliner Geschichtssalon zu kommen: Galerie Bellevue, Flensburgerstr. 11–13, Berlin-Tiergarten. Sie finden etwa vierteljährlich statt und werden im Informationsblatt der Galerie sowie in der Presse angekündigt. Für Internetbenutzer hier die Homepage: http://www.geocities.com/Athens/Styx/4262/index.htm und ganz neu außerdem http://members.aol.com/cbloess/index.htm.

1 Der Zeitstrahl zerbricht

Silvesterfeier 1700

Ein Mann dreht die Zeituhr zurück.
Wir müssen alle Jahreszahlen neu lernen.

Da stellt sich ein Wissenschaftler vor laufende Fernsehkameras und erklärt allen Ernstes, daß wir nicht auf das Jahr 2000 zuschreiten, sondern uns gerade erst im Jahr 1700 befinden. Unsere Jahreszählung seit Christi Geburt ist eine späte Erfindung und noch dazu um 300 Jahre zu lang! Und wenn man diesem Mann, Dr. Heribert Illig aus Gräfelfing bei München, genügend Zeit gibt, kann er seine These auch plausibel vortragen.

Er sagt klipp und klar, daß Kaiser Karl der Große nie gelebt hat und daß alle Kriegszüge und Kulturtaten dieses vorbildlichen Herrschers nur der sprühenden Phantasie von Mönchen entsprungen sind. Das 7., 8. und 9. Jahrhundert christlicher Zeitrechnung hat es nie gegeben. Zwischen den Jahren 614 und 911 liegt völlige Leere.

Als ich zum ersten Mal davon hörte, vor fünf Jahren, schien mir die Vorstellung eines solchen Zeitsprungs verrückt. Seit ich mich in das Problem hineingekniet habe und mit enormem Aufwand an Zeit und Energie die Argumente – für und wider – geprüft habe, kann ich mir nicht mehr vorstellen, daß ernsthafte Wissenschaftler die neue These ablehnen. Sie ist völlig überzeugend und lückenlos beweisbar.

Einer der ersten Wissenschaftler, die die These der zuviel gezählten Zeit vortrugen, Hans-Ulrich Niemitz, Professor für

Technikgeschichte an der Universität Leipzig, versuchte sogleich einige akademische Institutionen dazu zu bewegen, Forschungsvorhaben einzuleiten mit dem Ziel, den Sachverhalt zu klären. Man winkte ab. Nicht aus Gleichgültigkeit gegenüber dem Problem, wie ich heute vermute, denn es gibt an einigen Universitäten – so auch in Berlin – Vorlesungen über das Thema: Ist die Illig-Niemitzsche-These haltbar oder kann man sie widerlegen? Der Grund für die Ablehnung einer größeren Untersuchung dürfte also nicht Desinteresse sein, sondern Vorsicht oder Scham. Wenn tatsächlich etwas dran ist, daß dreihundert Jahre, über die auch in unserem Jahrhundert ein nicht mehr überschaubarer Berg von Literatur geschrieben wurde, einfach erfunden sind, daß also alle diese großartigen Helden wie Kaiser Karl und sein Gegner Wittekind, wie Roland und Ludwig der Fromme, nur Phantasiegebilde sind, dann gibt man sich der Lächerlichkeit preis und kann ganze Seminare schließen.

Aber es gibt da noch andere Hemmnisse, die überwunden werden müssen. Sie sind viel subtiler als verletzter Stolz oder überflüssige Posten. Sie traten zutage, als Illigs erstes Buch zum Thema schon 2000 Käufer gefunden hatte und Zeitungen, Rundfunk und schließlich Fernsehen diese ungeheuerliche Provokation vor die Öffentlichkeit brachten. Nun sind die Akademiker vom Steuerzahler gefordert und zeigen sich von ihrer schwächsten Seite.

Einige bestätigen, daß Illigs These stichhaltig ist und auf präzisen Kenntnissen beruht, andere möchten die eigene Position durch Rückzug relativieren, etwa so: Wir wissen ja, daß Geschichtsforschung ein heikles Feld ist, wo viele Fehler vorkommen. Es könnten auch Fälschungen passiert sein – wo gäbe es das nicht? Aber an sich ist diese relativistische Wissenschaft doch nur mit sich selbst beschäftigt; das Mittelalter geht Laien nichts an. Was soll da die Anschuldigung?

Es gibt auch Historiker, die ernsthaft versuchen, Illig zu wider-

legen; sie sind mir sympathischer. Die Zeitschrift »Ethik und Sozialwissenschaften« bat über hundert Fachleute um Stellungnahme und veröffentlichte die besten (EuS 8, 4; 1997). Die Zahl der Befürworter war gering, die der Gegner beachtlich. Einen der letzteren, Professor Michael Borgolte, hörte ich mir in der Humboldt-Universität Berlin persönlich an. Sein Argument war ganz einfach: Es gibt Urkunden von Kaiser Karl mit seinem Namenszug, also hat er gelebt. Borgolte präsentierte eine besonders gute Urkunde als Beispiel, nämlich die erste Urkunde, die Karl nach seiner Krönung zum König der Franken ausgestellt hatte: ein Schenkungsakt vom Jahre 769 mit eigenhändiger Unterschrift. Es wurde allerdings dazugesagt, daß wir nicht das Original, sondern nur eine einzige Abschrift davon besitzen, und daß die Unterschrift Jahrzehnte nach dem Tod des Kaisers von den Mönchen »nachgezeichnet« worden war. Eine Beglaubigung dieser rund 70 Jahre später angefertigten Kopie fehlt. Den Einwand, daß sie ja gefälscht sein könnte, entwaffnete Borgolte mit der Gegenfrage: »Warum hätte man sie fälschen sollen? Und noch dazu so schlecht, daß ein Teil des Inhalts nicht einmal den Tatsachen entspricht?«
Damit sollte Illig widerlegt sein?

Der Grund für die Reaktion ist tiefgründiger. Die Diskussion ruft religiöse Gefühle auf den Plan, ohne daß sich die einzelnen dessen bewußt wären. Indirekt scheinen sie durch: Das Jahrtausendende ist nah!
Die Aufstellung unserer Jahreszählung nach Christi Geburt hatte ja nur diesen einen Anlaß gehabt: Man wollte damals festlegen, daß seit Jesu Geburt ein Jahrtausend vergangen war, und wissen, wann das nächste Jahrtausend um sei, weil man auf die Rückkehr des Heilands wartete. In unserer aufgeklärten und weitgehend ungläubigen Zeit spielen derartige Beweggründe keine Rolle mehr, zumindest nicht verstandesmäßig. Aber im emotionalen Bereich geht es doch gerade um diesen Punkt, wie

die reißerischen Überschriften selbst in seriösen Zeitschriften deutlich machen: »Das Millennium wird verrückt« (»Die Zeit«, Nr. 40, 26. September 1997).
Millenniumsängste, Tausendjahrbewußtsein, Endzeitpsychose – das sind die Schlagwörter, unter denen sich die heftig gewordene Diskussion jetzt abspielt. Die Akademiker sind schon zur Seite gedrängt. Sie hatten zu lange gezögert. Nun haben Außenseiter der Forschung das Wort.
Und mit großem Staunen erfährt das unvoreingenomme Publikum, was in Kreisen der Wissenschaft seit mehr als zwei Generationen vertuscht und überdeckt wurde: Unsere Schulgeschichte ist das Konstrukt einer kleinen Gruppe von Gelehrten. Mit der Wirklichkeit hat es sehr wenig zu tun.
Und diese Behauptung ist nachweisbar an den Zahlen, die uns als feste Meilensteine eingepaukt wurden: Sie haben ihre Begründung verloren. Die Zeit ist fließender, als bisher gelehrt wurde.

Lücken und Sprünge im Zeitgefüge

Vor etwa fünfzehn Jahren begann eine gemischte Gruppe von Wissenschaftlern sich für eine kritische Überprüfung unserer augenblicklich weltweit anerkannten Zeitrechnungstabellen einzusetzen. Durch strenge Sichtung der archäologischen Befunde und durch logische Schlußfolgerungen stellten sie fest, daß unser Zeitschema bei weitem zu lang geraten ist.

Die Kritik der modernen »Zeitrekonstrukteure« betrifft sämtliche Bereiche, sei es den geologischen, der durch die Darwinsche Evolutionstheorie künstlich aufgeblasen ist (Christian Blöss: »Jenseits von Darwin«, 1988), den vorgeschichtlichen, wo ein Korb von Skeletten für Jahrhunderttausende zeugen muß (Gunnar Heinsohn: »Wie alt ist das Menschengeschlecht?«, 1991), den frühgeschichtlichen Bereich der Ägypter, Sumerer, Inder und Perser, die durch Verdoppelungen und fiktive Königslisten älter gemacht worden waren, schließlich die Antike der Griechen und Römer mit ihren Dunkelzeiten (Heinsohn, Illig u. a.). Wohin man schaut, findet man Leerstellen, die künstlich aufgefüllt worden waren, eher schlecht als nachweisbar. Durch rigorose Streichung der durch die Geschichtsschreibung in den letzten hundert Jahren künstlich erzeugten »Phantomzeiten« (Niemitz) und ihrer Scheinherrscher rücken die Ereignisse enger zusammen und ergeben nun einen ganz neuen Sinn.

Aufregend sind diese Umstürze der gewohnten Zeitmaßstäbe! Die dreitausendjährige ägyptische Geschichte von den ersten Pharaonen bis zu den römischen Eroberern schrumpft auf ein einziges Jahrtausend zusammen, und entsprechend verschieben sich die frühen Reiche des Zweistromlandes, Kretas oder des Industales ins erste Jahrtausend vor Christus. Damit werden die Sumerer zu Zeitgenossen von antiken Griechen und Persern und rücken in eine uns vertraute Nähe. Odysseus hätte Gilgamesch auf seiner Fahrt durchs Mittelmeer begegnen können. König Minos, Hammurabi und Darius ließen sich bei ihren Gesetzesschriften gegenseitig voneinander inspirieren. Die Pyramiden waren, wie Herodot behauptet hatte, nur wenige Jahrhunderte vor seiner Zeit erbaut worden. Eisenzeit und Bronzezeit liefen fast von Anfang an nebeneinander her, wie man es aus handwerklicher Sicht schon immer hätte darstellen müssen.

Grundsätzlich waren diese Gedanken vor zwei Generationen durch Oswald Spengler (1937) schon vorbereitet worden, dennoch erschrak ich zuerst vor der ungewöhnlichen Schlußfolgerung, daß dadurch nicht nur die Technologie- und Geistesgeschichte, sondern auch die nackten *Jahreszahlen* selbst in einem völlig neuen Licht erscheinen.

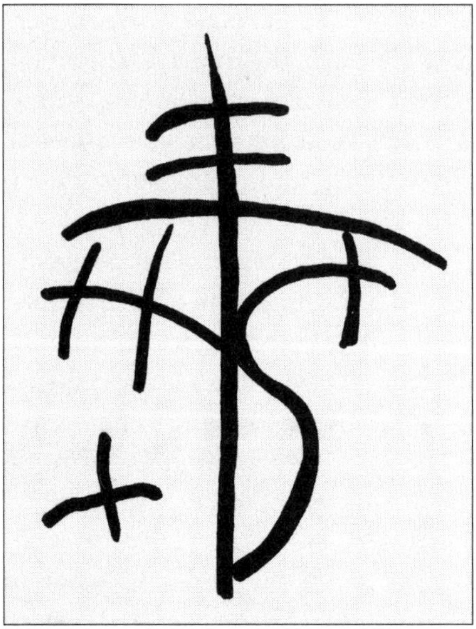

Abb. 1: Piktogramm als Felsmalerei in einer südspanischen Höhle (U. u. U. Topper, S. 146). Das offensichtlich frühchristliche Zeichen ist das Monogramm Christi, ein orthodoxes Kreuz mit den griechischen Buchstaben H und S für Isos (Jesus) und Soter (Heiland).

In meinem speziellen Forschungsbereich, der frühgeschichtlichen Felskunst, zeichnet sich gerade ebenfalls eine drastische »Verjüngung« ab. Viele Malereien und Gravuren, die bisher als steinzeitlich, zumindest frühmetallzeitlich gegolten hatten, wurden von einigen Feldforschern anhand von Stilvergleichen,

Abb. 2: Frühchristliche Malerei in einer Höhle in Südspanien (U. u. U. Topper, S. 176): Vier Personen tragen ein Kreuz wie bei einer Prozession.

Verwitterungserscheinungen und vor allem der Motive wegen in geschichtliche Zeit datiert. Zeichen, die typisch christlich aussehen, gelten nun nicht mehr als Ausdruck einer weltumspannenden Kreuzsymbolik, sondern als Hinweis auf frühes – meist byzantinisches – Christentum. Dies konnte ich selbst in Andalusien miterarbeiten, wo wir in offenen Höhlen zusammen mit den »bronzezeitlichen« Felsmalereien Darstellungen christlicher Prozessionen und das Monogramm Christi entdeckten (Uwe und Uta Topper, 1988; Fotos 1 und 2). An eine jahrtausendelange gleichbleibende Technik und Darstellungsweise der Felsbilder möchten wir nun nicht mehr glauben, sondern die halbschematischen Tierbilder und die übrigen Vorläufer der Bilderschrift in zeitliche Nähe zu den christlichen Bildern der Andalusier und Westgoten stellen.
Beim Lesen der neuesten akademischen Berichte zum Thema »Datierung« konnte ich überrascht feststellen, daß hinsichtlich der Einordnung der vor- und frühgeschichtlichen Funde gerade eine *Streckung* der Zeitskala im Gange ist: Durch die neuen ^{14}C-Daten werden viele alte Kulturen noch um ein paar tausend Jahre älter, und der Menschheit insgesamt gibt man nun beachtlich viele Jahrmillionen. Statt also auf die neuen Überlegungen von Heinsohn, Illig und deren Mitarbeitern einzugehen, die ein zusammenhängendes Bild der Frühgeschichte nach den *tatsächlichen* Bodenfunden entworfen haben, schaffen einige Wissenschaftler mit mathematisch-physikalischen Konstruktionen unüberschaubar große Zeiträume, die das Bild wie durch ein Vergrößerungsglas verzerrt erscheinen lassen.
Heinsohn und Illig haben das Gegenteil getan: Sie haben überall tote Zeiträume ausgemerzt, Herrscher und deren Biographen, die nur als Karteileichen existieren, über Bord geworfen, und begonnen, ein schlüssiges chronologisches System aufzustellen, das den archäologischen Bodenfunden und Dokumenten entspricht.

Dadurch wird aber etwas ganz Unerhörtes in Bewegung gesetzt:

Die *Zeitskala*, die als festes Gerüst aus unserer heutigen Geschichtsschreibung nicht mehr wegzudenken war, wird in Frage gestellt. Es geht um die chronologischen Grundlagen des Abendlandes.

Während aber die enorm großen Verschiebungen in der Vorgeschichte, in den ägyptischen Reichen und bei den antiken Griechen und Römern höchstens von einigen Fachleuten wahrgenommen werden, hat der neueste Ansatz für das *Mittelalter*, nämlich die ersatzlose Streichung von 297 Jahren, großes Aufsehen erregt. Seit dem Erscheinen des ersten Aufsatzes von Heribert Illig und Hans-Ulrich Niemitz (VFG 1/1991): »Hat das dunkle Mittelalter nie existiert?« bewegt sich die Forschung zwischen der ausgehenden Antike und dem christlichen Mittelalter auf neuen Bahnen.

Die beiden Autoren erklären, die abendländische Geschichtsschreibung habe *willkürlich* festgelegt, daß in der Regierungszeit von Kaiser Otto III. der Abstand zu Jesu Geburt ein glattes Jahrtausend betragen habe, während er in Wirklichkeit nur rund 700 Jahre betrug. Indem man damals ohne Rücksicht auf tatsächliche chronologische Verhältnisse einer überaus wichtigen Idee zuliebe (1000-Jahr-Reich) eine neue Jahreszählung mit 1001 begann, sei die spätere Geschichtsschreibung in die Zwangslage gekommen, die fehlenden dreihundert Jahre künstlich zu erzeugen und mit Ereignissen – meist nach idealisierten Vorstellungen – aufzufüllen.

So habe man ein glanzvolles Mittelalter geschaffen und mitten darin einen mächtigen Kaiser der Franken, Karl den Großen, der von späteren Kaisern, besonders von Friedrich Barbarossa, zielbewußt zum Prestige verleihenden Vorbild ausgebaut worden war.

Die neue These bereinigt zahlreiche unverstandene Merkwürdigkeiten jener Epoche, löst aber sofort neue Fragen aus, so-

bald klar wird, was das für die anderen geschichtlichen Völker bedeutet: Sie werden wie in einem Sog mitgerissen und entweder ebenfalls ihrer Glanzzeiten beraubt oder zeitlich an andere Stellen versetzt.
Zuerst müßte man wohl einmal prüfen, ob unsere Zeitrechnung eine solche Lücke überhaupt zuläßt.

Beginn der christlichen Jahreszählung: Regino von Prüm

Seit wann rechnen wir eigentlich mit »Jahren nach Christi Geburt«?

Offensichtlich wurde unsere heutige Zeitrechnung »nach Christus« nicht seit der Zeit Jesu üblich, auch nicht seit 325, dem offiziellen Datum, zu dem das Christentum die Staatsreligion des Römischen Reiches von Tanger bis Jerusalem geworden war. Die Leitung der römisch-katholischen Kirche im Vatikan führte die Zeitrechnung »nach Christi Geburt« oder »im Jahr des Herrn, Anno Domini (= AD)« erst vor etwa fünfeinhalb Jahrhunderten ein. Damit entfällt für fast drei Viertel der gesamten Zählung die Garantie.
Es gab aber schon vor dem 15. Jahrhundert einige Chronisten und Komputisten (Kalender-Mathematiker), die eine Jahreszählung seit Christi Tod oder Geburt schrittweise vorführten. Die Benützung durch Regierende und Volk bürgerte sich sehr langsam ein. Man nimmt heute allgemein an, daß eine solche Zählung vor dem 12. Jahrhundert nicht in Gebrauch war, da kaum ältere verläßliche Dokumente mit dieser Datierungsweise existieren (Gertrud Bodmann, 1992, S. 38).
Populärerweise wird dem Dionysius Exiguus (= der Hinker, gest. 556), oft auch einem nicht näher bekannten Vorgänger

namens Victorin von Aquitanien (465), die Einführung unserer heutigen Anno-Domini-Zeitrechnung angelastet, aber das erste Schriftwerk, in dem sie konsequent durchgeführt wird, ist die Chronik des Mönchs Regino aus dem Kloster Prüm in der Eifel, angeblich im 10. Jahrhundert. Vermutlich ist diese Chronik ein oder zwei Jahrhunderte rückdatiert, stammt also aus dem 11. oder 12. Jahrhundert. Über die Einzelheiten gibt es interessante Diskussionen unter den Wissenschaftlern, der Gesamteindruck ist jedoch deutlich: Seit höchstens tausend Jahren zählen wir unsere Jahre »n. Chr.«, es fehlen also Nachweise über die ersten tausend Jahre.
Wie hat nun diese Einführung der christlichen Jahreszählung begonnen? Schauen wir uns diese erste abendländische Chronik näher an!
In Band VII der »Ausgewerteten Quellen zur deutschen Geschichte des Mittelalters« (R. Buchner, 1964, S. 7) liest man zu Regino von Prüm, daß seine Darstellung der Geschichte von Christi Geburt bis zur Gegenwart ein erster Versuch war, der noch nicht gelang. Erst um 1040 wurde ein entsprechender Versuch »unabhängig von Regino« wieder ausgeführt, und zwar von einem Reichenauer Mönch in der »Schwäbischen Weltchronik«, die allerdings *verloren* ist. Der tatsächliche Beginn der Verwendung unserer heutigen Zeitrechnung dürfte noch ein Jahrhundert später liegen.
Buchner schreibt weiter (S. 8): »Trotz solcher Unzulänglichkeiten stellt Reginos Chronik eine bedeutende historiographische Leistung dar... weil er sich von der mit dem Aufstieg der Karolinger einsetzenden Beschreibung als Erfüllung der Weltgeschichte freimacht.« Die Franken sind demnach bei Regino *nicht mehr* die Erfüller der Weltgeschichte und haben *nicht mehr* diese heilsgeschichtliche Bedeutung als Christianisierer des Abendlandes, denn Regino legt eher eine heidnische Einstellung an den Tag und schätzt mehr die Mannestugend und das persönliche Handeln, das über Glück und Unglück entscheidet.

Gegen Buchners Auffassung wäre leichter anzunehmen, daß der Mönch aus Prüm *noch nicht* so weit christianisiert war und den Anschluß an das deutsche Heidentum noch nicht verloren hatte. Die Verbrämung der Karolinger als Christianisierer Mitteleuropas dürfte erst im Hochmittelalter aufgekommen sein.

Da die Originalhandschrift der Prümer Chronik nicht mehr erhalten ist und auch keine unmittelbare Abschrift mehr davon existiert (F. Kurze, 1890), wissen wir natürlich nicht, an welchen Stellen nachträglich gefälscht oder »interpoliert« (eingeschoben) wurde. Das Augenmerk richtet sich besonders auf Anfang und Schluß des Schriftstücks, weil hier bekanntlich Veränderungen am leichtesten vorzunehmen sind. Der Titel lautet »Libellus de temporibus dominicae incarnationis« (Buch über die Zeitläufe der Fleischwerdung des Herrn), was wie ein Programm klingt, die AD-Zählung einzuführen. Am Schluß des Textes steht eine Absichtserklärung, die anzeigt, daß es sich um einen bewußten Schritt zur Vereinheitlichung der Reichsannalen handelt. Außerdem ist diese Chronik dem Bischof Adalbero von Augsburg gewidmet, in dessen Händen die Erziehung des Königs Ludwig (»das Kind«, 900–911) lag, weshalb Regine Sonntag (1987, S. 117) die Abfassung der Chronik als erzieherische Maßnahme bezeichnet.

Das mit enormer Sachkenntnis und unter Verwendung auch englischer und französischer Literatur gefällte Urteil von Regine Sonntag müssen wir als neuesten Stand der Forschung akzeptieren. Nach Untersuchung sämtlicher greifbarer Texte kommt sie zu dem Schluß, »daß es Regino von Prüm ist, der die durchgehende Zählung nach Inkarnationsjahren erstmals in der Weltgeschichtsschreibung anwendet.« (S. 109.) Regino beweist dabei »ein außergewöhnlich hohes Maß an gedanklicher Unabhängigkeit und Eigenständigkeit« (S. 145) im Hinblick auf seine Zeitgenossen. »Natürlich ist die von Regino mit viel kritischem Bemühen ausgearbeitete chronologische Ordnung

nach heutigen Erkenntnissen unhaltbar, gültig aber bleibt die in ihrer Art außergewöhnliche und über lange Zeit singuläre Leistung.« Da haben wir also ein Werk, das seiner Zeit weit voraus war und doch keine bleibende Ordnung in die Geschichte brachte. Als echte Reichsannalen kann man es nicht werten, denn zwischen den Jahren 818 und 870 sind alle Nachrichten unzuverlässig, und wir können »davon ausgehen, daß Regino Nachrichten, für die er ein sicheres Datum nicht in Erfahrung bringen konnte, mehr oder weniger *willkürlich* auf verschiedene Jahre verteilte«. (S. 123; ebenso schon Karl Werner, 1959.) Ab 870 wird die Chronologie »weniger fehlerhaft«.
Das hört sich skandalös an, wenn man bedenkt, daß das Jahr 870 angeblich in der Lebenszeit des Chronisten Regino lag. Dagegen sind die frühen römischen Kaiser in dieser Chronik für heutige Begriffe exakt datiert.
Nicht nur aus Titel, Widmung und Schlußsatz der Chronik, sondern aus dem ganzen Text geht hervor, daß die Einführung der Datierung in Jahren »nach der Fleischwerdung des Herrn« bewußt als *neuer* Schritt erfolgte, wobei auch die Umrechnung von bisher gebräuchlichen Ären (»seit Erschaffung der Welt«, Märtyrer-Ära Diokletians, Regierungsjahre der Kaiser usw.) vorgeführt wird. Das wäre dann also für uns ein fester Anhaltspunkt zur Prüfung, wie unsere Zeitrechnung zustande kam.
Leider erwähnt Regino »Bedas ›Chronica maiora‹ (um 725) mit keinem Wort, obwohl nahezu sämtliche Angaben über die Dauer der Regierungen der römischen und byzantinischen Kaiser vom 42. Jahr des Augustus bis zum 9. Jahr Leos III. daraus entnommen sind.« (S. 87.) Insgesamt kann Sonntag 115 Zahlenangaben auf Beda zurückführen. Ob die Abhängigkeit auch in umgekehrter Reihenfolge sein könnte, untersucht sie leider nicht, da sie die vorgegebenen Lebensdaten dieser (eher fiktiven) Chronisten ernst nimmt.
Als nächstwichtiges Vorbild Reginos erkennt Sonntag (S. 88) die

»Langobardengeschichte« des Paulus Diakonus, mit der 57 Zahlenangaben übereinstimmen. Es scheint, daß Regino direkt von Paulus abschrieb, der wiederum auf Beda fußen soll, dessen Angaben schließlich bei Gregor von Tours vorgegeben sind (S. 89). Diese Abhängigkeitsreihe wird erst fragwürdig, wenn man merkt, daß Gregors Gedankengänge eigentlich einer viel späteren Zeit angehören. Aber dieser wichtige Theologe und Chronist (angeblich 6. Jahrhundert) wird heute in sehr zwiespältiger Form beurteilt. Zwischen »fortwährend reißt ihn die Konkretheit des Geschehens... fort, und er erzählt einfach, was passiert ist – brühwarm...« (Erich Auerbach, 1971) und »Gregor ist der Urheber von Legenden, die über 1000 Jahre die Welt getäuscht haben« (Krusch, 1884, beide zitiert in Sonntag), ist alles möglich, nur nicht die einfache Feststellung, daß diese Schriften von viel später lebenden Mönchen erdacht wurden. Denn, wie Buchner (1933) sagt: »Aller Wahrscheinlichkeit nach (ist) der Archetyp unserer Überlieferung nicht mit dem Original Gregors identisch.« Das heißt: Nicht einmal die aus den Abschriften rückwärts erschlossene (verlorene) Vorlage ist der Originalschrift Gregors, die wir ja nicht kennen, gleichzustellen.
Werner hat »Zur Arbeitsweise des Regino von Prüm« (1959) einige erstaunlich genaue Vorlagen gefunden, zum Beispiel einen Text aus der Kathedrale von Angers in Frankreich aus dem 12. Jahrhundert, der praktisch wörtlich in Reginos Chronik vorkommt. Um dies zu erklären, muß er ein umständliches Szenario aufbauen: Regino hat seine ersten Aufzeichnungen nach Berichten aus Westfrankreich verfaßt, und diese Texte von Prüm sind danach wiederum in Angers für das Domkartular verwendet worden. Das Hin- und Herfluten der klerikalen Texte in diesen Jahrhunderten ist ganz beachtlich!
Immerhin hat Sonntag für 160 Zahlenangaben in Reginos Inkarnationszählung *keine* bekannten Vorbilder ausmachen können. »Daß Regino als *erster* Weltchronist seine Darstellung nicht mit der Schöpfung, sondern mit Christi Geburt beginnt,

ist lange bekannt.« (S. 94.) Grundlage für die Zahlenfolge ist der Satz: »Im Jahre 42 des Kaisers Octavian ist Jesus Christus Gottes Sohn geboren.« Dadurch wird das Jahr 753 ab urbe condita (seit Gründung Roms) zum Jahr 1 christlicher Zählung ernannt, aber worauf sich diese Festlegung gründete, wird verschwiegen.

Dieselbe Berechnung finden wir bei Beda, nämlich zwei Angaben in AD: in der Einleitung das Jahr 248 der Diokletian-Ära als AD 532, und am Ende der Chronik das Jahr 4670 seit Erschaffung der Welt als AD 716. Da aber Einleitung und Chronikschluß stets fälschungsverdächtig sind, darf man aus diesen beiden vereinzelten Daten keine weitreichenden Schlüsse ziehen, zumal 532 eine durch den Osterfestzyklus festgelegte rein *symbolische* Zahl ist. In seiner Schrift »Von den sechs Zeitaltern der Welt« bringt Beda die AD-Zählung in Zusammenhang mit Schwärmereien vom Weltuntergang, was erst recht unpassend anmutet, da diese Gedanken erst ein halbes Jahrtausend später aufkamen.

Eine Betrachtung des Stils der Chronik des »verehrungswürdigen« Beda, die aus verschiedenen englischen Chroniken zusammengestellt ist, wie auch gewisser inhaltlicher Einzelheiten seiner christlichen Missionsschriften, müßte eigentlich zu der Erkenntnis führen, daß sie viel später verfaßt wurde. Illig hat überdies herausgefunden (auf R. Newton fußend, VFG 3–4/1993, S. 59f.), daß Beda die Null schon in einer Weise verwendet, die eine geläufige Kenntnis derselben bei seinen Lesern voraussetzt, was aber erst im 12. Jahrhundert in dieser Form sein kann. Das Buch des »Verehrenswerten« müßte demnach zwischen 1120 und 1203 geschrieben sein. Auch seine Verwendung von Jahreszahlen »vor Christi Geburt« könnte frühestens mit Marianus Scotus (1070) zugleich angesetzt werden, der acht solche Jahresangaben bringt. Damit scheidet Beda als Einführer der AD-Zählung aus.

In der »Langobardengeschichte« des Paulus Diakonus, die bis

744 reicht, gibt es nur eine einzige Jahresangabe in AD. Sie bezieht sich auf die Einwanderung der Langobarden in Italien, die auf 568 festgelegt wird. Es handelt sich um einen der typischen später errechneten Aufhänger für ein chronologisches Gerüst.
Bleibt nur noch der anfangs erwähnte skythisch-römische Mönch Dionysius der Hinker als Quelle aller dieser Berechnungen, denn in seiner »Ostertafel«, die auf das Jahr 247 der Diokletian-Ära gelegt wird, schließt direkt das Jahr 532 nach Christi Geburt an, leider ohne rechnerische Begründung. Geschichtswissenschaftler berechnen heute, daß 247 der Diokletian-Ära unserem Jahr 525 entspricht, woraus folgt, daß Dionysius das korrekte Geburtsjahr Christi, nämlich 7 v. Chr., verwendete. Da ihm – außer einigen mittelalterlichen Zeitberechnern (Komputisten) – darin niemand gefolgt ist, kann er ebensowenig wie sein »Vorgänger« Victorin oder sein »Nachfolger« Beda als Schöpfer unserer Jahreszählung gelten. Die Festlegung auf 532 dürfte ein später Trick sein. Sie soll angeblich die Wiederkehr des Ostertages mit gleicher Mondphase (28 mal 19 ergibt 532) betonen. 19 Jahre dauert ein metonischer Mondzyklus, das heißt, da kehrt dieselbe Mondphase am selben Tag des Jahres wieder; und spätestens alle 28 Jahre ist die Wiederkehr der selben Wochentage gewährleistet; das gilt natürlich nur für den Julianischen Kalender. (Diese Fehlberechnung werde ich im Schlußkapitel noch kritisieren.)
Reginos Chronik ist also die *erste*, die nachweislich Inkarnationszahlen verwendet, während die anderen Chroniken, die angeblich älter sind, nur nachträgliche Hinweise darauf bringen. Daß diese Chronik, die bis 906 geht, damals schon geschrieben wurde, wie behauptet wird, ist wohl unhaltbar. Nicht nur die aus seiner eigenen Lebenszeit stammenden Daten sind fehlerhaft und die der davorliegenden beiden Generationen ein heilloses Chaos, sondern auch die früheren Jahrhunderte weisen bemerkenswerte Fehler auf. Ab dem Jahr 82 sind die Regierungsdaten der Kaiser verkürzt, so daß am Ende der Kette Kai-

ser Leo III. mit 655 AD um 60 Jahre zu früh liegt. Regino greift nun einfach auf Bedas Notiz über den irischen Missionar Ecbe-rectus zurück und beginnt seine Chronik mit Karl Martell im Jahr 716 erneut und endet im letzten Regierungsjahr, dem 26., von Karl dem Großen, 818, was nach heutiger Ansicht alles falsche Daten sind. Dann setzt sein zweiter Band mit den phantasiereichen Zahlen ein. Damit wird auch Reginos Chronik kaum vor dem Jahr 1200 anzusetzen sein.

Der Anfang der AD-Jahreszählung war also noch äußerst fehlerhaft und begann nicht vor 1200.

So werden die bedauerlichen Fehler Reginos zu aufschlußreichen Hinweisen auf die Technik der Geschichtsschreibung bei der Einführung einer neuen Chronologie im Hochmittelalter. Von der AD-Zählung können wir jedenfalls nicht erwarten, daß sie uns über die vor dem Jahr 1000 liegenden Jahre Aufschluß gibt.

Die spanische Era als Gegenbeweis

Da unsere eigene Zeitrechnung versagt, müssen wir uns einer älteren Jahreszählung zuwenden, die in den abendländischen Dokumenten vor der christlichen Zählung in Gebrauch war, der julianischen oder »spanischen« Era.

Solange Illigs neue Idee nicht an der julianischen Era gemessen wurde, sagte ich mir, kann man davon ausgehen, daß die Beweiskette unvollständig ist.

Die julianische (Provinz-)Aera, meist einfach Era genannt, war nach Ansicht der Historiker vom 5. bis 15. Jahrhundert in Westeuropa in Gebrauch, und zwar zu einer Zeit, als man die AD-Jahreszählung noch nicht kannte oder erst allmählich zu verwenden begann.

Zur Prüfung der julianischen Era nahm ich mir Emil Hübners lateinisches Werk über die Inschriften des christlichen Spanien vor (erschienen in Berlin 1871), das immer noch – auch in Spanien selbst – als grundlegend und zuverlässig gilt. Da finden sich zum Beispiel drei Weihinschriften an Kirchen in der Provinz Cádiz, die Daten im 7. Jahrhundert tragen und einen Bischof Pimenius nennen, der durch Konzilsberichte aus Toledo ebenfalls bekannt ist. Diese drei steinernen Inschriften werden von allen Wissenschaftlern als unverdächtig und echt angesehen und beweisen damit, daß es das 7. Jahrhundert in Spanien gab. Die drei auf den Steinen eingemeißelten Jahreszahlen lauten 668 Era (das ist 630 unserer Zeitrechnung, AD, denn nach allgemeiner Ansicht muß man stets 38 Jahre abziehen, um von der spanischen Era auf unsere Jahreszählung zu kommen), 682 Era und 700 Era. Den Konzilsakten von Toledo zufolge hat Pimenius sein Amt als Bischof von Sidonia mindestens von 671 Era bis 684 Era innegehabt, was sich wenigstens mit der mittleren der drei Inschriften in Übereinstimmung bringen läßt.
Da mir dieser Stolperstein gegen die Illigsche These äußerst solide vorkam, reiste ich nach Medina Sidonia und sah mir den ältesten dieser drei Steine eingehend an. Wie meine Fotos (3 und 4) deutlich zeigen, ist die Inschrift auf der Marmorsäule bestens erhalten und gut lesbar: »Geweiht wurde diese Basilika am 16. Dezember im zweiten Jahr des Pimenius Era 668.« Es fehlt nur jeweils der erste oder letzte Buchstabe bei allen Zeilen, da er zu sehr am Rand stand und die Säulenkante nachträglich säuberlich abgeschlagen worden war. Leider ist gerade die Jahreszahl am äußersten Rand angebracht und zweigeteilt, nämlich Era DC (= 600) in der vorletzten Zeile und darunter alleinstehend LXVIII (= 68), was nicht nur Verstümmelung, sondern auch Fälschung des wichtigsten Elementes möglich machte, indem man später ein C (= 100) tilgen konnte.
Diese Inschrift ist die älteste Weihinschrift einer christlichen

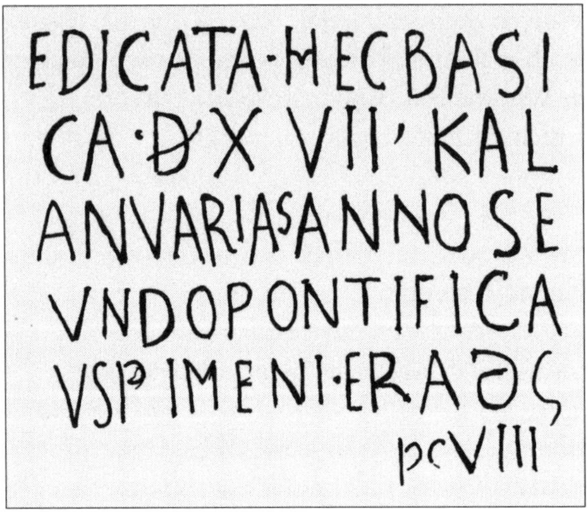

Abb. 3: Säule mit lateinischer Inschrift und Datum: Era 668 (= 630 AD).

Kirche in Spanien, worauf man in der Stadt mit berechtigtem Stolz hinweist. Aber ist sie wirklich echt?

Die Frage ergibt sich aus mehreren Gründen. Zum einen ist die Stelle, an der die Inschrift steht, wohl nicht die ursprüngliche, denn sie befindet sich in kaum 1 m Höhe an einer der vier Säulen der Basilika, aber während die anderen drei Säulen einheitlich aussehen, fällt diese vierte Säule völlig aus dem Rahmen. Außerdem würde ich eine Weihinschrift über dem Eingangsportal erwarten oder am Altar, keineswegs so, daß sie durch die Bankreihe verdeckt wird. Bei der Restaurierung der Kirche hat man also eine Säule verwendet und unglücklich eingebaut, die früher ganz woanders gestanden haben mag. Die Namen der Märtyrer, die sich im vorigen Jahrhundert ebenfalls auf der Säule befunden haben sollen, und denen die Basilika geweiht ist, sind heute nicht mehr vorhanden, ganz im Gegensatz zu der bestens leserlichen Weihinschrift. Warum hat man sie entfernt?

Der Zweifel an der Steininschrift machte sie für mich als Beweisstück unbrauchbar.

Bevor ich nun weitere Steininschriften mit frühen Era-Daten vorstelle, möchte ich erst einmal allgemein etwas zu dieser Jahreszählung sagen. Wir werden dabei merken, warum uns auch echte Inschriften nicht zum Ziel führen.

Der älteste moderne Kalender

Eine der wichtigsten Amtshandlungen Julius Cäsars war die Neuordnung des Kalenders, der seitdem nach ihm benannt wird und im gesamten Römischen Reich für alle religiösen und staatlichen Belange Gültigkeit besaß.

Bei einigen Randvölkern Europas, im byzantinisch-orthodoxen Bereich (Griechenland, Rußland, Westasien) und bei den Imasiren (= Berbern) Nordafrikas ist das julianische Jahr noch heute in Gebrauch. Es entspricht mit seinen genau 365 und ein viertel Tagen etwa der Länge eines Sonnenjahres, bis auf einen kleinen Fehler, der in 400 Jahren eine Verschiebung um drei Tage bewirkt: Der 1. März julianisch, den die Imasiren als Neujahr feiern, ist in unserem Gregorianischen Kalender der 14. März. Die Verschiebung beläuft sich zur Zeit auf 14 Tage (es zählt bei dieser Ausdrucksweise stets der erste und letzte Tag mit, wie wir auch sagen »heute in acht Tagen« und meinen »in einer Woche«, oder frz. une quinzaine = zwei Wochen, usw.; mathematisch ausgedrückt beträgt der übersprungene Zeitraum 13 Tage).
Mit Einführung des Julianischen Kalenders war aber keine neue Jahreszählung verbunden – leider, möchte man aus heutiger Sicht sagen. Das Einführungsjahr (für uns: 45 v. Chr.) wurde als Jahr 709 nach der Gründung Roms (ab Urbe Condita, abgekürzt UC) bezeichnet, aber diese Zählweise wurde nur literarisch verwendet, etwa seit Titus Livius. Offiziell benannte man

die Jahre nach den jeweiligen beiden Konsuln oder später nach dem regierenden Kaiser, zählte zuweilen auch nach den griechischen Olympiaden, außerdem nach dem Steuerrhythmus (Indiktion, ein Zyklus von 15 Jahren). Später rechnete man »nach Erschaffung der Welt« (bei Juden und frühen Christen) und im Orient, vor allem in Ägypten, nach der »Verfolgung unter Diokletian«, der sogenannten Märtyrer-Ära, deren Jahr 1 rückprojiziert auf unser Jahr 284 fällt. Die wenigen Dokumente, in denen sich zwei Ären nebeneinander finden, zeigen, daß die Zählung fast nie stimmt, sondern meistens uneinheitlich war, was uns heute verwundert.
Wissen wir nicht genau, in welchem Jahr wir leben? Zumindest auf wichtigen Dokumenten, Verträgen oder Grabsteinen möchte man eigentlich erwarten, daß die *Jahreszahl* korrekt sei. Wegen dieser Uneinheitlichkeit und des Abbruchs der meisten bekannten Ären hat es keinen Sinn, diese als Beweis für unser Problem anzuführen. Im christlichen Bereich ist nur die julianische Era für unser Thema von Bedeutung.

Wann die Era eingeführt wurde

Die älteste echt europäische Zeitrechnung,
die julianische Era, wurde erst 500 Jahre nach
ihrem Jahr 1 in Gebrauch genommen.

Das Wort Era ist wahrscheinlich Wandalisch und mit unserem Wort Jahr inhaltlich wie lautlich verwandt. Es bezeichnet einen Umlauf, weshalb auch die runde Dreschtenne in Spanien *era* heißt. Da diese Zeitrechnung später auch Provinz-Ära genannt wurde, nahm man einige Zeit an, sie wäre eingeführt worden, als Iberien zur römischen Provinz geworden war. Das gilt heute als unhaltbar (schon Pauly-Wissowa, 1893, I, 606 – hat

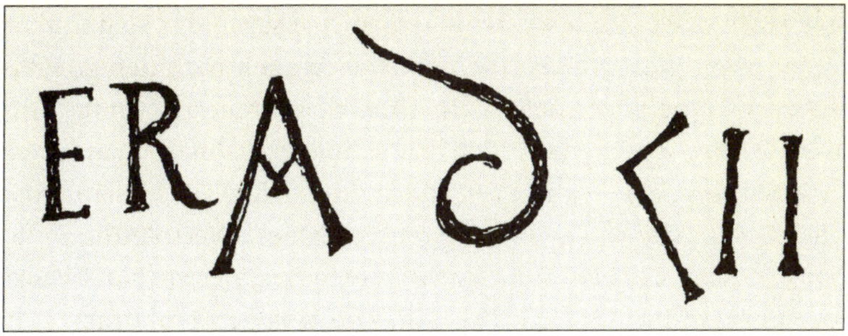

Abb. 4: Ältestes Era-Datum auf Stein: Grabinschrift für eine 70jährige Frau in Cádiz (Museum), datiert 552 Era.

»schwerste sachliche Bedenken«). Da man stets 38 Jahre abziehen muß, um das Jahr unserer christlichen Zählung zu erhalten, wird die Einführung auf das Jahr 38 v. Chr. festgelegt. Man findet jedoch keine Erklärung für diese Festlegung. Es bleibt rätselhaft, auf welches Ereignis im Jahre 38 v. Chr. sich der Beginn der Era beziehen könnte.

Seit *wann* die julianische Era *benützt* wurde, ist nicht ganz geklärt. Hübner (1871, N° 113) bringt als älteste zweifelsfreie Inschrift den Grabstein einer Frau mit 552 Era, den ich mir im Museum in Cádiz ansehen konnte (Foto 5 u. Abb. 4). Wenn also die frühesten Zeugnisse um 500 Era beginnen, dürfte die allgemeine Ansicht (siehe Krusch, 1880) nicht allzu fern von der Wahrheit liegen: Im Jahre 493 Era, als König Geiserich von Nordafrika aus die Stadt Rom einnahm, ließ er die julianische Era für das gesamte Wandalenreich beiderseits des Mittelmeeres vorschreiben. Das wäre im Jahre 455 AD gewesen, und schon wenige Jahre später übernahmen auch die Westgoten diese Zählweise, die dann auf dem Konzil in Tarragona (516 AD) für ganz Iberien, Westfrankreich, Nordafrika und die Inseln im Mittelmeer auch kirchlich gültig wurde. Die Araber in Andalusien benützten sie zeitweise ebenfalls, sie nannten sie »Tarich es-Safar«, wobei Safar nichts mit dem Wort »sifr« (Ziffer = Null) wie Ideler meinte, zu tun hat, sondern auf eine ältere Form des Namens Spanien zurückgeht, wie in Sefarad, der jüdischen Bezeichnung für die Einwohner Spaniens.

Der wichtigste und am häufigsten durch Manuskripte belegte Schriftsteller des Mittelalters, der Gote Sankt Isidor von Sevilla (7. Jahrhundert), verwendet nur in *einem* seiner Bücher die Datierung nach Era, nämlich in der »Gotengeschichte«, dort sogar durchgehend als Leitfaden. In einigen anderen Schriften Isidors findet man Era-Angaben als Randbemerkungen, sie stammen offensichtlich von späterer Hand. In seiner berühmten »Naturgeschichte« (»De Natura Rerum«, Kap. VI, 7) erklärt Isidor, die Era beginne in dem Jahr, als Kaiser Augustus seine erste Volkszählung Roms durchführte (7 v. Chr.). Das paßt leider gar nicht zur späteren Behauptung, die Era beginne im Jahr 38 v. Chr. Es könnte nur als Hinweis zur Festlegung der sogenannten Inkarnationszählung (also unserer heutigen Zählung) gelten, die auf Christi Geburt bezogen wird, was nach moderner Ansicht ins Jahr 7 v. Chr. fällt.

Ich vermute nun, daß sich die julianische Era rückwirkend auf die Kalenderreform Cäsars bezieht, das erste Jahr also 45 v. Chr. war. Dann müßten die späteren Chronisten ab dem 11. Jahrhundert, die zwecks Umrechnung auf die Anno-Domini-Zählung 38 Jahre abzogen, einen Fehler von 7 Jahren gemacht haben.

Das ist eine Kleinigkeit, doch eine bedeutsame, die uns Einblick in die Manipulationen jener Zeit gewährt.

Das Einführungsjahr der Zeitrechnung Geiserichs lag also sieben Jahre später, als man heute berechnet, genau im Jahr 500 Era. Warum man gerade mit 500 begann, ist natürlich ebenfalls ein Rätsel. Als mögliche Erklärung bietet sich an, daß eine Fünfhundertjahr-Erwartung im arianischen Christentum bestand, und daß derartige »runde« Jahreszahlen – später nahm

man meist Tausender – zum Endzeitbewußtsein der monotheistischen Religionen gehören.
Nachdem man sich in der orthodoxen Kirche dazu entschlossen hatte, statt heidnischer Fixpunkte ein christliches Ereignis zum Anfang der Jahreszählung zu machen, wählte man zunächst die Passion Jesu, also sein Kreuzigungsjahr, als Jahr 1. Nach frühchristlicher Auffassung war Jesus 40 Jahre alt geworden (ein Resthinweis liegt noch im Johannes-Evangelium 8, 57 vor), deshalb würden wir sagen, der Anfang dieser ersten christlichen Jahreszählung läge im Jahr 40 n. Chr. Tatsächlich gab es eine derartige Ära im christlichen Nordafrika, die mauritanische Provinz-Ära (siehe Ginzel, III, S. 178), deren Anfangsjahr durch die auf einigen Steinen gleichzeitig genannten Konsuln (z. B. in Sitifis 452 AD) eindeutig belegt ist. Die früheste Inschrift stammt von 128 AD aus dem Ort Igilgili, die letzte aus Pommarium nennt das Jahr 611 (= 651 AD), endet also etwa mit der Islamisierung dieses Gebietes.

Das Geburtsjahr Jesu

Aus vielen Gründen nehmen Theologen seit der Renaissance an, daß Jesus einige Jahre vor dem Jahr 1 AD geboren ist, was durch die Evangelien selbst nahegelegt wird.

Nach Matthäus und Lukas muß Jesus spätestens schon im Jahr 4 v. Chr., nämlich zur Lebenszeit des Herodes, geboren sein, und die berühmte »Schätzung« des Kaisers Augustus, während der Jesus geboren wurde, fand wahrscheinlich (die Fachliteratur ist sich uneinig) im Jahr 7 v. Chr. statt. Auch die auffällige Konjunktion von Jupiter und Saturn im Zeichen Fische, die – nicht ganz logisch – als »Stern von Bethlehem« beschrieben wurde, ereignete sich – nach Berechnungen von Kepler 1604 – im Jahr 7 v. Chr. Als diese auffällige Konjunktion der beiden Planeten 1940 wieder auftrat, hat Robert Henseling (S. 80 ff.) rückgerechnet, daß 7 v. Chr. stimmt und jenes Himmelsschauspiel im Zeichen Fische damals nach acht Jahrhunderten erstmals wieder aufgetreten sei, weshalb es entsprechend Beachtung gefunden haben müßte. Letzteres ist leider nicht der Fall. Die einzige Quelle für den »Stern der Weisen« ist Matthäus 2 – sonst wissen weder frühe Christen noch klassische Schriftsteller davon –, und so entsteht der Verdacht, daß die nette Episode

Schema zur Epoche der julianischen Era

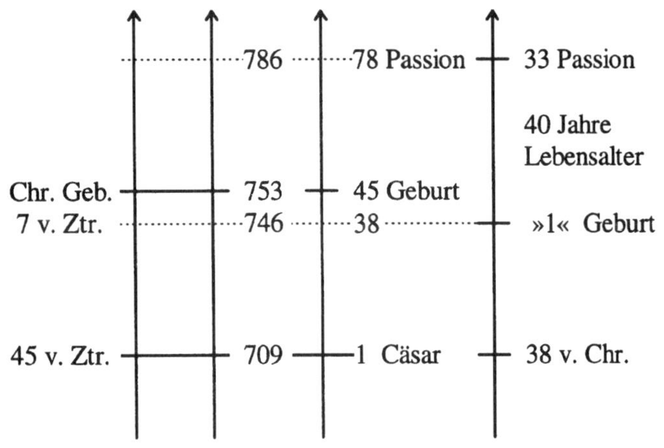

Abb. 5: Der Kalender wurde im Jahr 708 UC reformiert, 709 ist das erste neue Jahr. Jesus ist 753 UC geboren und 786 UC gekreuzigt worden. Das entspricht rückerrechnet Era 1, Era 45 und Era 78. Rechnet man nun auf der AD-Skala von der Passion Jesu 40 Jahre zurück, erhält man das echte Jahr von Jesu Geburt, nämlich UC 746 oder Era 38 (was modern 7 v. Chr. entspricht). Wenn aber Jesu Geburt im Jahr 38 Era lag, dann begann diese 38 v. Chr.

mit den Weisen aus dem Morgenland wie viele andere Verse erst viel später (vielleicht im 13. Jahrhundert) in das Neue Testament eingefügt wurde. Astronomisch gesehen steht nur fest, daß die Konstellation 1611 Jahre vor Keplers Berechnung eingetreten sein müßte, wenn die Erdbewegung im gesamten Zeitraum konstant war.

Tatsache ist demnach, daß man sich schon in der Renaissance darauf einstellte, daß das mögliche Geburtsdatum von Jesus sieben Jahre vor dem Jahr 1 unserer Zeitrechnung liegen müßte.

Als man im Abendland den Beginn der christlichen Jahreszählung auf das Geburtsjahr Jesu fixierte, also auf unser heutiges Jahr 1 AD, rückte die julianische Era um sieben Jahre zu uns heran, ihr Beginn liegt seitdem im Jahr 38 (nämlich 45 minus 7) vor Christus.

Man kann sich diesen Sachverhalt in Rechenschiebermanier verdeutlichen (Abbildung 5).

Eine unklare Kalenderreform

Papst Gregor XIII. hat mit seiner Kalenderreform den Zeitmaßstab für uns festgelegt. Sein Anfangspunkt ist 300 Jahre zu spät angesetzt.

Ideen mögen über Nacht geboren werden, aber bis sie spruchreif sind, vergehen oft Jahre. Nach der Anregung durch Niemitz war Heribert Illig 1990 (VFG 1/1991) bei seinem ersten Vorstoß zu den Gründen für das 300-Jahr-Loch von der Kalenderreform des Papstes Gregor XIII. im 16. Jahrhundert ausgegangen. Es ist nämlich bekannt, daß der damals verordnete Sprung über zehn Tage, und zwar vom 4. auf den 15. Oktober 1582, zu kurz gewesen wäre, wenn seit der Festlegung des Kalenders durch Julius Cäsar im Jahre 45 vor Christus insgesamt 1626 Jahre vergangen sein sollten. Wie jeder leicht nachrechnen kann, hätte der Sprung 13 Tage betragen müssen: Das julianische Jahr ist rund elf Minuten länger als das astronomische Sonnenjahr, da laut Julianischem Kalender in *jedem* vierten Jahr ein Tag – der 29. Februar – eingeschaltet wird. Das sind in vier Jahrhunderten rund drei Tage zuviel, in 16 Jahrhunderten also 12–13 Tage. Gregor verbesserte nicht nur diese ungenaue Schaltregel, sondern stellte auch die verschobene Situation durch besagten Sprung über 10 Tage wieder richtig und erreichte damit, daß heute mit hinreichender Zuverlässigkeit der Eintritt in den Frühling auf dem 21. März bleibt, wie es zu Cäsars Zeit üblich war.

Wenn sich in dem angegebenen Zeitraum zwischen Cäsar und Gregor die Lage und Länge der Erdbahn nicht verändert haben – eine willkürliche Annahme, die aber von *allen* Wissenschaftlern stillschweigend vorausgesetzt wird –, wäre rein rechnerisch gesehen eine Kalenderkorrektur von 10 Tagen zu wenig gewesen. Und doch hat Gregors Korrektur den Fehler behoben! Hier liegt ein offener Widerspruch vor.

Illig war nicht der erste, der diesen Widerspruch in Gregors Reform bemerkt hatte, aber er war der erste, der eine logische Schlußfolgerung daraus zog, die das Problem nicht mehr verschleierte, sondern bloßlegte. Illig ging den drei möglichen Entschuldigungen, die die Geschichtswissenschaft für Gregors »Fehler« anbot, einzeln nach und bestritt sie alle. Am einfachsten zu widerlegen sind die beiden Behauptungen, die Römer hätten zur Zeit Cäsars den Frühlingspunkt nicht genau gewußt oder nicht auf den 21. März gelegt. Da der Adoptivsohn des »göttlichen« Julius, der Kaiser Augustus, sich rühmte, am Tag der Herbstäquinoktie, und zwar am 23. September, geboren zu sein, fielen beide Punkte flach.

Heute weiß man nicht mehr, auf welchen Tag in Cäsars Kalen-

der der Frühlingsanfang fiel. Man nennt verschiedene Daten und gibt auch an, daß Cäsar die traditionellen Feiertage nicht aus dem Lot bringen wollte und darum kleine Ungenauigkeiten hinsichtlich der Festpunkte der Jahreszeiten in Kauf nahm. Aber daß sich Augustus um das richtige Datum bemühte, ist aus seinem Bau der römischen Sonnenuhr zu erkennen, die er im Jahre 9 v. Chr. in Auftrag gab und die übrigens vor einigen Jahren in vorbildlicher Weise ausgegraben und dokumentiert worden ist (E. Buchner, 1982). Mit ihrer Hilfe konnte man die Herbst-Äquinoktie auf den Tag genau bestimmen. Augustus stellte auch sogleich fest, daß durch ein Mißverständnis der julianischen Anordnung sein Geburtstag schon wieder um drei Tage falsch lag, und ließ durch Ausfall der nächsten drei Schalttage das Datum wieder richtigstellen. Ab dem Jahr 761 UC (= 9 n. Chr.) ging der Julianische Kalender für einige Jahrhunderte korrekt.
Man berechnete also sehr wohl die Tagundnachtgleichen, und wenn sie im Herbst auf den 23. September fiel – was vom Geburtstag des Kaisers als sicher gilt –, dann entsprach ihr im Frühling der 21. März, ganz wie heute (sofern sich nicht die Erdbahn verändert hat).
Die dritte Entschuldigung für die um drei Tage kürzere Korrektur ist die päpstliche und lautet, man habe sich auf den Frühlingspunkt zur Zeit des Konzils von Nizäa im Jahre 325 bezogen, als das Christentum Staatskirche geworden war. Schade ist nur, daß darüber keinerlei Dokumente vorliegen. Man nimmt es einfach rückwirkend an, weil dadurch die Rechnung stimmen würde. Vom Konzil zu Nizäa bis zu Papst Gregor wären tatsächlich nur 10 Tage zu überspringen. Dummerweise hatte man bei dieser Entschuldigung übersehen, daß der Frühlingsanfang im Jahr 325 auf dem 18. März gelegen haben müßte, da seit Cäsars Reform fast vier Jahrhunderte vergangen waren und die Verschiebung entsprechend schon 3 Tage betrug. Von einer entsprechenden Schaltung von drei

Tagen ist aber nichts bekannt, und es wäre auch gar zu seltsam, wenn man dann in den folgenden Jahrhunderten wieder vergessen hätte, daß nur ein Schaltjahrausfall den Frühlingspunkt korrigiert.

Leider gibt es keine verläßlichen Angaben darüber, wann man damals wirklich den Frühlingsbeginn feierte. Aus dem Streit, den einige Theologen im Mittelalter über den Ostertermin führten, läßt sich nur ablesen, daß man sich nicht nach dem tatsächlichen Sonnenstand richtete, sondern traditionsgetreu für den 21. März (so die östlichen Kirchenfürsten) oder den 24. (im katholischen Spanien, Isidor) oder den 25. März entschied; letzteren bevorzugten römische Kirchenväter, indem sie heidnischer Tradition von Kaiser Aurelian (274) folgten. Es gab auch Kalender, die zusätzlich den Frühlingsanfang auf den 18. März legten, wie der englische »Sherborne calender« (von 1060), aber ob dieser sich auf Nizäa und den frühen Streit um den Ostertermin bezog, ist wiederum nicht klar.

Eine mögliche sinnvolle Erklärung, die übrigbleibt, ist demnach die von Illig geforderte: Der Zeitabstand zwischen julianischer und gregorianischer Kalenderreform beträgt statt 16 nur rund 13 Jahrhunderte. Wo könnten diese drei Jahrhunderte zuviel sein?

Recht bald präzisierte Illig den übersprungenen Zeitraum auf maximal 409 und minimal 281 Jahre, später engte er ihn auf 296 Jahre ein und nannte als Eckdaten die Jahre 614 und 911. Zwischen diesen beiden Jahresangaben habe im Abendland nichts stattgefunden. Inzwischen ist Illig noch präziser geworden (1996, S. 19): Alle Ereignisse, die zwischen September 614 und August 911 berichtet werden, also im Verlaufe von exakt 297 Jahren, fanden entweder gar nicht statt oder zu einem anderen Zeitpunkt. Diese Folgerung wird bestätigt durch den Umstand, daß die drei Jahrhunderte zwischen ausgehender Antike und aufstrebendem Mitteleuropa weitgehend ohne Zeugnisse sind oder – in den schriftlichen Dokumenten – mit Verdoppelungen aus anderen Zeiträumen angefüllt wurden.

Es fragt sich nun, ob es nicht doch handfeste naturwissenschaftliche Methoden gibt, die uns eindeutig sagen können, wie alt ein Fundstück ist oder wie viele Jahre seit einer bestimmten Beobachtung vergangen sein müssen.

2 Gibt es eine absolute Chronologie?

Die älteste Methode zur Zeitbestimmung: Warvenchronologie

Der älteste technische Versuch, das Alter einer Schicht zu bestimmen, ist in Schweden vor hundert Jahren entwickelt worden. Er bringt eine völlig neue Einsicht.

Während ich mit starken Zweifeln an Illigs These der Mittelalterkürzung die technischen Möglichkeiten einer unabhängigen Datierung prüfte, erschien gerade in einer Berliner Fachzeitschrift (»Geowissenschaften« 12/1994, Heft 10–11) ein Artikel von sechs Spezialisten (Brauer, Hajdas u. a.) dieser Disziplin mit dem Titel »Warvenchronologie. Eine Methode zur absoluten Datierung und Rekonstruktion kurzer und mittlerer solarer Periodizitäten.«

Solare Periodizitäten – gemeinhin also Jahresfolgen – als Grundlage für eine absolute Datierungsmöglichkeit? Hier, sagte ich mir, könnte eine verläßliche Skala der tatsächlich vergangenen Jahre vorliegen!

Aber was ist eine Warvenchronologie?

Sie ist der älteste technische Versuch, den Ablauf der Jahre an geologischen Spuren zu messen, und wurde vor etwa hundert Jahren in Schweden ausgeklügelt. Man zählte dafür die Ablagerungsschichten in tiefen Seen, denn die durch jahreszeitlich bedingte Regenschwankungen sauber geschichteten Ablagerungen (Warven) ergeben ein recht gutes Bild der abgelaufenen Jahre, das direkt optisch auswertbar ist. Genaugenommen wer-

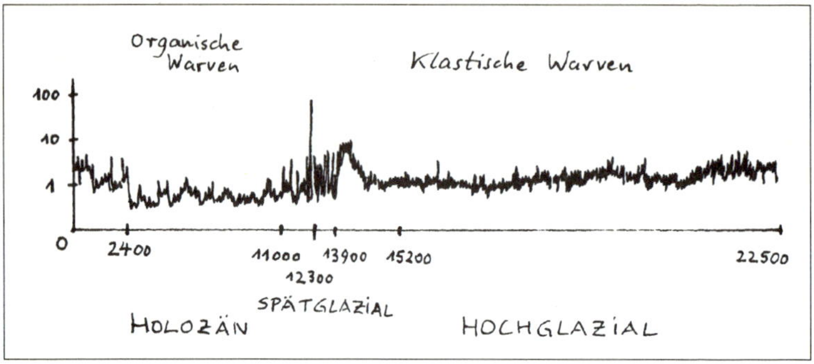

Abb. 6: Ausschnitt aus Abbildung 3 der Veröffentlichung des GeoForschungsZentrums Potsdam (aus: »Brauer, Hajdas et al.«, Geowissenschaften 12, Heft 10–11, 1994). (Zeichnung U. Topper.)

den aber hierbei Aussagen über Regenfälle gemacht, die nur hypothetisch auch mit der Jahresabfolge zusammenhängen müssen. Außerdem wurden die Warven aus verschiedenen weit auseinanderliegenden (schwedischen) Seen miteinander verzahnt, wodurch die Methode noch fragwürdiger erscheint. Jedenfalls benützt man sie wissenschaftlicherseits bis heute.

Abbildung 3 des Artikels aus Potsdam brachte eine Überraschung: Ganz unerwartet macht die relativ regelmäßig verlaufende Warvenkurve einen Sprung beim Zeitpunkt 2400 vor heute. Die Autoren weisen auf diese Anomalität besonders hin, denn außer diesem taucht nur der bekannte Sprung bei 12 000 vor heute auf, was als der Einschnitt des Spätglazials, volkstümlich als Ende der Eiszeit, bezeichnet wird.

Daß die Warvenkurve vor 2400 Jahren springt und dann ihr Niveau bis heute unverändert beibehält, ist absonderlich. Wenn in der Lebenszeit von Plato und Kyros dem Jüngeren eine dermaßen starke klimatische Katastrophe stattgefunden hätte, dann wäre uns das in den zahlreichen Schriften der damaligen Zeit sicher überliefert worden. Um 400 v. Chr. weist nichts auf eine allgemeine Klimakatastrophe hin.

Aber um 700 v. Chr. ist allenthalben im Mittelmeergebiet und Westasien ein katastrophaler Einschnitt erkennbar, denn der archäologische Befund zeigt Brandschichten und Zerstörungen, die nicht von Menschen herrühren, sondern geologische oder kosmische Ursachen haben müssen. Wenn nun – schloß ich – das Jahr 700 v. Chr. nur etwa 2400 Jahre von uns entfernt liegt, dann sind irgendwo rund 300 Jahre übersprungen worden.
Leider läßt sich dieses Ergebnis weder durch Baumringzählung (Dendrochronologie) noch durch Radiokarbonmessung (^{14}C) mit derselben Sicherheit nachweisen. Einer der Autoren des Artikels, Hajdas, berichtet, daß die Differenz der durch Baumringe korrigierten ^{14}C-Methode (kalibriert) schon im 1. Jahrtau-

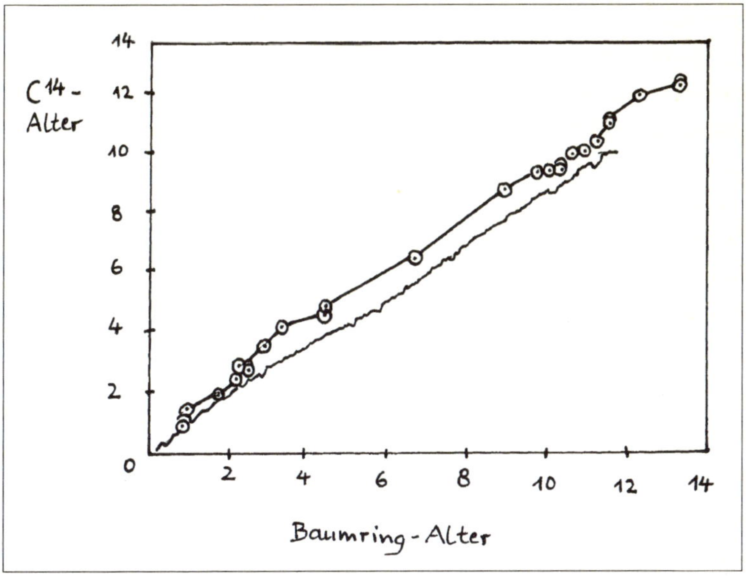

Abb. 7: Gegenüberstellung von ^{14}C- und Baumring-Altersbestimmung (Angaben jeweils in Jahrtausenden vor heute); obere Kurve: Warven von Holzmar in der Eifel; untere Kurve: Baumringauszählung (Zeichnung adaptiert von U. Topper nach »Brauer, Hajdas et al.«, Geowissenschaften 12, Heft 10–11, 1994).

send v. Chr. *mehr als ein ganzes Jahrtausend* beträgt: »Beim Vergleich der Warvenchronologie mit den dendrochronologisch kalibrierten ^{14}C-Daten ergeben sich übereinstimmende Ergebnisse für die letzten 2000 Jahre, während ab dem Bereich von 2000 bis 3000 Jahren B.P. (= before present) ein Versatz beider Kurven von rund 1100 Jahren (Abbildung 5) festzustellen ist. (...) Die Ursachen für diese Differenzen sind allerdings noch nicht genau bekannt.« (S. 329.)

Um es genau zu sagen: Die Ursachen sind unbekannt.

Was man aber auf der genannten Abbildung 5 gut ablesen kann: In eindrucksvoller Weise streben die beiden Kurven just um 2400 vor heute auseinander. Würden sie absolute Datierungen angeben, müßten sie auch identisch sein.

Allerdings ist man sich in archäologischen Kreisen noch keineswegs darüber einig, daß die große Katastrophe des Mittelmeergebietes, also der Schutt- und Aschehorizont, ins 8. Jahrhundert v. Chr. zu datieren sei. Die Grabungsfunde werden ja entweder nach ägyptisch-mesopotamischen Parallelfunden datiert (»1650 v. Chr.«, nach Ansicht der Zeitrekonstrukteure viel zu hoch) oder durch die Radiokarbonmethode, womit sie noch disparater und älter werden. Ich kann hier nur auf Heinsohn und Illig hinweisen, die in ihren Büchern das –8. Jahrhundert als Zeitraum der geologischen Katastrophe plausibel machen, wobei sie sich auf Vorgänger, wie den französischen Archäologen Schaeffer, stützen. Diese verkürzte Chronologie ist übrigens gar nicht so ungewöhnlich. Für die Iberische Halbinsel wird sie seit langem akademischerseits vertreten. Man rechnet dort mit einem kolonisatorischen Neubeginn frühestens im 8. Jahrhundert v. Chr.

In der klassischen Antike sah man allgemein den Anfang der eigenen Kultur im 8. Jahrhundert und begann eine rückwärtig errechnete Jahreszählung, so etwa die römische Stadtgründungsära, UC, die 753 v. Chr. als Startpunkt festlegt, oder die griechischen Olympiaden, die 776 als Beginn ansetzen. Entsprechend haben auch Mesopotamier, Chinesen und Japaner einen scharfen Einschnitt im 8. Jahrhundert als den Beginn ihrer historischen Zeit angesehen. Sie haben mit dieser Festlegung (die wohl nirgendwo vor dem 5. Jahrhundert v. Chr. erfolgt ist) erstmals einen größeren Zeitraum zusammengefaßt und so den eigenen Standort – also den Abstand vom nachkatastrophalen Neubeginn – bestimmt. Daß er bei fast allen antiken Kulturen ins –8. Jahrhundert fällt, finde ich bemerkenswert.

Wenn dieser Einschnitt dem in der Warvenzeitskala für 2400 vor heute gleichgesetzt werden kann, dann wäre dies ein deutlicher Hinweis für eine Verkürzung um drei Jahrhunderte.

Kritisch anzumerken ist aber außer den schon angedeuteten inneren Schwächen der Warvenmethode, daß hier auch noch eine von den Autoren zugegebene Schönung der Kurve durch Ausschluß unpassender Meßergebnisse (S. 329) vorgenommen wurde.

Die Radiokarbonmethode verändert unser Geschichtsbild

Durch die Anwendung der Radiokarbonmethode ist unsere Zeitvorstellung völlig durcheinander gekommen.

1992 erschien in New York ein Jubiläumsband (herausgegeben von Taylor, Long und Kra) zur vierzig Jahre alten Radiokarbon-Datierungstechnik, in dem nicht nur Frank W. Libbys nobelpreisgekrönte Entdeckung, sondern auch die inzwischen erfolgten Verbesserungen der Methode der Kohlenstoff-Isotop-Zeitbestimmung zusammengefaßt werden.

Das Fazit aller Beiträge des 600seitigen Gemeinschaftswerkes ergibt, daß die gesamte Vorgeschichtsschreibung (spätestens seit 1960) auf ^{14}C-Daten aufbaut, die sich selbst wiederum auf die Chronologie der traditionellen Geschichtsschreibung stützen und an dieser selbst auch fortlaufend geeicht wurden. Sollten Fehler in der herkömmlichen Chronologie oder in der ^{14}C-Methode als solcher oder gar in beiden erkannt werden, dann müssen alle neueren Geschichtsbücher hinsichtlich ihrer *Schlußfolgerungen* neu geschrieben werden.

Zunächst möchte ich einige Aussagen von drei der Autoren anführen, deren ungewöhnlich optimistische und selbstbewußte Einstellung einem etwas kritischeren Betrachter den Atem verschlägt. Im Vorwort sagt der Anthropologe Fred Wendorf aus Dallas etwas Grundsätzliches »über die Auswirkungen der Radiokarbondatierung auf unser Verständnis der menschlichen Kulturentwicklung in drei wichtigen Gebieten der Alten Welt. In jedem Falle hat die Einführung der Radiokarbondatierung unsere Sicht der örtlichen Vorgeschichte *vollkommen* verändert und einen bemerkenswerten Wechsel... hervorgebracht. Allerdings hat die neue Datierungsmethode keine Vertiefung der Chronologieforschung ausgelöst, sondern im Gegenteil, da diese Technik verhältnismäßig unabhängige und präzise Daten lieferte, Archäologen von der nutzlosen Beschäftigung mit der relativen Chronologie befreit.«

Fred Wendorf bespricht, wie die ^{14}C-Datierung die traditionellen Kulturabläufe sowohl im Niltal als auch im Maghreb *umstürzte* und wie diese neuen Chronologien unseren Blick für die nordafrikanische Vorgeschichte und ihre Beziehungen zu ähnlichen Entwicklungen in Europa und Südwestasien verändert haben. Donald Henry betont die Auswirkung der ^{14}C-Datierung auf die archäologische Theoriebildung und die Forschungsvorhaben. Peter Robertshaw dagegen unterstreicht die Rolle, die ^{14}C-Datierungen beim Studium der ausgehenden Vorgeschichte des subsaharischen Afrika, besonders in der Entwicklung der Eisenzeit, spielen. Trotz gelegentlicher Schwierigkeiten ist augenscheinlich, daß sich in allen drei Arbeitsgebieten die Radiokarbondatierungen durchgesetzt haben und Archäologen sich ihre Datierungen nicht mehr ohne sie vorstellen können.

In seinem eigenen Artikel berichtet Wendorf dann, daß das erste ^{14}C-Datum für Archäologie von einer Probe aus Sakkara (bei Kairo) erstellt wurde: ein Stück Akazienholz vom Grab des Djoser (3. Dynastie). Diese sowie drei weitere ägyptische Proben dienten Libby 1955 um festzustellen, »ob ein echter Zusammenhang zwischen dem ^{14}C-Datum und dem etablierten geschichtlichen Alter bestehe. Ein beträchtlicher Anteil Glück begleitete diese Ergebnisse der ersten Proben. Die Übereinstimmung mit den historischen Angaben war ausreichend nahe, so daß Libby keinen Fehler in seinem theoretischen Muster erkannte und sich ermutigt fühlte, damit fortzufahren.« Die Ergebnisse waren allerdings noch recht »uneben« und setzten sich nicht gleich durch, denn sie wichen noch um rund 600 Jahre (!) von der traditionellen Datierung ab; ein Jahrzehnt später fand man gar zu viele Ungereimtheiten in den ^{14}C-Meßdaten, so daß Archäologen die Nützlichkeit der Methode in Zweifel zogen. Als Fehlerquellen erkannte man die Verunreinigung der Proben oder stellte fest, daß der Gegenstand doch nicht zu dem jeweils vordatierten Ereignis gehören konnte.

Die Abweichung blieb aber auch bei den nicht als fehlerhaft erkannten Ergebnissen zu groß. Darum begann man 1970 die von Suess an Baumringen geeichte (kalibrierte) Kurve auch auf ägyptische Proben anzuwenden. Trotz nicht widerlegter Einwände von Clark und Renfrew wurde ab 1987 ein vereinheitlichtes Verfahren von ^{14}C-Datierung mit Hilfe historisch datierter Gegenstände erzielt, wodurch ein Wechsel in der Ägyptologie spürbar wird. So hat man z. B. durch eine Reihe von 64 »kohärenten« Meßergebnissen von zehn Pyramiden in Gise, Sakkara und Umgebung gefunden, daß diese Gebäude 300 bis

400 Jahre älter sind, als man bisher gedacht hatte, und daß einige von ihnen aus vordynastischer (!) Zeit stammen. (Als kohärent bezeichnet man Meßergebnisse, die zueinander passen; nicht passende Ergebnisse werden unter den Teppich gefegt.)

»Diese Daten wurden nicht mit Begeisterung aufgenommen, denn sie zeigten, daß unsere Vorstellungen von der Entwicklung der komplizierten ägyptischen Gesellschaft unzureichend waren oder daß der Anfang des Alten Reiches mindestens 300 Jahre eher gelegen haben muß.«

In der Oase Fayum wurde sogar die relative Abfolge umgekehrt: Die End-Altsteinzeit (Fayum B) und die Jungsteinzeit (Fayum A) wechselten die Plätze durch ^{14}C.

»Für die Vorgeschichte ganz Nordafrikas brachte die ^{14}C-Datierung eine wahre Revolution unserer Vorstellungen über Ursprung und Entwicklung fast aller bekannten Kulturgruppen. Diese Datierungstechnik änderte auch unsere Auffassung von kulturellen Zusammenhängen in Nordafrika und zwischen Nordafrika und anderen Gebieten tiefgründig. (...) Man lese Abhandlungen, die vor der Verbreitung der ^{14}C-Methode geschrieben wurden: Praktisch *keine* dieser so zuversichtlich vorgebrachten Zeitabfolgen vor 1960, von der mittleren Altsteinzeit bis zur Jungsteinzeit... hat die Ansätze der von ^{14}C erbrachten absoluten Daten überlebt.«

Auch in Nordwestafrika wurde durch die Einführung der Radiokarbonmethode die Vorgeschichte neu geschrieben. Aus den seit 1973 vorliegenden Ergebnissen wird deutlich, daß die Abfolge der archäologischen Kulturen im Maghreb völlig anders verlaufen war, als man bisher angenommen hatte. Trotz einiger Vorbehalte zeichnet sich ab, daß die Anfänge der Rinderzucht und der Töpferei immer früher datiert werden müssen, für das Aterien können »verschiedene Daten um 30 000 BP kaum noch zurückgewiesen werden«.

»Da nun zahlreiche ^{14}C-Datierungen vorliegen, kann zukünftige Forschung von der (^{14}C-gesicherten) Chronologie ausgehen und ergiebigere Fragen angehen, die das Funktionieren vorgeschichtlicher Gesellschaften betreffen.«
Kurzum: Über Datierungen braucht nicht mehr diskutiert zu werden.
»Die Anwendung anderer Datierungstechniken einschließlich Uran-Serien, ESR, Thermoluminiszenz und Straußeneierschalen-Analyse an zwei Orten in Ägypten und einem weiteren in Libyen erbrachten für einige Aterien-Feuchtphasen Daten aus dem letzten Interglazial und davor (ca. 175 000 bis 70 000 BP). Die ägyptischen Bestimmungen wurden an genau denselben Orten und Ablagerungen gemacht, die ^{14}C-Daten zwischen 20 000 und 30 000 BP durch (Proben von) Kohlenstoff und Schneckenschalen ergeben hatten.«
Damit wird die Unbrauchbarkeit der übrigen Datierungsmethoden demonstriert. Wendorf nennt dann ^{14}C-Daten vor 9000 BP für saharo-sudanesische Töpferei und frühe Chartum-Ware, die bisher mindestens 5 Jahrtausende jünger eingeschätzt wurde.
Und diese umwerfenden Neueinschätzungen stießen kaum auf Widerspruch!
Donald O. Henry (aus Oklahoma) bringt diesen Punkt zur Sprache (S. 331): »In den späten 60er Jahren war die ^{14}C-Datierung zum allgemeinen Werkzeug der Vorgeschichtsforschung des Nahen Ostens geworden. Skepsis hinsichtlich der Genauigkeit der Daten war selten. Die Planung der meisten Forschungsvorhaben setzte die beizubringenden Datierungen voraus und hing in gewisser Weise von ihnen ab.«
Und diese Datierungen sollten vor allem Gleichzeitigkeit gewisser umweltbedingter Veränderungen im Entwicklungsablauf der jeweiligen großräumigen Kulturen beweisen. Damit waren die Ergebnisse vorprogrammiert.
In seinem Schlußwort betont Henry: »Indem die Archäologen

der Vorgeschichte des Nahen Ostens die Möglichkeit wahrnahmen, mittels ^{14}C-Datierung eine exakte Chronologie aufzustellen, waren sie in der Lage, unsere kulturhistorische Rekonstruktion, besonders für die Übergangsphasen, *neu* zu gestalten. Indem diese andere Art chronologischen Maßstabs gewonnen wurde, *jenseits* der Ausgrabung stratigraphischer Ablagerungen, eröffnete die Technik die Möglichkeit ... ein angepaßtes oder funktionales Paradigma als Gegenargument für die bisher vertretene Entwicklungshypothese, um die Unterschiede vorgeschichtlicher Zeugnisse zu erklären.«

Diese etwas langen Zitate sind nötig, um den neuen Geist spürbar zu machen, der hier weht. Das technische Argument siegt über ideelle Einwände. Hoffentlich können wir uns auch auf diese Technik verlassen!

In seiner Würdigung von Libbys Arbeit sagt Rainer Berger im selben Buch (S. 431):

»Da die Produktionsrate von Radiokarbon in der Vergangenheit Veränderungen erlitt durch geomagnetische und heliomagnetische Feldschwankungen, wurde es höchst wichtig, die Abweichungen, die Suess (1965) zuerst gemessen hatte, soweit als möglich in die historische Vergangenheit zu verfolgen.« Man nahm dazu *historisch* gut datierte Proben aus dem alten Ägypten, denn »es ist allgemein anerkannt, daß diese Chronologie die am besten erarbeitete der Welt mit dem höchsten Alter ist. Berger (1985, also er selbst) bestätigte die von Suess geforderten Schwankungen, indem er mit historisch-archäologischen wie auch *weitest* modifizierten Radiokarbondaten die entsprechenden Kalenderjahre festlegte.«

Kann das wirklich sein, daß ein Wissenschaftler einen derartigen Zirkelschluß nicht erkennt?

»Interessanterweise«, sagt Berger weiter, »hat Clark in all den Jahren der Zusammenarbeit nicht einen einzigen Fehler gemacht hinsichtlich des von ihm geschätzten vermutlichen

Alters der (dem Labor) übergebenen Proben.« Oder hat das Labor nicht gewagt, die vorgegebenen Alterseinschränkungen zu überschreiten, indem es unpassende Meßergebnisse unter den Tisch fallen ließ?
Wenn nun die ägyptische Chronologie doch nicht so zuverlässig ist, wie man bisher glaubte, sondern eher so große Fehler enthält, wie Heinsohn und Illig (1990) mit guten Argumenten vertreten, nämlich *bis zu 2000 Jahre zu alt* eingeschätzt, dann können die daran geeichten Radiokarbonjahre nicht genauer sein. Ihre Anwendung auf andere Gegenden der Erde müßte vollkommen unwirkliche Ergebnisse liefern, wie ich mit den Zitaten andeutete.

Große Publikumswirkung hatten einige Fernsehsendungen zur Anwendung der Karbonmethode auf die Archäologie, die vor allem die junge Generation beeindruckte. In dem dazu erschienenen Buch (Graichen und Hillrich, 1993) wird an einem Beispiel (Schaukasten, S. 36) der Erfolg der ^{14}C-Datierung vorgestellt: »Der Beginn der ältesten Bauernkultur in Mitteleuropa war 1949 aufgrund sehr allgemeiner Vergleiche mit mittelmeerischen Kulturen auf etwa 3400 v. Chr. oder etwas früher datiert worden. Als man in den 60er und 70er Jahren die Radiokohlenstoffmethode für die Datierung einsetzen konnte, ließ sich dasselbe Ereignis auf die Zeit um 4600 v. Chr. festlegen. Heute – nach Berichtigung oder Kalibration der ^{14}C-Datierungen durch das Verfahren der Dendrochronologie – wird der Beginn der bandkeramischen Bauernkultur Mitteleuropas auf etwa 5500 v. Chr. berechnet.«
Da staunt der Laie, wie leicht die Jahrhunderte sich vermehren! Und vielleicht stellt er sogar die Frage:

Ist die Karbonbestimmung wissenschaftlich?

Die neuesten Erkenntnisse zeigen, daß die Altersbestimmung mittels Karbonisotopen in physikalischer Hinsicht völlig unbrauchbar ist.

Die Meßergebnisse von heutigen Kohlenstoffproben sind durch menschliche Aktivität – radioaktiver Fallout seit 1945 – absolut unzuverlässig. Darum ist auch der »Startwert«, den Libby vorgab, unbrauchbar. Proben aus dem Zeitraum zwischen 1450 und 1950 ergeben ein breit gestreutes Feld von Werten, aus dem sich keine Kurve herausarbeiten läßt. Die zugegebene Fehlerrate und die nachweislich viel zu breite Streuung der Meßergebnisse bildet aber gerade die Grundlage für die Anerkennung der Methode, da sie einen statistischen Spielraum vortäuscht, innerhalb dessen die Daten gesäubert und den chronologischen Vorgaben gemäß erzeugt werden.
Mit diesen und vielen anderen Argumenten erklären Blöss und Niemitz seit einigen Jahren die groben Schnitzer oder genauer gesagt: den offensichtlichen Selbstbetrug, den Libby und Suess mit ihrer Methode begingen. Das neue Buch von Blöss und Niemitz hat für einigen Wirbel gesorgt: »C14-Crash: Das Ende der Illusion, mit Radiokarbonmethode und Dendrochronologie datieren zu können«. (1997.) Sie decken darin die Tricks auf:
In seiner Bekanntgabe der neuen Radiokarbonzeitbestimmung (in »Science«, 1949) ordnete Libby die radiometrische Altersstreuung von 18 Holzproben, die alle aus neuerer Zeit stammten, dermaßen »geschickt« an, daß sie um einen geforderten »Mittelwert« zusammenrückten und nur eine Streuung von ±50 Jahren aufwiesen, während ihre echte Bandbreite 1000 Jahre betrug. Damit wurde das bis heute als grundlegend geltende Prinzip der ^{14}C-Methode, das sogenannte Simultanitätsprinzip, »bewiesen«.
Auch die weiteren von ihnen bloßgestellten Fehler der Me-

thode haben nichts mit Meßfehlern oder Verunreinigung der Proben zu tun, sondern sind einfach Denkfehler, deren simple Darstellung in Kurven ein Mathematikerhirn erschauern lassen. Ebenso beruht die *Kalibrierung* von ^{14}C-Daten mittels Baumringen auf einem Zirkelschluß: Die Baumringe werden mittels ^{14}C-Methode vordatiert und geordnet, dann wird ^{14}C mit Hilfe der Baumringe geeicht (kalibriert).

Da kosmische Strahlung und erdmagnetischer Schutzschild Schwankungen unterliegen, die in der nach dem aktualistischen Prinzip erstellten ^{14}C-Methode nicht einbezogen werden, ergibt sich für jeden Zeitraum und jeden Ort ein anderes Ergebnis. Während die erste lange Baumringchronologie (von amerikanischen Borstenkiefern) auf der Annahme beruhte, daß die ^{14}C-Konzentration in der Atmosphäre über lange Zeiträume hinweg konstant gewesen sei, zeigen die modernen Ergebnisse der Ozeanographie und Geologie, daß bereits geringste Änderungen des Isotopengehalts im Ozean zu einer Beschleunigung oder Verlangsamung der ^{14}C-Uhr um 100 Prozent führen können. Mehr noch: Die Produktion von ^{14}C-Isotopen müßte zeitweise durch Diffusion ausgeglichen werden, weil sonst eine Umkehrung des Zeitstrahls – was die Kurven belegen! – anzunehmen wäre. Man zog also die Schwankungen in Betracht (»wiggle«) und erhielt Ergebnisse, bei denen lebende Organismen älter als schon gestorbene waren (S. 389). Sogar die fundamentale Annahme für die Kalibrierkurven ist nachweislich falsch (S. 404).

Mit diesen knappen Sätzen ist die Problematik der ^{14}C-Methode nur angedeutet; das genannte Buch von Blöss und Niemitz zeigt die theoretische Unhaltbarkeit der ^{14}C-Methode mit strengsten wissenschaftlichen Maßstäben.

Wenn man zudem bedenkt, daß die Meßwerte der verschiedenen Labore bekanntlich stark voneinander abweichen, sogar gleiche Proben an verschiedenen Untersuchungstagen verschiedene Ergebnisse bringen, kommt es mir unverständlich vor, daß

Geisteswissenschaftler sich von dieser Art technischen Betrugs ihr Konzept verderben ließen.

Baumringzählung als Jahreszählung

Die Baumringauszählung, die nur in ganz kleinen Bereichen verläßliche Ergebnisse liefert, verleitete Zeittechniker zu einer statistischen Methode, mit der sie die Jahrtausende bestimmen wollten.

Einer der beiden Autoren des aufklärenden Buches über die Illusion der Karbonmethodiker, Hans-Ulrich Niemitz, hat sich ausgiebig mit dem Problem der Baumringdatierung auseinandergesetzt und in Vorträgen und Artikeln (besonders in ZS 3/1995, S. 291–314) gezeigt, wie weit diese Methode verläßlich ist und wo sie versagt. Er beschreibt die dendrochronologische Methode, die in Amerika schon fast ein Jahrhundert alt ist, folgendermaßen (S. 292): »Das Dickenwachstum der (jahr)ringbildenden Bäume verläuft nicht gleichmäßig. Bedingt durch die klimatisch verschieden ablaufenden Jahre entstehen in einmaliger historischer Folge wechselnde Ringbreiten.« Wenn zwei Ringbreitenfolgen von Bäumen derselben Art und aus dem gleichen klimatischen Großraum miteinander übereinstimmen, sind sie *wahrscheinlich* im selben Zeitraum gewachsen. Man kann nun Ringbreitenfolgen mehrerer wahrscheinlich zeitgleicher Baumringsequenzen zusammenstellen, die die charakteristische Folge der Baumringe eines Gebietes für einen großen Zeitraum wiedergeben und mit diesen Kurven als Meßlatte andere Baumringproben einordnen, also zeitlich festlegen. Während man ursprünglich die Ringfolgen visuell miteinander verglich, benützt man mittlerweile Computerprogramme dazu, wodurch das Verfahren für den Außenstehenden unkontrollierbar geworden ist. Die Aussagen über Gleichzeitigkeit beruhen auf statistischen Auswertungen, die nicht mehr nachvollziehbar sind. Je näher die Baumproben geographisch beieinanderliegend gewachsen sind, desto vertrauenswürdiger sind auch die Ergebnisse. Deshalb werden möglichst regionale Kurven erstellt.

Besonders problematisch wird es, wenn man rückwärts arbeitend an eine Lücke stößt, für die keine vordatierten Muster vorhanden sind. Mit Hilfe von Proben, die Anfang und Ende einer Lücke verbinden, überbrückt man das Loch und erhält dadurch eine fortlaufende Chronologie. Dabei können Irrtümer auftreten, denn die Übereinstimmung von Kurvenstücken ist nie hundertprozentig, sondern immer nur bis zu einem gewissen Grad »signifikant«. Hier spielen Wahrscheinlichkeitsberechnungen eine Rolle, aber auch Intuition und Erfahrung der untersuchenden Personen. Jeder Baum ist ja ein Individuum, seine Jahresringe sind wie menschliche Daumenlinien ein persönlicher Ausweis. Art des Baumes, Standort und Mikroklima müßten also beim Vergleich streng beachtet werden.

Seit den 50er Jahren entwickelten sich ^{14}C- und Dendro-Verfahren nebeneinander her »in enger Verzahnung« (Niemitz, S. 291), sich gegenseitig korrigierend, wie es scheint. Die Baumringzählung gewann dabei einen Vorsprung, so daß heute ^{14}C nur noch als Relativverfahren angewendet wird, während die Baumdaten als absolute Altersbestimmung gelten. Vergessen wird dabei oft, daß die amerikanischen Dendrochronologen für die erste längere – über Jahrtausende reichende – Jahresabfolge, die aus unverbundenen Teilstücken bestand, die ^{14}C-Methode heranzogen, um die Einzelstücke vorzudatieren und über die Lücken hinweg aneinanderzufügen. Dabei wurde die aus der Vorstellung von konstanten Naturverhältnissen entwickelte Idealkurve zum Vorbild genommen. Statt gegenseitige Kontrollfunktion auszuüben, gehen beide auf dieselbe unbegründete Voraussetzung zurück.

Bei Durchsicht der europäischen Fachliteratur stellte Niemitz (S. 299 ff.) überraschenderweise genau die Schwächen fest, die bei der Erforschung des Mittelalters hervorgetreten waren. Es gab eine in Deutschland an Eichen recht gut belegte Jahresabfolge von heute rückwärts bis etwa zum Jahr 1000, und dann nach einer offenen Stelle von mehreren Jahrhunderten eine römerzeitliche Abfolge, die zwar in sich auch einen geschlossenen Abschnitt darstellte, mit absoluten Jahreszahlen aber nicht belegt werden konnte, weil ihr der Anschluß an die gegen 1000 AD beginnende neuere Folge fehlte.

Für den zu überbrückenden Zeitraum lag zu wenig Material vor. Zu Zeiten Karls d. Gr. wurde offenbar kaum gebaut, auch Baumsärge gab es nicht genug. Man sprach auch von der »Völkerwanderungslücke«, nur über die genauen Grenzdaten war man sich noch im unklaren.

Zu diesem kritischen Zeitpunkt (1970) – sagt Niemitz (S. 304) in seiner Auswertung der Schriften Hollsteins, des seinerzeit führenden deutschen Dendrochronologen – entdeckte man in einem Brunnen aus karolingischer Zeit Kanthölzer, die eine 339jährige Kurve ergaben. Allerdings handelte es sich um Rotbuchenholz! Mit diesen wurden die auf Eichen erstellten Kurven der davor und danach liegenden Zeit verbunden. Das war ein Bruch in der wissenschaftlichen Methode, der dann auch Ergebnisse brachte, die stark in Zweifel gezogen wurden. Und ob die Datierung des Brunnens in die fragliche Zeit korrekt war, blieb ohnehin offen.

Die Zwangslage, in der Hollstein sich durch die Lücke befand, wurde eben erst richtig deutlich durch diesen Mißgriff, der einem Wissenschaftler nicht passieren sollte, sagt Niemitz.

Zehn Jahre später präsentierte Hollstein dann eine durchgehend auf Eichenproben gegründete Chronologie, die jedoch immer noch zwei Schwachstellen hat: »Für 380 müssen zwei Proben, für 720 vier Proben die Brücke schlagen.« (Niemitz, S. 305.) Genau das hatte Niemitz erwartet: extremen Mangel an

Holz und zwei »Schummelstellen«. Die genauere Betrachtung der beiden Schwachstellen ergab dann, daß hier ungenügende Jahresringe vorliegen und die Proben nur durch historische Absicherung eingeordnet wurden.
Niemitz weist in diesem Zusammenhang auf Verdoppelungen hin, die 300 Jahre auseinander liegen. Auch das hatte er erwartet, wenn in der Geschichtsschreibung ein Zeitraum von drei Jahrhunderten aufgefüllt worden war: Wenn man den Zeitstrahl zerschneidet und dann mit Baumringkurven von beiden Seiten her die Lücke anzufüllen beginnt, müßten sich an den Randstellen Überlappungen gleicher Kurven ergeben, wenn ein Kritiker der Methode die beiden Enden zusammenfügt.
Die Weise, in der sich andere Dendrochronologen behalfen, ist genauso aufschlußreich: Man nahm Holzproben von weit über Nordwest-Europa verstreuten Orten, um vorhandene Ketten zu verbinden, und verwendete auch ^{14}C-bestimmte Hölzer zum Schließen der Lücke. Dabei tauchte ein neues Problem auf: Im Frühmittelalter zeigte sich eine erhebliche Schwankung der ^{14}C-Werte.
Auf einer Schautafel, die Niemitz (nach Becker, 1981) abbildet, sieht man die Lücke optisch hervorragend: Ab dem Jahr 1000 rückwärts sind die Holzproben äußerst rar und steigen erst gegen 600 steil an, fallen dann um 500 erneut ab und werden in der Römerzeit wieder üppig. Die karolingische Lücke ist sehr groß, die völkerwanderungszeitliche reicht immerhin auch über 200 Jahre.
Für Ostfrankreich und für die mitteldeutschen Slawengebiete haben sich entsprechende Fehlerstellen herausgeschält. Die schriftlichen Quellen suggerieren völlig andere geschichtliche Zusammenhänge als die auf naturwissenschaftlicher Grundlage gewonnenen Daten. Um die Daten den »historischen« Quellen anzugleichen, mußten die naturwissenschaftlichen Ergebnisse entsprechend umgedeutet werden (Niemitz, S. 309 ff.).
Mit diesem Ausschnitt aus den Niemitzschen Untersuchungen

des Forschungsstandes ist natürlich kein Beweis für die »Zeitlücke« geführt, aber ein unmißverständlicher Hinweis gegeben, daß hier etwas nicht stimmen kann.

Und vor allem ist wieder einmal deutlich geworden, daß eine der unabhängigen Methoden, auf die man sich bei der Suche nach einer Datierung verlorener Geschichtsereignisse stützen könnte, gerade an der fraglichen Stelle versagt, während sie für unser letztes Jahrtausend zuweilen verläßliche Ergebnisse liefert.

^{14}C-Datierung und Baumringzählung, die sich ja gegenseitig korrigierten und beide an einer zweifelhaften Geschichtsschreibung vordatiert wurden, werden damit zu unbrauchbaren Werkzeugen der Chronologieforschung.

Sind Eisschichten datierbar?

Niederschlagsmengen von Schnee werden zu Jahreszahlen umfunktioniert. Da kann man ganz schön tief reinfallen.

Wenn Schlamm- und Sandablagerungen (Warven) in stillen Seen und Wachstumsfolgen bei Baumstämmen (Baumringe) als Datierungshilfen herangezogen werden können, dann müßten auch die alljährlich rhythmisch wiederkehrenden Schneeschichten auf Gletschern in Grönland oder der Antarktis eine Möglichkeit bieten, Jahresfolgen zu erkennen. Man nimmt einfach an, daß die im Jahreslauf wachsenden und schwindenden Schneemengen einen entsprechenden »Jahresring« hinterlassen. Treibt man einen Bohrkern in einen Gletscher hinein, der aufgrund seiner Lage kaum fließen konnte, was auf Grönland mehrfach gegeben ist, dann müßte man an diesem Bohrkern die Geschichte der letzten Jahrhunderttausende ablesen können.

Heinsohn hat einen kurzen Bericht über diese Bemühungen veröffentlicht (ZS 4/1994), aus dem klar wird, daß hier mit denselben Denkfehlern vorgegangen wird, wie bei den anderen technischen Datierungsversuchen. Zwar konnte man einen beachtlich langen Bohrkern – 3 km – heraufholen, der für 200 000 bis 300 000 Jahre (!) bürgen sollte, mußte aber später erkennen, daß die angenommenen Faktoren etwas willkürlich verwendet worden waren. Gewiß: obenauf liegender Firnschnee nimmt pro Jahr einen großen Raum ein, und je tiefer man gelangt, desto dünner wird die Jahresdecke, denn mit dem zunehmenden Gewicht preßt sich der Schnee immer stärker zu Eis zusammen. In tiefen Schichten rechnete man einfach 1 mm pro Jahr, ohne noch die Abfolge zu zählen, denn Eis läßt sich nicht komprimieren. Bei einem Zeitraum von Jahrhunderttausenden sind damit die mehrfachen großen Schwankungen (»Eiszeiten«) offensichtlich nicht berücksichtigt. Die Uniformität des kosmischen Ablaufs und besonders der irdischen Perioden wird einfach vorausgesetzt, obgleich Geologen andererseits gerade mit starken Schwankungen vertraut sind. Das macht die Methode suspekt.

Doch folgen wir ihr weiter: Gewisse gut sichtbare Ereignisse im sonst einförmigen Ablauf der Eisschichten, wie zum Beispiel Vulkanausbrüche, deren Asche- oder Schwefelschicht deutlich erkennbar ist, werden historisch oder archäologisch datierten Ereignissen an die Seite gestellt, so daß man diese Schicht dann datieren kann und von ihr ausgehend einen Faktor für die abgelaufenen Jahre errechnet. Man nimmt also einfach an, ein im jahresmäßig vorausgeschätzten Bereich liegender Vulkanhorizont gehöre zu dem im Mittelmeer berühmten Ausbruch des Thera-Vulkans, und da dieser historisch auf 1650 v. Chr. festgelegt wurde (oder für Techniker lieber glatt –1500), muß die Eisschicht aus jenem Zeitraum stammen.

Daß isländische Vulkanausbrüche wegen ihrer Nähe zu Grönland dort viel größere Auswirkungen haben müßten als der einer winzigen Insel im Mittelmeer, macht diesen Technikern kaum zu schaffen; daß aber die Datierung des Thera-Ausbruchs auf 1650 v. Chr. nur eine der vielen möglichen historischen Hypothesen ist, durch gar zu viele Gegenargumente neuerdings arg ins Wanken geraten, davon nehmen diese Zeittechniker nicht einmal Notiz. Die gewonnenen Faktoren, hochgerechnet und auf andere Bohrkerne übertragen, werden wie ein in Paris geeichter Meterstock angelegt.

Heinsohn hat in seinem Artikel ein hübsches Beispiel für die Auswirkung dieser naiven Technik gegeben: Für ein im Zweiten Weltkrieg über Grönland abgestürztes amerikanisches Flugzeug, das man wieder aus dem Eis heraufholen wollte, wurde von den Eisspezialisten eine Tiefe von 12 m vorausgesagt. Die Kosten des Unternehmens wurden aber sichtlich größer, als man das Flugzeug endlich in 78 m Tiefe ortete. Es handelt sich nicht nur um einen Fehler mit dem Faktor 6, sondern auch um einen methodischen Fehler: Nicht die Jahre sind als Schneelagen erkennbar, sondern die einzelnen Schneefälle. Und diese unterliegen großen Schwankungen.

Obgleich sich die Forscher besonders über das letzte Phänomen vor Ort selbst informieren konnten, hat ein internationales Wissenschaftlerteam unter Verwendung der nun einmal erstellten Meßlatte eine anspruchsvolle Untersuchung in »Science« (272, 1994) veröffentlicht, mit der uns Paul C. Martin in einem kritischen Artikel (ZS 2/1996) bekannt macht. Man hatte den Gehalt an Kupferablagerungen in dem vorhin erwähnten 3 km tiefen Bohrkern von Grönland untersucht und an Hand der festgestellten Häufigkeitswerte Kurven gezeichnet, die ganz auffällige Spitzen und Täler aufweisen. Diese konnte man nun mit der vorhandenen Jahresschichtenskala gewissen weltweiten oder mittelmeerischen Ereignissen gleichsetzen, also den langsamen Anstieg der Kupferspuren mit dem Beginn der Bronzezeit um 3000 v. Chr., den stärkeren Anteil an Kupfer mit dem Beginn des Geldumlaufs um 500 v. Chr., eine besonders hohe Spitze von Kupferausfall kurz nach der Zeitenwende als Inflation des späten Rom, eine ähnliche als chinesische Hochproduktion in der Sung-Zeit (ab 950 AD), und dann den unaufhaltsamen Aufstieg mit der industriellen Revolution in Mitteleuropa (1850). Liest man die vier Namen der Veröffentlicher, erkennt man auch gleich die Höhepunkte wieder: zwei Autorennamen klingen französisch und einer chinesisch. Sie brachten also ihre nationalbedingt enge Geschichtsschau in die Ergebnisse mit ein.

Die wahrscheinlich weltweit gleichzeitig einsetzende Bronzezeit mit ihrer plötzlichen Kupferförderung könnte natürlich auch im Grönlandeis Spuren hinterlassen haben, aber wiederum liegen über den Zeitpunkt die unterschiedlichsten Meinungen vor, von Radiokarbondaten um 7000 v. Chr. über die »klassischen« Daten (2250 v. Chr.) bis zu den modernen der Autoren Heinsohn und Illig (–1000 bis –700) wird alles vertreten. Die Kupfergeld-Inflation der Römer oder Chinesen für einen in den Kurven wirklich enorm starken Anstieg verantwortlich zu machen, scheint mir geradezu aberwitzig. Martin diskutiert jedoch ernsthaft alle Möglichkeiten und widerlegt mit nüchternen Zahlen derartige Annahmen. Er weist auch darauf hin, daß im Hauptgebiet der römischen Kupferförderung, nämlich auf der Iberischen Halbinsel, stetige Westwinde wehen, die dann die mit Kupfer angereicherte Luft einmal ganz um den Erdball treiben müßten, bevor sich die Reste im Grönlandeis ablagern können.

Martin bemerkt dann weiter, daß weder die antike Münzproduktion noch die moderne Technisierung, sondern die beginnende Verwendung von Kupfer für Geschütze ab der Renaissance für einen krassen Anstieg verantwortlich zu machen sei. Legt man die aus dem Versuch der Flugzeugbergung gewonnenen Daten zugrunde, dann dürfte eine der 500-m-Proben, die für die Jahre 1000 v. Chr. bis 1500 n. Chr. stehen soll (also für 2500 Jahre), eher für die Jahre 1458 bis 1884 n. Chr. gelten (für

426 Jahre), die Spitze mithin genau diesen gesteigerten militärischen Einsatz von Kupfer anzeigen. Martin schließt mit den Worten:

»Insgesamt ist der ›Science‹-Artikel doppelt unwissenschaftlich. Zum einen akzeptiert er unkritisch die phantastisch verlängerten Eiskerndatierungen, zum anderen versucht er allen Ernstes, anhand dieser Pseudo-Daten einen genaueren Überblick bis zur industriellen Revolution und bis zur Gegenwart zu gewinnen.«

So ist wiederum herausgekommen, daß mit derartig unwissenschaftlichen Methoden, bei denen von vorgefertigten geisteswissenschaftlichen Maßstäben ausgegangen wird, nie eine unabhängige Antwort auf die brennende Frage nach der abgelaufenen Zeit gefunden werden kann.

3 Die untrügliche Himmelsuhr

Der geniale Regiomontanus

Die Kalenderreform war überfällig und als Rechtfertigung gegenüber den richtigen Zeitskalen der Nichtchristen von dringender Notwendigkeit.

Er wurde das Wunderkind der Renaissance genannt, der Müllerssohn Johannes aus dem fränkischen Ort Königsberg, nach dem er sich der Sitte gemäß Regiomontanus, Königsberger, nannte. Am 6. Juni 1436 geboren, hatte er schon als Kind eigene Sternbeobachtungen durchgeführt und mit zwölf Jahren seine ersten Sterntafeln angelegt, für die er große Bewunderung erntete. Seine Planeten- und Sternkalender, die er in späteren Jahren herausgab, wurden zum wichtigsten Handwerkszeug der »Weltentdecker« Vasco da Gama, Christoph Kolumbus und ihrer Nachfolger. Schon mit 40 Jahren, am 6. Juli 1476, starb Regiomontanus in Rom – ein »unersetzlicher Verlust« für die damaligen Zeitgenossen.

Hier möchte ich nicht das bewegte Leben dieses genialen Mannes aus dem einfachen Volk nachzeichnen, auch nicht die unermeßliche Bedeutung seines Wirkens für die europäische Kultur und Wissenschaft hervorheben, sondern mich auf jenen Punkt beschränken, der unser Thema betrifft: die Zeitrechnung.

Als Gerhard von Cremona im 12. Jahrhundert in Spanien zusammen mit den dortigen Juden die nur in Arabisch erhaltenen Texte der griechischen Klassiker ins Lateinische übersetzte, nahm das Abendland nur wenig Kenntnis davon. Bedeutender

war der Verlust von Konstantinopel 1453 und die damit verbundene Flucht vieler byzantinischer Gelehrter nach Italien, durch die erst die Renaissance im eigentlichen Sinne ausgelöst wurde. Sie hatten Bücher und Handschriften mitgebracht und lehrten Griechisch zum Verständnis dieser Texte.
Johannes Müller Regiomontanus begleitete im Jahre 1461 auf Wunsch seines Wiener Lehrers Peuerbach, der kurz vor Antritt der Reise starb, den päpstlichen Gesandten, den Griechen Bessarion, von Wien nach Italien und vertiefte dort seine Kenntnisse des Griechischen, so daß er die Werke des Ptolemäus über die Sternkunde (»Almagest«) neu erarbeiten konnte.
Nach sieben Jahren erst kehrte er nach Wien zurück und ging drei Jahre später nach Nürnberg, wo seine fruchtbarste Zeit liegt. Er errichtete die erste Sternwarte in Deutschland, erfand astronomische Instrumente und leitete eine Druckerei, deren Erzeugnisse, vor allem Ephemeriden und Kalender, ein Jahrhundert lang vorbildlich waren. Schon als Junge war ihm aufgefallen, daß die Tagundnachtgleiche des Frühlings – und das kann tatsächlich jedes Kind nachmessen – nicht mehr auf den 21. März fiel, wie es hätte sein sollen, sondern auf den 11. »Mertz« (im »Deutschen Kalender« von 1474, siehe Zinner, 1937). Die Herbstäquinoktie, die auf den 23. September fallen sollte, lag nun neun Tage eher, auf dem 14. »Herbstmonde«. Als Astronom war ihm diese Verschiebung gleichgültig, nicht aber dem Papst Sixtus II. (er ist heute der IV., die ersten drei sind Heilige und recht spät eingeschoben), der sogleich erkannte, daß damit der Ostertermin falsch lag.
Dieser gelehrte Franziskaner war Professor an verschiedenen Universitäten gewesen, bevor er Papst wurde (von 1471 bis 1484). Er unternahm große Anstrengungen, einen Kreuzzug gegen die Türken auszulösen, um Konstantinopel zurückzugewinnen, was ihm aber nicht gelang. Mit ungeheurem Ehrgeiz ließ er Rom durch prächtige Bauten schmücken – die Sixtinische Kapelle ist nach ihm benannt – und gründete die Vatikani-

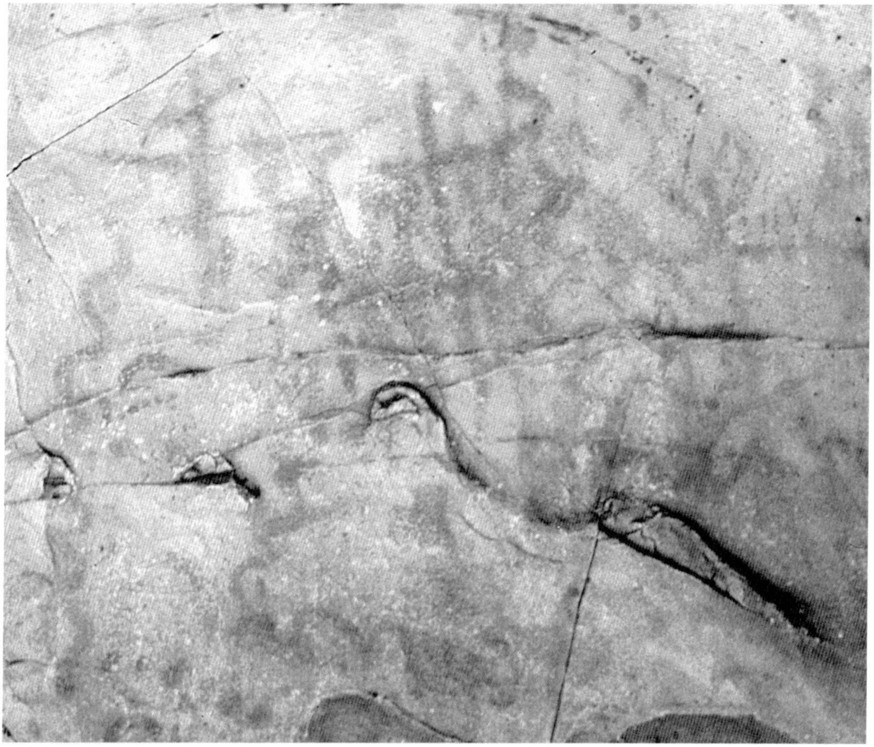
1

2

1 Christliche Malerei in einer Höhle in Andalusien (siehe Topper und Topper, 1988, S. 176). Die Technik und der Stil der Bilder sind identisch mit den sogenannten frühbronzezeitlichen Felsmalereien an derselben Wand (siehe hierzu Abb. 2).

2 Die frühchristlichen Heiligtümer und Kapellen in Andalusien wirken steinzeitlich. Felsmalerei gehörte damals noch zum christlichen Kult und mußte später durch katholische Konzilien verboten werden.

3

3 Die Marmorsäule in der Kirche der Märtyrer in Medina Sidonia (Andalusien) zeigt die älteste Kirchweihinschrift Spaniens. Leider ist sie gefälscht. Der obere Teil der Inschrift mit den unglaubwürdigen Namen der Märtyrer ist inzwischen sorgfältig entfernt worden. (Siehe auch Abb. 4.)

4

4 *Die Inschrift auf der Säule in Medina Sidonia zeigt die typische Form der Datierung, rechts über den Rand hinaus und links ohne Anfang. Dadurch sind alle Möglichkeiten zur Änderung vorprogrammiert.*

5

5 *Die älteste Era-Datierung auf einem Stein: Im Jahre 552 ERA (= 514 n. Chr.) starb diese christliche Frau in Cádiz (Andalusien). Stein im Arch. Mus. Cádiz, Ausschnitt (siehe Abb. 4).*

6

7

6 Die zerklüftete Nordküste Afrikas ist ein fast unbezwingbares Hindernis für ein Volk von 80 000 Menschen mit Vieh und Wagen, wie es die Wandalen waren. Das Foto zeigt die Gomara-Küste mit Blick nach Osten.

7 Tibetisches Kalenderblatt mit erbaulichem Text (Holzdruck).

8

8 *Die älteste Moschee des islamischen Westens steht an der Mündung des Tensift in Marokko: Retnana, Zentrum der Regraga-Wallfahrt.*

9

9 *In der Retnana-Moschee wird ein Kult ausgeführt, der dem arianischen des Königs Geiserich nahesteht.*

10 

10 Die ersten Kirchen im Norden der Iberischen Halbinsel stammen aus dem 10. Jahrhundert und tragen noch keine christlichen Symbole, obgleich das Christentum schon kurz nach Jesu Tod durch Jakobus (Santiago) dort verbreitet worden sein soll. Offensichtlich gab es den Katholizismus in Spanien im 11. Jahrhundert noch nicht.

11 Als Beispiel für viele: Das Portal der Kirche von Tabuada in Portugal, 11. Jahrhundert, angeblich katholisch, aber eher arianisch.

11 

12

12 Krönungspalast der arianischen Gotenkönige in Oviedo (Asturien), heute als Kirche der Heiligen Maria deklariert.

13

13 Die zu den ältesten Kirchen der Christenheit in Westeuropa gezählte Santa Cristina de Pola in Asturien, einsam auf einem Hügel zwischen Wäldern, war tatsächlich ein Gerichtssaal der gotischen Könige.

sche Bibliothek. Die Einführung der Inquisition in Spanien 1478 geht auf ihn zurück.
Dieser umfassend gebildete Papst kannte alle Argumente, die seit Jahrzehnten gegen den gültigen Kalender erhoben wurden. Schon auf den Konzilien von Rom (1412) und Konstanz (1415) waren sinnvolle Vorschläge zur Erneuerung des Kalenders gemacht worden. Sie kamen auch 1434 auf dem Basler Konzil wieder zur Verhandlung, weil Nikolaus Kusanus und Herman Zoestius darauf drängten, vor allem im Bewußtsein der eigenen Schwäche gegenüber den viel klügeren Heiden, wie sie betonten. Aber die Kurie konnte sich noch immer nicht entscheiden.
Cäsar hatte den ägyptischen »Canopus«-Kalender, der vielleicht auch damals nicht genau war, ohne Nachprüfung übernommen. Das wäre auch später zu verkraften gewesen. Schlimmer war der Gedanke, daß entweder die Himmelsuhr sich allmählich verändert hatte oder – Blasphemie, nur daran zu denken! – eine ruckartige Störung in der Zwischenzeit geschehen war. Gerhard von Cremona war aufgrund der ihm vorliegenden arabischen Abhandlungen zu eben diesem Schluß gekommen, daß Katastrophen immer wieder geschehen konnten. Regiomontanus verfaßte nun eine strenge Widerlegung dieses ketzerischen Gedankens (»Dialogus contra Gerhardi Cremonensis in planetarum theoria deliramenta« = Erwiderung auf die Theorie des Gerhard von Cremona über die herumirrenden Planeten, 1474 in Nürnberg gedruckt) und bewies an Hand der ptolemäischen Sterntafeln, daß dieser schon auf eine lange Tradition der Sternbeobachtung zurückgegriffen hatte und daß zumindest seit dem 3. Jahrhundert vor Christus die Erde ungestört ihre Bahn gezogen war. Das Planetenbild mit der Sonne als Mittelpunkt, das Kopernikus und Kepler später ausarbeiteten, ist hier in Weiterführung der Gedanken von Nikolaus Kusanus schon im Ansatz ausgebildet. Heute wären uns diese Überlegungen von Gerhard durchaus

willkommen, aber unsere Wissenschaft ist katastrophistischen Szenarien seit 1830 entwöhnt.
Papst Sixtus jedenfalls berief den genialen Regiomontanus 1475 nach Rom zwecks Richtigstellung des Kalenders. Er gewährte dem großen Mathematiker jede erdenkliche Hilfe und nahm selbst an den Überlegungen teil. Mitten in dieser Arbeit starb der Königsberger 1476, angeblich an der Pest, vielleicht auch an Gift. Sein Nachfolger in Nürnberg war sein Schüler Walther, der die Planetenbeobachtungen fortsetzte, die noch heute als äußerst zuverlässig gelten. Aber auch er konnte bis zum Tod des mächtigen Auftraggebers keine Ordnung in die chaotischen Zustände bringen. Es zeigte sich nämlich, daß niemand Bericht geführt hatte über die Ereignisse an der Kurie, und daß weder eine verläßliche Liste der Päpste noch der Konzilien zu finden war. Alles mußte von Grund auf neu erstellt werden, aus Fragmenten, fehlerhaften Abschriften, Fälschungen und widersprüchlichen Dokumenten, die erst mühsam einzusammeln waren.
Eine erste Aufstellung der päpstlichen Pontifikatsjahre in AD-Jahren hatte schon Eugen IV., der seit 3. März 1431 Papst war, erarbeiten lassen. Damit war die Abwendung von der heidnischen Era-Zählweise auch kirchlicherseits vollzogen. Als objektives Dokument kann diese Liste jedoch nicht gelten, wie folgendes Beispiel unterstreicht: Auf dem Friedhof von Perugia liegen zahlreiche Päpste begraben, in *einer* Urne sogar zwei zusammen: Innozenz III. und Martin IV. Die Rekonstruktion der Liste war so hastig verlaufen, daß man sich erst später über die Folgen und die nötigen Gräber Gedanken machen konnte. Martin IV. starb 70 Jahre nach Innozenz III., dem berühmten Gründer des vatikanischen Kirchenstaates.
In den auf Eugen IV. folgenden Generationen kamen Giftmorde an kirchlichen Würdenträgern recht häufig vor. Nicht immer ist klar, um welche Machtverhältnisse es dabei ging. Vielleicht spiegeln diese Taten auch Kämpfe innerhalb der Zeit-

revision wider, denn deren Ergebnis würde ja für alle Zukunft den Weg der Kirche festlegen. Es ist müßig, darüber zu spekulieren, ob das Schicksal des Regiomontanus vor diesem Hintergrund zu sehen sei; gewisse Ähnlichkeit besteht mit einem anderen großen Geist, dem Jesuiten Lacunza, der 1801 tot aufgefunden wurde, nachdem ihm seine – genau entgegengesetzte, nämlich katastrophistische – Weltanschauung Ärger mit der Kirche eingebracht hatte (Topper, 1993, S. 359).

In der Renaissance hätte der Hinweis auf die immer wieder auftretenden kosmisch bedingten Katastrophen (die ja prinzipiell durch die Bibel bestens untermauert sind) das Problem der unterbrochenen Jahreszählung lösen können, aber nach der Weltuntergangshysterie des 13. und 14. Jahrhunderts war man froh, daß sich das Prinzip der geordneten Himmelsmechanik durchgesetzt hatte: Der ewige Frieden, den Gott dem Noah versprochen hatte, war zum Grundpfeiler der kirchlichen Dogmatik erklärt worden. Grundsätzlich glauben die meisten Wissenschaftler bis heute daran, obgleich Eiszeit und Kometenereignisse das Gegenteil erfordern würden.

Die Präzession als Zeitmaßstab: Die Sonne tritt in Wassermann

Die Verschiebung des Frühlingspunktes ist der größtmögliche Faktor für die Berechnung der Zeit.

Die einfachste Behauptung, mit der der konstante Zeitablauf und die Bestätigung des Jahresabstands von Cäsar bis heute untermauert werden, hat auf den ersten Blick etwas Bestechendes: Da die Sonne zu Jesu Geburt ins Sternbild der Fische eintrat und heute in Wassermann eintritt, dürften rund zwei Jahrtausende dazwischenliegen, denn der Rücklauf (Präzession) der

Sonne im Tierkreis beträgt pro Bild rund 2100 Jahre. Die Präzessionsbewegung der Fixsterne gilt als ein untrügliches Maß der Zeit, heute wie schon bei den alten Griechen.

Das tropische Jahr ist rund 20 Minuten kürzer als das siderische Jahr, das bedeutet, daß der Frühlingspunkt, an dem Tag und Nacht gleich lang sind, jedes Jahr eher eintritt als die Stellung der Sonne vor dem Sternhintergrund. Beide Situationen können mit einfachen Messungen festgestellt werden. Den Römern sind dergleichen Beobachtungen geläufig gewesen. Seit der Renaissance nennt man den gesamten Umlauf, bis siderisches und tropisches Jahr wieder zusammenfallen, also den Durchgang der Sonne durch den gesamten Tierkreis, ein *Platonisches Jahr* und rechnet mit rund 26 000 Jahren.

Was aber den Eintritt der Sonne in ein bestimmtes Sternbild anbetrifft: Man kann dafür einen mathematisch errechneten Punkt wählen (das Zeichen), der seinerseits von der willkürlichen Festlegung des Nullpunktes auf der Ekliptik abhängt, oder sich auf einen auffälligen Stern des Bildes am Himmel beziehen, was aber bei dem nicht sehr hellen und weit auseinandergezogenen Bild der Fische je nach Laune geschieht. Daher gibt es verschiedene Angaben, wann der Eintritt ins Sternbild Fische gewesen sein soll: 167 v. Chr., 128 v. Chr. oder zu Jesu Geburt oder noch ein Jahrhundert später (letztere Angabe bei Drews, S. 40).

So verschwimmend, wie sich aus diesem Blickwinkel die antike Zeitbestimmung darbietet, war sie jedoch nicht. Die genaue Bestimmung des Frühlingspunktes war für die Kalendermacher seit frühester Zeit von großer Wichtigkeit. Dieser Tag wird darum als astronomischer Nullpunkt genommen, noch heute.

In klaren Nächten habe ich unzählige Beobachtungen am Sternhimmel vorgenommen und mir Gedanken über die Technik der Alten gemacht. Vor allem interessierte mich ihre Bestimmung des Jahresanfangs und des Frühlingspunktes, die beide von der Größe und Stellung der Sonne ausgehen.

Steckt man einen Stab lotrecht in die Erde und hat in Ost und West einen ebenen Horizont, dann muß die Schattenlinie bei Sonnenaufgang mit der bei Sonnenuntergang an der Tagundnachtgleiche eine gerade Linie bilden. (Zur Kontrolle: Im rechten Winkel dazu liegen Mittag und Mitternacht.) Da die Sonne optisch recht breit ist – ein halbes Grad – und darum ungenaue Ergebnisse liefert, nimmt man als Meßpunkt lieber einen hellen Stern, den man über einen Stab anpeilt. Der Stern, der an der Tagundnachtgleiche des Herbstes in der Sonne steht (»Herbstanfang«), ist an Mitternacht der Frühlings-Tagundnachtgleiche genau im Süden zu sehen. Zur Zeit des Kaisers Augustus war es Spika (»Kornähre«), ein prachtvoll heller Stern im Tierkreiszeichen Jungfrau, der hellste Stern auf der Ekliptik. Durch einen Blick zum Himmel bei Mitternacht ließ sich auf diese Weise der Frühlingspunkt einwandfrei bestimmen.

Die im Hochmittelalter als Weissagung auf Jesus bezogene und darum unvergessene 4. Ekloge des Virgil, die auf seinen Gönner, den späteren Kaiser Augustus und dessen bekannten Geburtstag, an dem Spika in der Sonne stand, gemünzt war, beginnt mit den Worten: »Nun kehrt die Jungfrau (Virgo) wieder ...« und verherrlicht dann den Kaiser, dessen »neues Geschlecht vom Himmel gesandt wird.« Die danach genannte »keusche Lucina« (Lichtbringerin) war eine Geburtsgöttin der Römer und konnte dichterisch mit Spika gleichgesetzt werden.

Laut Ptolemäus (»Almagest« VII, 2 und 3) verwendete Hipparch um 130 v. Chr. Spika als Meßpunkt und benützte dabei schon Aufzeichnungen von Timocharis (290 v. Chr.). Ptolemäus nennt die Abweichungen, die den beiden Autoren entsprechen: 6° für Hipparch und 8° für Timocharis. Hipparch habe aus diesem Unterschied die Präzession berechnet und eine entsprechende Kalenderschaltung eingeführt. Leider weiß Geminos in Rom ein Jahrhundert später nichts davon (merkt Ginzel, S. 390, kritisch an). Es ist auch nicht möglich, aus diesen groben Anga-

ben das Platonische Jahr zu errechnen, außerdem sind nur die Abstände zwischen Timocharis und Hipparch einigermaßen richtig, nicht ihr Abstand zu Ptolemäus, wenn man die Stellung von Spika rückerrechnet.
Im Jahr 1900 (auf das unsere modernen Sterntafeln berechnet sind) stand Spika auf 202,4° Länge auf der Ekliptik. Wenn Spika zu Augustus' Zeit – wie angenommen – bei Frühlingsanfang um Mitternacht genau im Süden stand (180°), hat sich der Frühlingspunkt seitdem 22,4° fortbewegt, sofern die Präzession der Äquinoktien durchgehend gleich war. 1° Abweichung entspricht etwa 72 Jahren, denn ein ganzes Platonisches Jahr von 360° dauert rund 25 900 Jahre. Die Abweichung des Frühlingspunktes von Spika bis zum Jahr 1900 entspricht also (22,4 x 72 =) 1572 Jahren. Seit der Errichtung der Sonnenuhr des Augustus sollen aber rund 1900 Jahre vergangen sein, während Spika einen Abstand anzeigt, der 330 Jahre kürzer ist, mithin auf etwa 1600 Jahre schließen läßt. Mit größerer Genauigkeit kann man es leider nicht sagen, denn ein Fehler von einem halben Grad entspricht ja 36 Jahren. Hier liegt also der *erste astronomische Hinweis* vor, der eine Verkürzung des Zeitabstandes zu Augustus um rund drei Jahrhunderte erforderlich macht.

Das »Almagest« des Ptolemäus, Grundlage moderner Astronomie

Wenn wir wüßten, wann Ptolemäus wirklich geschrieben hat, könnten wir den Zeitabstand als Maßstab für den Kalender benützen.

An dieser Stelle unserer Untersuchung setzt schärfere Kritik ein: Wissen wir denn, wie genau man damals die Sternpositionen aufzeichnete? Noch heute streitet man sich darum, ob

Ptolemäus seine Sterntafeln nach eigenen Beobachtungen aufstellte oder von Vorbildern, dem dreihundert Jahre früheren Hipparch etwa, unverändert übernommen hat (R. R. Newton, 1980), denn sein Frühlingspunkt stimmt nicht mit dem überein, den wir heute für Ptolemäus (140 AD) annehmen müßten.
Der Fehler kann zum Beispiel auf allmähliche Veränderungen der Erdbahn hinweisen, eventuell sogar auf eine kosmische Katastrophe, wie sie für das 1. Jahrtausend v. Chr. seit mehr als 15 Jahren diskutiert wird. Vor allem ist es Christoph Marx (VFG 3–4/1993, S. 38 ff.; und 1996), der von Velikovsky ausgehend auf plötzliche Bewegungssprünge bei den Planeten hinweist und einen »letzten großen Ruck im Jahr 1348« annimmt: Alle davorliegenden astronomischen Angaben wären für uns unbrauchbar, da sie andere Koordinaten der Erdbahn enthielten. Der akademischen Wissenschaft ist dies seit Generationen ein äußerst unangenehmes Thema, wie Christian Blöss (1991) feststellen mußte. Durch die Berechnungen des Persers Dschelali im Auftrag des Seldschuken Malik Schah 1074 wissen wir allerdings, daß zu jenem Zeitpunkt die Jahreslänge – und damit wohl auch die Lage der Erdbahn – genau wie die heutige war, denn Dschelalis Daten sind noch heute von größter Genauigkeit (Enz. Islam).
Der ptolemäische Fehler könnte auch auf Fälschungen der Bücher beruhen; das »Almagest« des Ptolemäus könnte ja von den Arabern selbst verfaßt oder umgeschrieben worden sein, wofür einige gute Gründe sprechen. Oder der Zeitabstand könnte falsch kalkuliert sein, wobei natürlich noch völlig unklar ist, wer hier falsch kalkuliert hat: der große Astronom Ptolemäus, als er Hipparch abschrieb, oder die Araber, als sie Ptolemäus verwendeten, oder die Renaissance-Autoren, die unsere Fassung des »Almagest« schufen.
Zahlenangaben im »Almagest«, die unsinnig anmuten, werden heute einfach als Mißlesungen, Übersetzungsfehler und schludrige Abschriften erklärt. Der Fehler für den Frühlingspunkt

im »Almagest« beträgt allerdings nur 2°. (Dergleichen knappe »Verschiebungen« kommen auch in modernen Büchern vor: Das 500-Seiten-Werk von Santillana und Dechend 1993, das sich eingehend mit der Präzession beschäftigt, zeigt nur zwei Druckfehler an, die Zahlen betreffen, und zwar ausgerechnet diese beiden Zahlen der Frühlingspunkte bei Hipparch und Timocharis, um 2°!)
Könnte es auch sein, daß Hipparch den Frühlingspunkt korrekt beobachtete, so daß der durch die Kalkulation in der Renaissance vermeintlich um 300 Jahre zu späte Zeitpunkt erforderte, dem Ptolemäus die Daten unterzuschieben? Dann hätten diejenigen Recht, die Ptolemäus als reinen Kompilator ohne eigene Beobachtungen einstufen.

Hat Ptolemäus uns betrogen?

Die aufregende These eines modernen Kritikers läßt Ptolemäus erblassen und beschert uns eine Vorstellung über die Erstellung des heutigen Zeitstrahls.

Der amerikanische Astronom Robert R. Newton hat ein aufsehenerregendes Buch über Ptolemäus verfaßt (1977, siehe hierzu Marx, 1993, S. 42), in dem er diesem berühmtesten aller antiken Astronomen vorwirft, er habe wissentlich betrogen, sowohl seine Zeitgenossen als auch die Nachwelt, weil er als Beobachtungen ausgab, was eigentlich nur kalkuliert war unter Benützung älterer Sterntafeln und Berechnungen von Euktemon und Meton, Hipparch und Eratosthenes. »Das Verbrechen des Claudius Ptolemäus« (so der Titel dieses Buches) bestand darin, daß alle angegebenen Daten nachträglich errechnet sind und für den behaupteten Zeitpunkt, 140 AD, nicht stimmen können. Das gilt für die Längenangabe des Meridians von Alexandria, für den

Frühlingspunkt und die Mondstellungen, für den Merkur und andere Planetenbeobachtungen, für die Aufgangszeiten der Fixsterne – eigentlich für sämtliche Daten des »Almagest«. Die Zeitpunkte der Tagundnachtgleichen, die er bringt, sind um 28 Stunden, der des Sommeranfangs um 36 Stunden zu spät gegenüber modernen Berechnungen für jenes Jahr.

Für die Meridianbestimmung gilt Entsprechendes. Nach Britton (1969, zit. in Newton, S. 100) sind *alle* Maßangaben des Ptolemäus so, als wäre Mittag eine halbe Stunde eher gewesen. Die Annahme eines derartigen Irrtums ist nötig, um die Meßpunkte des Ptolemäus, die aus der Zeit des Eratosthenes stammen, im Sinne moderner Rückerrechnungen korrekt erscheinen zu lassen. Ptolemäus gibt nämlich die Schiefenabweichung für Eratosthenes (2 Epsilon) mit 11/83 eines Kreises an, korrekt rückerrechnet durch Ptolemäus, der für seine eigene Zeit genau denselben Wert in Grad angibt: 47° 42' 30", was natürlich nicht stimmen kann, da zwischen beiden Zeitpunkten mehr als drei Jahrhunderte liegen sollen.

Im Laufe seiner Untersuchung steigert sich Newton immer mehr in eine ehrliche Wut hinein: Erst beschreibt Ptolemäus in allen Einzelheiten seine ausgeklügelten Beobachtungsinstrumente, z. B. um die Mondparallaxe festzustellen, dann gibt er genau an, *wann* er diese Instrumente zur Messung anwandte, und am Ende ist alles erlogen, denn zu dem angegebenen Zeitpunkt kann der Mond gar nicht an der bewußten Stelle gestanden haben! Und obendrein sind die Meßergebnisse falsch. Ptolemäus hatte aber eine ganz modern anmutende Forderung gestellt (im »Almagest« III, 1): »Wir denken, daß es korrekt ist, die Phänomene durch die einfachst mögliche Hypothese zu beschreiben, vorausgesetzt sie steht in keiner Weise im Widerspruch zu den Beobachtungen.« Er wendet sich dabei in selbstverständlicher Art an die Leser seines Buches, als wären sie auf diese Forderung vorbereitet. Dabei versucht er, seine (neue) Theorie plausibel zu machen durch Meßergebnisse – nicht durch Logik, wie es sonst bei den

alten Griechen üblich war. Erreicht wird damit zweierlei: Einschleusung falscher Daten und blinder Glaube an die Unveränderlichkeit der kosmischen Uhr.
Die Angaben im »Almagest« für Länge und Breite von 1030 Sternen bis zur 6. Größe sind nicht aus astrologischen oder mythologischen Gründen gemacht worden, sondern müssen durch Beobachtung gewonnen sein, erkennt Newton weiter, und dennoch sind sie falsch! Das ist Betrug, ereifert er sich. Übrigens sind diese Beobachtungsdaten über die Lebenszeit des Ptolemäus gestreckt, und da die von ihm benützte Jahreslänge ungenau ist, weichen die Daten immer mehr von den heute errechenbaren ab, je jünger sie werden. Auch die Angaben innerhalb eines Jahresverlaufs schwanken periodisch, da die Grundannahme nicht stimmt. Das alles beweist, daß Ptolemäus nicht zum Himmel schaute, sondern seine Werte später kalkuliert sind.
Dasselbe trifft auch für die Zahlen zu, die Ptolemäus von anderen Astronomen überliefert. Die drei Mondfinsternisse von 382 und 381 v. Chr. sind ebenso fabuliert wie die vier Standortbestimmungen von Fixsternen in diesem Zusammenhang. Auffällig wird es bei den babylonischen Daten, die Ptolemäus nur nach Jahren, nicht nach Tagen mitteilt. Mit Hilfe einer Liste von Regierungsjahren der babylonischen Könige von 746 v. Chr. bis Alexander, die wir mit unserer AD-Zeittabelle von dem großen Makedonen ausgehend rückwärts umrechnen können, gibt Ptolemäus zum Beispiel sieben Mondfinsternisse an, von denen höchstens zwei »möglicherweise echt« sein können, wie Newton feststellt (S. 374). Dabei spielt es keine Rolle, ob die Königsliste auf historischen Fakten beruht, sie könnte genausogut erfunden sein, denn sie dient nur als Rahmen, der gerade durch die Finsternisse bestätigt werden soll. Da diese Bestätigung ausfällt, ist die Königsliste für das Studium der Chronologie wertlos. Darum, schließt Newton (S. 375), muß die Chronologie Babylons ganz neu

geprüft werden, und zwar unabhängig von den Vorgaben des Ptolemäus.

Ob man diesen ungeheuerlichen Betrug nicht schon in der Antike gemerkt hat? Heliodor, sagt Newton (S. 376 f.), benützte das »Almagest« und erkannte, daß die Werte für eine Konjunktion von Mars mit Jupiter im Jahr 509 um vier Tage falsch lagen; statt am 17. Juni fand die Konjunktion schon am 13. Juni statt. Aber Heliodor zog daraus keine Schlußfolgerung, weil er – so Newton – die Werte von Ptolemäus nicht nachmaß, d. h. dessen Instrumente nicht benützte.

In einem anderen Buch ein Jahr früher (1976) hat Newton schon eine genaue Untersuchung aller Planetenbeobachtungen, die das »Almagest« überliefert, durchgeführt und durch Nachrechnen festgestellt, daß fast keine Angabe Vertrauen verdient. Von 17 Beobachtungen des Merkur (S. 181 ff.), von denen 8 von Ptolemäus selbst stammen sollen, sind nur die 6 von einem gewissen Dionysius aus Alexandria (3. Jahrhundert v. Chr.) einigermaßen richtig, zumindest stimmt bei ihnen die Präzession ungefähr. Wiederum sind also die um mehrere Jahrhunderte älteren Daten verwendbar.

Bei den Venusbeobachtungen wird es noch deutlicher (S. 193 ff.). Von den elf Angaben sollen wiederum sechs von Ptolemäus selbst beobachtet sein, drei weitere von seinem Zeitgenossen Theon und zwei von Timocharis. Eine von Theon und die beiden von Timocharis sind einigermaßen vertrauenswürdig, wenngleich wir von diesem Timocharis als Mensch rein gar nichts wissen, was über die Angabe im »Almagest« hinausgeht (Pauly-Wissowa, 1894, Bd. 6, S. 1936). Er kann genausogut erfunden sein. Bei den Angaben von Ptolemäus müssen wir einmal 10 Jahre abziehen, bei zwei anderen scheint man »vergessen zu haben, die Präzession einzubeziehen«. Dummerweise stimmen gerade die Plejaden, eins der bekanntesten Sternbilder der Antike, weder hinsichtlich der Größe noch der Anzahl der Sterne.

In einigen Manuskripten des »Almagest«, fährt Newton fort

(S. 208), sind noch sehr späte Beobachtungen vom Ende der Antike angefügt, von dem oben genannten Heliodorus, Schüler von Proklos, des letzten großen Philosophen von Athen. Von letzterem soll eine der Beobachtungen stammen (im Jahr 475), sechs hat Heliodor selbst gemacht (498–510), eine weitere mit seinem Bruder zusammen. Diese Daten sind fast ganz verläßlich! (Nur *eine* Angabe wird *bedingt* als falsch eingeschätzt.)
Woher kommt diese überraschende Korrektheit?

Die neue Lösung: Der Zeitabstand stimmt nicht

Aus den astronomischen Fehlern werden für uns Anhaltspunkte für den Zeitabstand zur Vergangenheit, und daraus erkennen wir die Täuschungsmanöver der Astronomen der Renaissance.

Da der Amerikaner Newton keine Antwort darauf gibt, habe ich unser Datierungsproblem eingeschaltet: Heliodor gibt seine Daten nach der damals üblichen Jahreszählung an, der Diokletian-Ära, die ja während der Renaissance noch im Orient benützt wurde und bruchlos weitergezählt worden war. Man konnte also im 15. Jahrhundert noch den genauen Jahresabstand zu Heliodor berechnen und damit seine Meßdaten korrekt wiedergeben. Hieraus wird meines Erachtens deutlich, daß die dem Ptolemäus in den Daten angekreideten Fehler auf einem falsch kalkulierten *Abstand* zum Beobachtungszeitpunkt beruhen dürften, während die von Heliodor mitgeteilten Werte den richtigen Zeitabstand enthalten.
Wenden wir uns den Überlieferern des »Almagest« zu, den fähigen islamischen Astronomen wie Ibn Yunis, der um 1008 schrieb. Er hatte durch Beobachtung und Berechnung festgestellt, daß die überlieferten Meßergebnisse des Sonnenstandes nur für Hipp-

arch gelten konnten, für Ptolemäus dagegen falsch sein müßten. Das würde bedeuten, daß der von dem islamischen Astronomen berechnete Zeitabstand zu Hipparch nicht – wie wir heute annehmen – elfeinhalb Jahrhunderte, sondern nur achteinhalb Jahrhunderte betrug, was darauf hinweist, daß die von den Moslems benützte Jahreszählung, also die Hedschra, um drei Jahrhunderte enger an die griechische Chronologie anschloß.
Dies ist ein auffälliger Hinweis auf die Richtigkeit der von Illig vorgeschlagenen These.
Kopernikus dagegen akzeptierte 1543 die Daten, als gehörten sie zu Ptolemäus, denn wie alle seine Zeitgenossen im Abendland verwendete er schon unsere heutige Art der Jahreszählung, die den Abstand um drei Jahrhunderte vergrößert.
Daß im »Almagest« nur die Daten des Heliodor vertrauenswürdig sind, hatte schon Ismael Bouillard im 17. Jahrhundert hervorgehoben, aber die Fehler in den übrigen Berechnungen stellte erst der Franzose Delambre (1817, Bd. 1, sowie im Vorwort zu 1819) klar heraus. Das wurde damals zwar viel diskutiert, geriet aber dann doch in Vergessenheit, bis Robert Newton vor zwei Jahrzehnten auf eigenem Wege dasselbe herausfand und durch seine äußerst genauen Kalkulationen bis ins kleinste Detail nachwies. In ehrlichem Entsetzen machte er daraus den größten Skandal der antiken Wissenschaft (1977, S. 379):
»Das ›Almagest‹ hat der Astronomie mehr Schaden zugefügt als irgendein anderes Buch, das je geschrieben wurde, und die Astronomie wäre besser dran, wenn es nie existiert hätte. Dadurch ist Ptolemäus nicht der größte Astronom der Antike, sondern etwas noch viel Ungewöhnlicheres: Er ist der erfolgreichste Betrüger in der Geschichte der Wissenschaft.«

Wie schon angedeutet sieht meine Lösung des Problems anders aus, denn einige Punkte in den zitierten Gedankengängen von Newton leuchten mir nicht ein.
In der Kritik an den altgriechischen Gradangaben im »Alma-

gest« sind zwei Vorgänge miteinander vermengt, die ich nun trennen möchte. Die Angaben des Ptolemäus stimmen, soweit es den durch die Präzession vorgegebenen Zeitabstand betrifft, für Hipparch, sind also dem Ptolemäus nur zugeschrieben. Und zweitens sind sie auch für Hipparch noch recht ungenau, weil ihnen ein fehlerhaftes Planetenmodell zugrunde liegt. Sie können also nicht auf Beobachtungen beruhen, sondern fallen als Rückerrechnungen auf.

Der Ausgangspunkt für alle Berechnungen, sagt Newton (S. 94), war die Beobachtung des Sommeranfangs durch Meton am 28. Juni 432 v. Chr. um 10 Uhr in Athen. Dieser vielleicht einzige verläßliche Meßpunkt der alten Griechen wird nun 296 Jahre später von Hipparch verwendet, wie das »Almagest« behauptet. Dieser erste Sprung von Meton zu Hipparch verrät eine genaue Kenntnis der Zeitverschiebung, die Illig als Sprung über 297 Jahre herausfand. Der zweite Sprung, nämlich von Hipparch zu Ptolemäus, mit den rund 275 Jahren, kommt mir wie eine absichtliche Verschleierung seitens der Renaissance-Autoren vor. Diese haben die für Hipparch errechneten Daten dem Ptolemäus untergeschoben, damit der zeitliche Abstand von 1300 (statt rund 1000) Jahren stimmt.

Ein weiterer Stein des Anstoßes liegt in der unglaubwürdigen und durch Newton schärfstens widerlegten Forderung des Ptolemäus, die Phänomene zu beobachten statt zu errechnen, was ihm den hohen Ruf als größter Astronom der Antike eintrug. Diese Forderung ist aber typisch für die Renaissance. Ich wüßte keinen Zeitgenossen oder Nachfolger des Ptolemäus, der solche komplizierten technischen Apparaturen zur Sternbeobachtung eingesetzt hätte, wie sie im »Almagest« beschrieben werden. Erst in der Renaissance erfand man derartige Geräte.

Newton, der zwar bestens bewandert ist in antiker Sternkunde, aber die Machenschaften der »Wiederentdecker antiker Texte« im christlichen Abendland nicht ahnte, mußte dem Ptolemäus unterstellen, daß er wissentlich betrogen habe.

Die Errechnung antiker Sterndaten während der Renaissance, die das »Almagest« bietet, hatte möglicherweise nur den einen Sinn, die neue Chronologie ein für allemal festzulegen. Das gilt nicht nur für den Sprung über 297 Jahre im Mittelalter, sondern auch für die Generationenfolge des Alten Testamentes, die über die babylonische Königsliste fixiert werden sollte. Wie wir wissen, sind derartige Herrscherlisten, etwa die von »Berosos« oder »Manethon«, typische Erzeugnisse der Humanisten. Mit der Aufstellung dieser Chronologien und ihrer Absicherung durch errechnete Sterndaten wurde nicht nur die Bibel fundiert, sondern eine ganze Weltanschauung: Man wollte glauben machen, daß der Himmel ein untrüglicher Maßstab für alle Zeitläufe sei. Wie nach einem Fahrplan dreht sich der Kosmos nach ehernem Gesetz, wird hier vorgegaukelt, und diese göttlichen Gesetze sind offensichtlich für die Ewigkeit gültig. Alle modernen Methoden und Theorien der Astronomie und Geologie beruhen auf diesem Prinzip der Unstörbarkeit und des gesetzmäßigen Ablaufs der Gestirnbewegungen. Das hat sich trotz einiger angemeldeter Zweifel noch nicht geändert. Man hält den Kosmos für eine Präzisionsuhr, die »shock- and waterproof« stets die genaue Zeit angibt.

Finsternisse im Mittelalter

Das Mittelalter war nicht finster, sondern ist nur im Rückblick so dargestellt worden. Alle astronomischen Beobachtungen der Mönche sind rückerrechnet.

Auf dem Jahrestreffen der Zeitrekonstrukteure 1995 trug Christian Blöss kritische Gedanken zu den »Sonnenfinsternisbeobachtungen in Mitteleuropa von 600 bis 900 n. Chr.« vor (gedruckt in ZS 3/1995). Sie fußen weitgehend auf den Nach-

forschungen von R. R. Newton (1972), der alle erreichbaren mittelalterlichen Texte auswertete, um festzustellen, ob sich die Erdrotation oder die Mondbahn seit damals geändert haben. Grundlage für diese Prüfung ist wohl die vieldiskutierte Idee von Hörbiger und Fauth, die gegenseitige Anziehung von Erde und Mond müsse eine fortwährende Veränderung des Mondumlaufs zur Folge haben. Als Ursache sieht Newton eine Änderung des Verhältnisses von Wasser zu Eis auf der Erde an und liegt auch damit im Ideenbereich Hörbigers. Die Schlußfolgerungen Newtons, die eine »kleine Eiszeit« anvisieren, dürften allerdings auf ganz anderen Fehlern basieren, die mit einer Theorie der Rotationsveränderungen nichts zu tun haben. Es handelt sich schlicht um die Wertlosigkeit der sogenannten Dokumente des Mittelalters, die Beobachtungen vortäuschen, wo es sich nur um »die plötzlich aufkommende Anwendung eines (sicherlich unvollkommenen) Rechenkalküls für zurückliegende Sonnenfinsternisse handelt« (Blöss, S. 328).
Die angeblichen Annalen der Klöster aus jenem Zeitraum sind weder damals geschrieben noch bringen sie Nachrichten aus jener Zeit, zumindest nicht, was die Finsternisse anbetrifft. Da gibt es haarsträubende Fehler, die durch Abschreiben oder Fehllesung niemals zustande kommen können. Sehr oft stimmen weder die Tage noch die Jahre, manchmal gibt es astronomische Beschreibungen und detaillierte Gradangaben, wie sie erst viele Jahrhunderte später möglich waren, (wie Illig 1996, S. 91 ff., treffend untersucht). Newton sichtet sein Material durchaus kritisch, so daß ohnehin nicht mehr viel übrig bleibt. In den rund 50 deutschen Quellen erkennt Newton nur sechs von insgesamt 39 Angaben über die Sonnenfinsternisse dieses Zeitraums als vertrauenswürdig an; für ganz Europa bleiben von 183 Angaben nur 27 als unabhängig oder original übrig, von denen sich die Hälfte auf nur zwei Finsternisse bezieht. Bei den ebenfalls ausgewerteten byzantinischen

Texten geht es nicht besser zu, und was besonders auffällt: Die dortigen Finsternisse fallen auf ganz andere Daten. Bedenkt man weiterhin, daß einige der verwendeten Angaben nur Randbemerkungen neben dem Text sind oder nur das Jahr angeben (Sonnen- und Mondfinsternisse finden gewöhnlich einmal im Jahr statt), dann ist die Fälschungsmöglichkeit recht offensichtlich. Wenn Newton nicht einen kleinen Trick anwenden würde, nämlich die aus heutiger Sicht errechneten jeweils *nächstliegenden* Finsternisse als realen Bezug auszuwählen, würde vermutlich kein Datum mehr als zeitgenössische Beobachtung bestehen können.

Blöss (S. 325) findet an Hand des enormen Materials, das Newton auswertete, auch heraus, daß »über ganz Europa hinweg querkopiert« wurde. Eigentlich möchte man daraus schließen, daß die Daten an zentraler Stelle errechnet und zur Eintragung in den Annalen verteilt wurden. Und wie gesagt: Byzanz hatte andere Fälscher.

Schon Ginzel wußte genau, daß die Sonnenfinsternisdaten im 10. Jahrhundert um bis zu drei Tage falsch lagen, also nachträglich mit Hilfe fehlerhafter Modelle errechnet worden sein müßten, was sogar einigen Chronisten des Hochmittelalters schon aufgefallen sei.

Resignation?

Wie immer die Untersuchung ausgehen mag,
sie wird ein neues Bild unserer Geschichte bringen,
das vom bisherigen radikal abweicht.

Wenn es also keine wissenschaftliche Methode gibt, um festzustellen, wievielmal die Erde um die Sonne gekreist ist, seit Cäsar den Kalender reformierte, müßte uns ein Fehler in der

Jahreszählung – ganz gleich wie groß – von der Sache her als unerkennbare Größe unberührt lassen.
Da aber die Geschichtswissenschaft eigene feste Skalen vorlegt, zumindest jeweils für einen eng umschriebenen Kulturkreis, interessiert mich ganz außerordentlich, wie verbindlich die Gleichsetzungen dieser Skalen sind. Es geht mir also weniger darum, ob Karl der Große tatsächlich gelebt hat (und nur eventuell wann), sondern eher um den Zusammenhang seiner Zeit mit entsprechenden außerfränkischen Ereignissen. Erst indem ein in unseren Chroniken berichteter Vorgang in die Weltgeschichte eingeordnet wird, verliert er seinen epischen oder romanhaften Charakter und wird zum historischen Faktum.
Oder anders gesagt: Würden arabische Texte unabhängig von den fränkischen Quellen ihrerseits über Karl den Großen berichten und auch noch zeitlich übereinstimmende Angaben dazu machen, dann wäre nicht nur dieser Überkaiser gerettet, sondern auch seine Epoche. Fehlt diese fremde Bestätigung, dann hat Illigs Hypothese eines Zeitsprungs und erfundener Jahrhunderte durchaus Chancen auf Verifizierbarkeit.
Die hier im Anschluß an Illigs Entdeckung dargestellten Hinweise mögen mithelfen zu veranlassen, daß eine unter ganz neuen Gesichtspunkten stehende Forschung sich eingehend mit dem Problem beschäftigt. Eine Entscheidung für oder gegen die neue These ist zunächst nicht nötig. Ich gebe lediglich weitere Anstöße zum Neudurchdenken der unkritisch geglaubten Chronologie.
Ein Ergebnis steht schon jetzt fest: Das Geschichtsbild, das heute weltweite Verbreitung gefunden hat, löst sich als phantasievolles Nebelgebilde auf. Die gesamte abendländische Geschichte muß neu geschrieben werden.

4 Den Hebel von außerhalb ansetzen!

Der Zeitsprung der Siebenschläfer

In den volkstümlichen Überlieferungen ist der Zeitsprung über 300 Jahre festgehalten, man muß sie nur zu lesen verstehen.

Vage kennen wir sie alle – die Legende von den Siebenschläfern. Es handelt sich um sieben Jünglinge, die einen ungewöhnlich großen Zeitraum im Tiefschlaf überdauerten, wodurch sie der staatlichen Christenverfolgung entgingen. Der Vorfall spielte sich in Ephesus im Osten des Römischen Reiches ab, allerdings werden wir sehen, daß die Meßlatte einer genauen Zeitbestimmung hier versagt.

Die sieben Jünglinge aus besten christlichen Familien waren unter Kaiser Decius (oder Dekios, 249–251) verfolgt worden und in eine Höhle geflohen, wo sie einschliefen. Beim Erwachen wählten sie einen aus, der mit einer Münze in die Stadt gehen sollte, um Brot zu kaufen. Der staunte nicht schlecht, daß seine Münze seit Jahrhunderten außer Gebrauch war, und die Leute auf dem Markt staunten noch mehr. Sie folgten dem Jüngling zu seiner Höhle, konnten aber nur gerade noch feststellen, daß die Jünglinge zu Staub zerfielen, und errichteten dort eine christliche Kapelle. Inzwischen waren nämlich alle Einwohner von Ephesus Christen geworden, und angeblich zog sogar der Erzbischof mit den Marktleuten zur Höhle und bestätigte das Wunder. Später bemühte man auch noch den Kaiser von Byzanz zur Höhle, aber leider ist unklar, welchen Kaiser, und darum kann auch der Zeitraum, den die sieben

Jünglinge verschliefen, nicht angegeben werden. Häufig wird Kaiser Theodosius II. genannt, der die Höhle zumauern und eine Bleitafel mit den Jahreszahlen des Zeitsprungs dort anbringen ließ. Da in späteren Legenden für den Schlaf der Jünglinge meist 372 Jahre angegeben werden, Theodosius II. aber zwischen 408 und 450 regierte, also höchstens 200 Jahre nach Decius, können auch die in einigen Legenden angegebenen 296 Jahre nicht stimmen. Geschichtsbewußte Texte wie die »Legenda aurea« des Genuesers Jakobus a Voragine nehmen daher 196 Jahre an, denn es ist leichter, ein Jahrhundert zu unterschlagen – in lateinischen Texten einfach ein C – als eine Handvoll Jahre.

Die Überlieferung der Legende hatte den Zweck, die Lehre von der Auferstehung des Leibes zu beweisen, deshalb heißt es in einigen Fassungen dieser unglaublichen Geschichte, daß die Siebenschläfer nur darum von Gott wieder aufgeweckt worden seien, um Kaiser Theodosius, der Zweifel an der Auferstehung hegte, zu überzeugen (ich folge besonders Koch, 1883, und Huber, 1910). Man berichtet auch von kirchlichen Streitgesprächen über dieses Thema im 5. Jahrhundert, doch die eifrigen Bollandisten (zuerst Baronius, 1589) erkannten dies als fromme Erfindung. Erst etwa zur Zeit Kaiser Justinians, um 544, werden Diskussionen zum Thema Wiedergeburt gemeldet, und in diese Zeit datiert man die ersten kirchlich belegbaren Texte der Legende. Das ergäbe maximal 295 Jahre als Zeitabstand zu Kaiser Decius, in dessen Zeit die Jünglinge verschwanden.

Die Verquickung von Auferstehungs- und Wiedergeburtsglauben, wie sie in der dogmatischen Verwendung der Siebenschläferlegende zum Ausdruck kommt, ist jedoch ein typisches Zeichen für eine »Verunreinigung« des Textes gegen Ende des 12. oder im 13. Jahrhundert, als tatsächlich die Diskussion um den Endzeitbegriff voll entflammt war. Aus dieser Zeit stammen die ersten Handschriften der Legende, etwa die von Michael Syrus (gestorben 1199), der als Doppelgänger eines älteren syrischen Überlieferers gilt (nämlich des Zacharius Rhetor, der ab 536 Bischof von Mitylene war), oder des Johannes von Ephesus (angeblich 571), den Zotenberg ins 12. bis 13. Jahrhundert datierte. Auch dem Gregor von Tours (540–594) wurde der Text zugeschrieben; das wäre dann der erste Text über die christlichen Siebenschläfer gewesen, was schon deswegen unglaublich klingt, weil ihm zufolge die Jünglinge in Marseille gestorben seien und seitdem dort verehrt werden. Das beweist nur die Beliebtheit und Wichtigkeit dieser Legende, die – wie ich im Laufe meiner Nachforschung merkte – im gesamten europäischen und vorderasiatischen Bereich sowie in Nordafrika verbreitet war und stellenweise, zum Beispiel im mittelalterlichen Christentum, jahrhundertelang zu den Grunddogmen gehörte, wie die Auferstehung Jesu oder die Jungfräulichkeit der Maria.

Der Durchbruch durch den Zeitstrahl, den die sieben Jünglinge verkörperten, scheint von ungeheurer Wichtigkeit gewesen zu sein. Ihre Grabstätte in Ephesus galt neben Rom und Jerusalem als der am meisten besuchte Wallfahrtsort der Christenheit. Sicher wollte man mit dieser uns heute so unsinnig anmutenden Legende etwas erklären oder verdecken, das alle Gemüter bewegte und doch nicht in klaren Worten auszudrücken war. Aber wie gesagt: Die allgemeine europäische Diskussion zu diesem Thema fand zugegebenermaßen frühestens im 12. Jahrhundert statt und wurde nur theologischerseits rückwirkend in die Spätantike gelegt. Mit Recht spricht der Jesuit Delehaye von den Siebenschläfern als »literarischen Heiligen«.

Aus islamischer Sicht ist das Siebenschläferwunder der *einzige* Eingriff Gottes, der zwischen Jesus und Mohammed im Koran verzeichnet ist. Es erhält schon dadurch sein besonderes Gewicht. Außerdem steht es noch als Begründung für ein sehr häufig verwendetes Schwurwort, Inschallah, das jeder Gläubige aussprechen muß, wenn er eine Aussage über noch nicht Geschehenes macht, weshalb es in manchen Sprachlehrbüchern des Arabischen einfach als grammatisches Zukunftsadverb bezeichnet wird (da es im Arabischen keine Zukunftsbeugeform des Zeitworts gibt).

Die Siebenschläferlegende steht im Koran in Sure 18, die deswegen »Die Höhle« betitelt ist. Es handelt sich also um den Kerntext der Sure (Verse 10 bis 28).

Wenn wir verstehen wollen, warum das Siebenschläferwunder trotz seiner offensichtlichen Unsinnigkeit von den orientalischen Menschen als eine der Grundlagen ihres Glaubens akzeptiert wird, sollten wir uns kurz vergegenwärtigen, welche Vorstellungen vom Begriff Zeit dort herrschen. Für einen traditionell gebildeten Moslem beginnt die Geschichte nicht mit den ersten Schriftdokumenten der Menschheit, sondern mit dem ersten Schriftdokument seines Glaubens, dem Koran. Alles, was sich vor Mohammed ereignet hat, wird als Vorgeschichte angesehen, Dschahiliya genannt, d.h. Unwissenheit. In dieser lichtlosen Zeit lebten zwar auch Prophetengestalten wie Moses und Jesus, aber ihre zeitliche Einordnung, selbst ihre relative Reihenfolge, wird nicht genannt. Für die Zukunft gilt ebenfalls die Möglichkeit eines Zeitbruchs: Das Ende der Geschichte, die »Stunde« (Sa'a), liegt schon fest – die Aufhebung der Zeit.

Damit wird der Zeitstrahl selbst fragwürdig, und dies ist in Sure 18, »Die Höhle«, dargestellt.

»Denk einmal darüber nach, ob die Geschichte von den Gefährten der Höhle und der Bericht von der Inschrift als ein göttliches Wunder anzusehen seien!« So beginnt der Korantext mit Vers 10, den ich hier sinngemäß in Deutsch wiedergebe und stellenweise abkürze. Mit dem Wort Inschrift gebe ich das arabische Wort »raqim« wieder, das lautlich wie auch inhaltlich unserem Wort »Rechnung« gleicht. Es geht um die *Berechnung* der Jahre. Unter den Leuten um Mohammed entstand nämlich ein Streit über die Anzahl der Jahre, die die Jünglinge, deren Zahl hier nicht geklärt wird, in der Höhle schlafend verbracht hatten (Vers 13). Einige der Jünglinge dachten, daß sie nur einen Tag oder den Teil eines Tages geschlafen hatten, andere sagten: »Nur Gott weiß es.« (Vers 20.)

Späteren Berichten zufolge soll Mohammed behauptet haben, daß er am nächsten Tag die Zahl genau sagen könne, weil er glaubte, vom Engel Gabriel eine entsprechende Offenbarung zu erhalten. Da das nicht eintraf, wird von diesem Zeitpunkt an die Benützung des Wortes Inschallah (= wenn Gott will) vorgeschrieben. Vers 24 und 25 lauten: Und sprich nie von einer Sache: »Ich werde es morgen tun!« Es sei denn, du fügst hinzu: »So Gott will.«

Vers 26 bringt dann endlich die gewünschte Antwort über das Zeitintervall des Schlafs der Jünglinge: »Und sie blieben dreihundert Jahre lang in ihrer Höhle, noch neun hinzugefügt.«

Die neun hinzugefügten Jahre sind, wie schon einer der ersten englischen Koranübersetzer, Slade 1764, anmerkte, dem Unterschied zwischen den Jahren des Sonnen- und Mondkalenders zu verdanken: 300 Sonnenjahre entsprechen 309 Jahren im Mondkalender. Diese Zufügung muß natürlich *nach* der islamischen Kalenderreform erfolgt sein, bei der vom julianischen Sonnenjahr auf das islamische Mondkalenderjahr umgestellt worden war (angeblich im Jahre 10 der Hedschra, vermutlich aber erst ein Jahrhundert danach). Durch die Anfügung der berechneten 9 Jahre an die vorgegebenen 300 Jahre erhalten letztere Anspruch auf Genauigkeit, die wohl nachträglich hineininterpretiert ist. Ich denke eher, daß es sich bei den 300 Jahren zunächst um eine »runde« Zahl handelte. Es gibt nämlich noch eine andere Stelle im Koran (in Sure 2, Vers 260), in der in fast gleichlautenden Ausdrücken zur Auferstehung ein Zeitsprung von 100 Jahren genannt wird, bezogen auf Hesekiel, Kap. 37.

Aus einer auffälligen kleinen Episode, die seltsam anmutet, läßt sich erkennen, wann die koranische Fassung der Siebenschläferlegende in die christliche Literatur übernommen wurde (falls es nicht umgekehrt der Fall war): Vers 19 erzählt: »Du könntest sie für wach halten, indes sie schlafen; und WIR (Allah) werden sie sich auf die rechte und auf die linke Seite umdrehen lassen, während ihr Hund seine Vorderpfoten auf der Schwelle ausstreckt.« Nicht nur der Hund, ein für Moslems normalerweise unreines Tier, das aber durch diesen Koranvers in den Genuß des Paradieses kommt, ist auffällig fremdartig, sondern dieses Umwenden im Schlaf. Es kommt nämlich bei Wilhelm von Malmesbury vor (in seinen Historiae novellae, 1143) als Anekdote, derzufolge König Edward der Heilige von England im Jahre 1065 bei Tisch einmal fürchterlich lachen mußte – obgleich er sonst für seinen stoischen Ernst bekannt war – und auf die erstaunten Fragen seiner Tischgenossen antwortete, er habe gerade gesehen, wie sich die Siebenschläfer im Berge Celion von der rechten Seite, auf der sie längere Zeit gelegen, auf die linke Seite gewendet hätten. Man habe nachgeprüft, berichtet Ralph Hygden (im 14. Jahrhundert, den Text des Malmesbury zitierend) und bestätigt, daß sie sich umgedreht hätten. »Dies wurde als Hinweis auf große Veränderungen in der Zeit angesehen.« Oder vielleicht in der Zeitrechnung?

Das homerische Gelächter von König Edward können wir heute nachvollziehen, den eigentlichen Sinn der Anekdote und der ganzen Siebenschläferlegende müssen wir allerdings mühsam wieder hervorarbeiten. Nur soviel scheint mir sicher: Sie berichtet von einem übersprungenen Zeitraum, der um 300 Jahre betragen haben kann und erst im 12. Jahrhundert bewußt geworden ist.

Die Frankengeschichte des Persers Raschid

Untersuchen wir die Chroniken unserer Nachbarn im Orient! Vielleicht gewinnen wir dort Gewißheit über die abgelaufene Zeit.

Wenn alles ins Schwimmen gerät, fragt man sich natürlich, wie echt denn die Elefanten waren, mit denen Hannibal die Alpen überquert haben soll, oder jener Elefant, den Karl der Große von Harun al Raschid geschenkt bekam. Vielleicht ist nicht nur dieser Elefant aus einer Mücke aufgeblasen worden, sondern die beiden Herrscher Karl und Harun sind es ebenfalls, wie Illig (1996) drastisch fordert. Angelika Müller spricht (in VFG 4–5/1992) von einem »Kuriositätenkabinett« oder »Panoptikum« der mittelalterlichen Historie. Über den Gesandtenaustausch zwischen dem islamischen Kalifen und dem christlichen Kaiser gibt es weder arabische noch griechische Quellen, und die lateinischen sind laut Pouqueville (1833, zit. in Müller, S. 104) »fabulös«. Müller geht so weit, daß sie den arabischen Geschichtsbüchern bezüglich der Gestalt des »Fürsten der Gläubigen« Harun nicht mehr Vertrauen entgegenbringt als der Sammlung »1001 Nacht«, die ja für das Abendland die eigentliche Informationsquelle über diesen Kalifen war.

Nach ungeprüfter Lehrmeinung werden die Karolingerkönige und zeitgleichen Päpste durch arabische Geschichtswerke, die eigenständig davon berichten, bestätigt. Man denkt hier besonders an die »Frankengeschichte« des Raschid ud-Din Tabib. Er gilt als einer der größten Geschichtsschreiber Persiens (Enz. d. Islam) und seine »Weltgeschichte« (1306–11) als »gewissenhaft, unter Auswertung der besten Quellen«, besonders natürlich dort, wo sie das *einzige* Zeugnis jenes Zeitabschnitts darstellt. Boyle (in der engl. Encl. of Islam, 1994) bezeichnet sie sogar als die erste Weltgeschichte überhaupt. Trotz zahlreicher Abschrif-

ten, die der große Arzt und Staatsmann Raschid herstellen ließ, ist uns keine einzige vollständig erhalten.
Raschid war als Sohn einer reichen jüdischen Familie 1247 geboren und trat mit 30 Jahren zum Islam über. Als Wesir der Ilchane förderte er in vorbildlicher Weise soziale Einrichtungen, die seinen Namen trugen, und schrieb die Geschichte der Mongolen, die er dann auf Bitte des Ilchans ausweitete zu einer allgemeinen Weltgeschichte, in der die persische und arabische Geschichte wie auch die Indiens und des Frankenreiches ihren Platz hatten. Durch Palastintrigen wurde er des Giftmordes an seinem Herrn beschuldigt und 1318 zusammen mit seinem Sohn hingerichtet.
Dank der ausgezeichneten Arbeit von Karl Jahn (1977) liegt uns die Frankengeschichte als Faksimiledruck mit guter Übersetzung und kompetentem Kommentar vor, so daß ein kleiner Einblick willkommen sein wird. Auf der Rückseite der Handschriftseite 419 in Zeile 33 steht tatsächlich etwas über Karl den Großen, hier Karlos genannt.
»Als Kaiser Leo starb, erhob der damalige Papst jenen Karlos, welcher Rey d'Ifrans war, zum Kaiser und setzte ihn in Rom auf den Thron, weil er ihm bei der Vertreibung des Königs der Lombardei beigestanden hatte. Er regierte 14 Jahre und hielt die Muslime vom Frankenreich fern. Er brachte die Dornenkrone des Messias aus Jerusalem nach Rom.« Das ist alles über den großen Kaiser, es folgen Ludwig I. und sein Sohn Lothar.
Laut kirchlicher Geschichtsschreibung hätte Kaiser Konstantin VI., ein Sohn Leos, und außerdem der Name des Papstes genannt werden müssen, aber die 14 Jahre sind nicht falsch, wenn man nur die Zeit von Karls Krönung in Rom bis zu seinem Tod nimmt. Die Geschichte mit der Dornenkrone gehört natürlich ins Fabelreich.
Machen wir doch einige Stichproben zu anderen historischen Personen! Raschid meint, es wäre Papst Symmachus gewesen,

der den ersten Frankenkönig taufte, aber die Kirche behauptet, ein gewisser Papst Remigius habe Chlodwig getauft. Das könnte ein Versehen sein, denn die Reihenfolge der Päpste ist bei Raschid recht durcheinander, einige werden mehrmals gezählt, und zwischenhinein sind locker einige Kaiser untergebracht. Die Wahl der deutschen Kaiser durch Kurfürsten, die erst ab dem 13. Jahrhundert eingeführt wurde, bringt Raschid schon nach Otto III. (also nach 1002). Diese Rückprojektion von der Staufer- in die Ottonenzeit ist ein typisch kirchliches Produkt. Überhaupt muten viele Anekdoten, die den einzelnen Kaisern zugeteilt werden, reichlich kindisch an; selbst wenn sie wahr wären, hätten sie keine Bedeutung für den Lauf der Weltgeschichte gehabt.

Aber auch die unmittelbar letzten Nachrichten von 1295 bis 1301, über Täbris in Persien und die Moslem-Kolonie Lucera, sind ein heilloses Wirrwarr. Jahn sagt dazu: »Es ist kaum anzunehmen, daß diese chronologischen Ungereimtheiten mit Wissen Raschids Eingang gefunden haben« (S. 92). Der ganze Schluß ist nicht weniger fehlerhaft als der ältere Teil: Der Autor wußte nicht, daß der von ihm genannte Papst seinerzeit schon ein Jahr tot war. Aber der Nachbearbeiter, Banakati, hatte noch weniger Ahnung; er läßt Papst Benedikt XI., der 1304 starb, bis 1317 regieren. Die Jahresangaben sind übrigens im gesamten Werk katastrophal, geradezu willkürlich verwendet. Es wird nach Hedschra datiert, auch nach UC der Römer und der Indiktion (Zinsjahr), sogar nach byzantinischer (oder jüdischer?) Weltschöpfungsära, und zuweilen nach der alexandrinischen Ära. Nur die Anno-Domini-Rechnung kommt nicht vor.

Außer den verwirrten Zahlenangaben, die immer irgendwie zu entschuldigen sind, trifft man aber auch auf Anachronismen, die mit der Unkenntnis eines »späteren Bearbeiters« entschuldigt werden: Da ist von einer »Mappa Mundi« die Rede, aber solche Weltkarten gab es 1311 noch nicht, sondern nur Portolane für die Seefahrt.

Und wie steht es mit den Nachrichten aus dem eigenen, dem islamischen Bereich?
Raschid beschreibt den Beginn des Islams so: Kaiser Heraklios von Byzanz eroberte im 9. Jahr seiner Regierungszeit Jerusalem (= 735 alexandrinisch), drei Jahre später Alexandrien und Ägypten, dann Nubien. Im 10. Jahr seiner Regierung erhoben sich die islamischen Heere in Yathrib (Medina), im 25. Jahr der Regierung des Heraklios eroberten sie Antiochien und zerstörten Jerusalem. Heraklios eroberte Aserbeidschan und nahm dem Yäsdegird das geraubte Kreuz Christi wieder ab. Danach eroberten die Muslime den Iran.
Das ist in groben Zügen nicht falsch, wenn man von der offiziellen Geschichtsschreibung ausgeht, nur das Datum ist umwerfend, denn 735 alexandrinisch ergibt rechnerisch 426 AD, also zwei Jahrhunderte zu früh (die persische Eroberung Jerusalems liegt auf unserem gewohnten Zeitstrahl im Jahr 614). Selbst wenn sich das gut zu den neuen Ideen fügen würde, ist es doch Unsinn. Und die Angaben über das islamische Andalusien, das mit Persien jahrhundertelang in intellektuellem Austausch stand, strotzen nur so von Fehlern.
Zumindest inhaltlich müßte Raschid Rechtgläubigkeit vorweisen, aber was lesen wir: »Kaiser Theodosius II. regierte 27 Jahre, da kamen die Siebenschläfer (aus ihrer Höhle) hervor. Es handelte sich um sieben Personen.« Das ist ketzerisch, denn im Koran (Sure 18, 23) steht, daß nur Gott ihre wahre Anzahl kenne. Handelt es sich gar nicht um das Werk eines gläubigen Moslems?
Vorbild für die »Frankengeschichte«, schreibt Jahn, war die syrische »Weltchronik« des Bar Hebraeus (1226–86), von der es eine arabische Kurzfassung gab (entdeckt von Pococke, 1663). Auch eine oder mehrere Papstlisten von der Art wie Martin von Troppau (gest. 1278) sie schrieb, lassen sich als Grundlage ausmachen. Die Daten sind leider in völlig ungeordneter Weise übernommen, »wahllos«, »verwirrt«. Als chronologischer Maß-

stab ist Raschids Werk unbrauchbar, und da es nur aufzählt, ohne eine Analyse der Ereignisse zu bringen, ist es als Chronik vollkommen wertlos. Es steht auch in der persisch-arabischen Literatur einzig da und hat keine Nachfolge ausgelöst, wurde nicht einmal von anderen benützt.

Man könnte es einfach vergessen. In seiner verwirrten und schematischen Art entblößt es jedoch das ganze Problem mittelalterlicher Geschichtsschreibung.

Die Hauptquelle war also die »Weltchronik« des Bischofs Gregor »Bar Hebraeus«, eines getauften Juden aus Südarmenien, der als Nachbar der Byzantiner am besten über Ostrom Bescheid wissen müßte. Dennoch wird Byzanz in dem persischen Werk nicht erwähnt, während Indien ausführlich behandelt wird. Jahn erklärt das mit religiös-politischen Gründen, die mir nicht einleuchten.

Martin von Troppau, der angeblich später zum Erzbischof von Gnesen ernannt worden sei, den Posten aber nicht mehr antreten konnte, hatte in seine lateinische Chronik, die auch mehrfach »in fränkische Volkssprachen übertragen« wurde, eine Menge Propagandalügen eingebaut; das erklärt manches bei Raschid. Jahn findet auch heraus, daß die Namen der Länder und Personen bei Raschid in altfranzösischer oder italienischer Form vorkommen, wobei Genua wohl am stärksten herausklingt, so daß man denken kann, ein Genueser Kaufmann habe dem Raschid als Informant gedient.

Damit wird die Spur gewiesen: Die »Frankengeschichte« des Wesirs der Ilchane ist eine stümperhafte iranische Version einer der vielen christlichen »Chroniken«, die weder ehrlich gemeint waren noch ernst zu nehmen sind. Als Propagandaschrift könnte sie sinnvoll gewesen sein. Damit ist es aus mit der Eigenständigkeit und dem unabhängigen Nachweis für Karolinger oder Päpste durch islamische Chroniken.

Das heidnische Königsbuch der Perser

Das älteste Kulturvolk der Erde hat eine genaue Kenntnis der Vergangenheit bewahrt. Das persische Königsbuch spricht Bände.

Wenn also eine echte Bestätigung durch parallele Chroniken ausfällt, müssen wir nach Anhaltspunkten suchen, die in der islamischen Überlieferung selbst die Suche nach den fehlenden Jahrhunderten klären.

Über die Geschehnisse im iranischen Bereich im 4. Jahrhundert gibt es überraschenderweise auch arabische Texte. Das muß jedoch auf einer Zeitverschiebung beruhen, denn an keiner anderen Stelle hellen arabische Geschichtsschreiber das Dunkel auf, das in der Dschahiliya-Zeit herrschte, das heißt: in den Jahrhunderten der Unerleuchtetheit vor Mohammed. Die Sassanidenherrscher werden in diesen Texten wie die geliebten Herren Arabiens behandelt. Selbst Jahrhunderte später im Iran bringt Omar Chayyam in einem Quartett noch einen Lobspruch auf Bahran Gor aus (d. i. Varahran V., der 439 starb), was für islamische Dichtung undenkbar wäre, wenn dieser Herrscher nicht in der als islamisch anerkannten Geschichte eine segenbringende Rolle gespielt hätte, also in die ersten Jahrhunderte der Hedschra einzuordnen wäre.

Franz Altheim (Bd. I, S. 205) wundert sich, daß Münzen aus Buchara von 632–634 einen Buchstaben tragen, der zu soghdischen Briefen des 4. Jahrhunderts gehört, ein Sprung über 3 Jahrhunderte; man spricht daher bei diesen Münzen von »intermediate Bukharan imitations«.

Damit wird die Verschiebung auch hier sichtbar.

Der letzte Sassanide, Yäsdegird III., wird von den anstürmenden islamischen Heeren in die Nordostecke seines Reiches verjagt und dort – angeblich – 651 getötet. In chinesischen Quellen taucht ein Sohn Yäsdegirds auf, Feros III. (die Numerierung ist unerklärt), der vor den Moslems floh und in China am Kaiserhofe zum General avancierte. Er baute Feuertempel in Si-ngan-fu und genoß große Ehren. Sein Sohn Ni-ni-sse war sogar General des »linken Flügels« der kaiserlichen chinesischen Armee (»Grande Encyclopédie«, Bd. 25, Stichwort Parsisme).

Vielleicht hat dieses Überleben der Sassaniden etwas mit der hartnäckigen Legende zu tun, derzufolge Yäsdegird nicht getötet wurde, sondern weiterlebte und eines Tages wiederkehren wird, weshalb man bis heute die Jahre seit seinem Regierungsantritt (632) weiterzählt als Yäsdegird-Ära. Wir haben hier ein typisches Mahdimotiv, wie es für den iranischen Raum kennzeichnend ist und seit 1909 – bezogen auf den islamischen Mahdi – sogar in der iranischen Staatsverfassung steht. Die Ära des Yäsdegird, vor allem auf Münzen erhalten, bringt also Zahlen, die nach moderner Umrechnung um zehn Jahre später als die 622 begonnenen Hedschra-Jahre liegen. Vielleicht ist diese persische Zeitrechnung zum Vorbild für die islamische und christliche geworden.

Der Ausfall der drei Jahrhunderte wird nun besonders deutlich, wenn wir uns das berühmte Heldenepos des Iran ansehen, das an Bedeutung etwa der Ilias in Hellas und dem Nibelungenlied der Franken gleichkommt, das »Schahname« des Dichters Firdausi aus dem 10. Jahrhundert (= 4. Jahrhundert Hedschra). Er beginnt das »Buch der Könige« mit dem Satz »im Namen dessen, der sich die Erde untertan gemacht hat« – man erschaudert unwillkürlich beim Lesen, denn nicht Allah ist gemeint, sondern Mahmud, und dies ist keine Umschreibung für den letzten der Propheten, Mohammed, sondern bezieht sich auf »Mahmud, Herrscher von Iran, Turan und Hind, durch den die Welt geworden ist wie schönste Seide aus Rum!« (Übersetzung von Uta von Witzleben, 1960/1984).

Firdausi erhielt für das Monumentalwerk von 60 000 Versen die gleiche Summe in Silbermünzen als Lohn, was ihm aber viel zu wenig schien, denn er hatte für dieses »Lebenswerk« entsprechend viele Goldmünzen erwartet. Als das dem Auftraggeber Mahmud von Gasna zu Ohren kam, beeilte sich dieser, dem Dichter sogleich eine ganze Karawane mit kostbarem Farbstoff als Belohnung zu schicken, die Firdausi leider nicht mehr entgegennehmen konnte, denn als die Karawane durchs Tor der Stadt einzog, wurde er gerade im Sarg durch das andere Tor hinausgetragen. Die Anekdote mag erfunden sein, soll aber zumindest besagen, daß Firdausi ein zu seiner Zeit hochgeschätzter und von der Obrigkeit geförderter Dichter war.

Das früheste erhaltene Manuskript des »Schahname« stammt

Abb. 8: Der Eroberer Mahmud von Gasna (?). Persische Miniatur zum Schahname. (Zeichnung adaptiert von U. Topper.)

von 1217, mithin wären zahlreiche Arabismen und islamische Formeln darin zu erwarten. Doch im Kern kommen keine vor. Auch spätere Abschriften beginnen nicht mit Bismillah, und vom Propheten findet sich so wenig eine Spur wie von Allah. In der Urfassung, die spätestens um 1010 vorgelegen haben muß, ist kein einziger islamischer Gedanke enthalten. Es handelt sich um ein heidnisches Epos, das die Geschichte des Iran von der frühesten Bronzezeit bis zum Ende des Sassanidenreiches wiedergibt. Mit dem letzten Sassaniden, Yäsdegird III., bricht das Epos unerklärlicherweise jäh ab. Von der folgenden islamischen Eroberung und dem ungeheuren Aufschwung, den Persien unter den Kalifen von Bagdad nahm, erfahren wir kein Wort. Feueranbeter und Magie, Ahuramasda und der Kampf der Lichtengel gegen die Engel der Dunkelheit sind die religiösen Hauptthemen des Riesenliedes.

Rund 350 (in Worten: dreihundertfünfzig) Jahre islamischer Herrschaft sind spurlos an Firdausi und seinen Zuhörern vorübergegangen. Bei aller Toleranz, die wir dem Islam zugestehen – das wäre doch ein starkes Stück!

Das Werk war ja nicht heimlich entstanden. Hätte Mahmud von Gasna nicht allen Grund gehabt, den Dichter töten zu lassen und das Manuskript dem Feuer zu übergeben? Er tat das Gegenteil. Es wird überliefert, daß Mahmud nicht sehr erfreut war über die im Lied immer wieder ausgedrückte Verteufelung des Turan, Mahmuds Heimat, und daß auch die Herkunftsgebiete der Araber zur Domäne der Dunkelheit erklärt wurden, sei ihm peinlich gewesen, als er später mit dem Kalifen von Bagdad diplomatische Beziehungen anknüpfte. Aber von religiöser Ablehnung war nie die Rede.

Firdausi konnte also mitten im islamischen Herrschaftsgebiet, im 4. Jahrhundert der Hedschra, sein kraftvolles Loblied auf das arische Heidentum singen, ohne Gefahr zu laufen, verfolgt zu werden. Er konnte seine theologischen Anschauungen, die vom Islam meilenweit entfernt waren, straflos vortragen,

konnte den damals angeblich seit Jahrhunderten islamisierten Turan und das arabische Mutterland des Islams als Abgrund böser Geister hinstellen und – der Gipfel! – die letzten dreihundertfünfzig Jahre »des Lichts« völlig übergehen.
Ich glaube nicht, daß man hier von einer kurzfristigen iranischen Renaissance sprechen kann, wie dies zuweilen von einigen Wissenschaftlern vorgebracht wird, wenn ihnen diese Ungereimtheiten zu kraß vorkommen. Das »Schahname« wurde jahrhundertelang kopiert und prachtvoll illustriert, wovon in Berlin ein besonders schönes Zeugnis existiert.
Die einzig denkbare Schlußfolgerung ist die, daß zu Firdausis Zeit die Zoroastrier noch tonangebend und der Islam im Iran unbekannt war.
Firdausi war übrigens kein Einzelgänger, sondern benützte als Grundstock für sein Epos ganz im Stile seiner Zeit – die noch kein Copyright kannte –, die Liedfragmente einer Reihe von Dichtern der vorigen Generation, deren Namen uns bis heute bekannt sind. Und diese knüpften, wie er selbst, direkt an die Sassaniden an. Neu an ihrer Sprache, dem Pahlewi, ist eigentlich gar nichts, nur die Schrift in den Manuskripten, die bekanntlich frühestens aus dem 13. Jahrhundert stammen, ist arabisch, genau: neu-persisch. Dadurch kann sich im Laufe der Zeit auch die Aussprache gewandelt haben. Aber ein Text aus der Sassanidenzeit ist linguistisch vom »Schahname« nicht verschieden.
Man hörte also beim Tod von Yäsdegird III. (gegen 650) im Iran auf, Lieder und Gedichte oder Chroniken zu schreiben, und fing dann gegen 950 wieder damit an, und zwar vornehmlich mit der Zusammenfassung der iranischen Geschichte von der Urzeit bis 650.
Eine Vorstufe zum Königsbuch bildet die umfangreiche Chronik der iranischen Dynastien, manchmal »Chudayname« genannt, die ein Landadliger zusammen mit einem zoroastrischen Priester und einem Höfling während der Regierungszeit von

Yäsdegird III. verfaßte. Sie soll durch Ibn al Muqaffa' (der heidnisch Rosveh, Sohn des Dadoe hieß und nach arabischen Angaben um 757 starb), ins Arabische übersetzt worden sein (hierzu O. Klima, S. 66). Da die rückerschlossene Vorstufe des »Schahname« nur knapp eine Generation vor Firdausi verfaßt worden sein dürfte, kann eine arabische Übersetzung davon nicht schon mehr als zwei Jahrhunderte vorher geschrieben sein. Eigentlich nimmt man auch nur an, es handele sich um eine Vorstufe, um die Chronologie zu retten. Eine neupersische Übersetzung sei aber erst im 10. Jahrhundert erfolgt. Eine derartige »Übersetzung« aus dem Mittelpersischen ins Neupersische ist jedoch überflüssig, denn der Übergang dieser beiden Sprachformen ist unmerklich (ebenfalls nach Klima, S. 67). Man möchte daraus eigentlich schließen, daß die Islamisierung des Iran erst im 10. Jahrhundert begann.
Al-Mas'udi berichtet, daß er im Jahre 915 bei iranischen Gebildeten in der Stadt Istachar eine große Königschronik sah. Ihre Texte begannen mit »pat nam-i Yasdan« (= im Namen Gottes), nicht etwa mit »Bismillah«, das wie eine gelungene Nachahmung klingt.
Tatsächlich sind sich die neueren Iranforscher darin einig, daß ein Bruch zwischen dem Mittelpersisch der Sassaniden und dem Neupersisch der Moslems nicht erkennbar ist. Der Unterschied liegt in der Verwendung der Lettern. Die arabischen Buchstaben hätten sich schrittweise durchgesetzt, weil sie leichter zu handhaben seien. Das klingt mir aber unrealistisch, denn eine so vokalreiche Sprache wie das Persische läßt sich nur umständlich mit der reinen Konsonantenschrift der Araber wiedergeben. Eine zwangsweise Übernahme der arabischen Schrift ist eher anzunehmen.
Darum sagt Klima (S. 138, 131), daß die oft behauptete Lücke von 150 und mehr Jahren nicht existiere, sondern »ein schwerer Irrtum« sei. Es gäbe eindeutige Belege für das Neupersische im 7. Jahrhundert. Die Wiedergeburt der persischen Literatur

unter dem Islam sei eine »Fiktion späterer Zeiten«. So habe man aus dem Jahre 642 zwei Gedichte, die in sprachlicher Hinsicht fast gleich seien: Das eine ist ein spätmittelpersisches *Mathnawi*, das andere ein frühneupersisches Gedicht (S. 135). Klimas Argumentation weist auf das Problem deutlich hin. Eine Entwicklung, die in sehr kurzer Zeit und vermutlich zwangsweise ablief, nämlich die Übernahme der arabischen Lettern bei gleichbleibender Sprachform, muß über den unvorstellbar langen Zeitraum von 350 Jahren gestreckt werden.
Die Diskussion des Problems wird allerdings dadurch erschwert, daß einige Spezialisten nur das heidnische Alt- und Mittelpersisch bearbeiten, andere nur das islamische Neupersisch. Ob es zwischen beiden eine Lücke gibt und wie weit sie zwischen den beiden Fachdisziplinen klaffen könnte, wird kaum erörtert.

Der Sieger Mahmud

Der Beginn des Islams im Iran ist durch mehrere Dokumente genau feststellbar. Vor dem Jahr 1000 kann der Umschwung nicht geschehen sein.

Einer der größten Astronomen in *Ostpersien*, Al-Biruni, schrieb eine umfangreiche Abhandlung über die Zeitrechnungssysteme der alten Völker. Er war 973 (oder richtiger: im 4. Jahrhundert der Hedschra) in Chwaresm (das ist das spätere Chanat Chiwa) geboren, unterhielt einen Briefwechsel mit dem Arzt Ibn Sina (»Avicenna«) und reiste mit dem Eroberer Mahmud von Gasna nach Indien, um dort griechische Wissenschaften (!) zu lehren und indische Philosophie zu studieren. Ab 1030 lebte er am Hofe von Mahmuds Sohn Mas'ud in Gasna und verfaßte mathematische, medizinische und astronomische Abhandlungen. Wichtig für uns ist sein Buch »Athar ul-Bakiya«, in dem er die Grundsätze des Kalenderwesens und der Zeitrechnung abhandelt. Da der damals im ostpersischen Chorassan übliche Kalender hinsichtlich der Jahreslänge nicht genau war, verschoben sich die landwirtschaftlichen Feste gegenüber der Jahreszeit. Darum sollte der König die Monatszählung wieder in Einklang bringen. Er ordnete an, daß der Jahresanfang wieder nach dem »syrischen« Kalender befolgt werde, allerdings unter Verzicht auf die bis dahin benützte persische Ära-Zählung. Nun stimmte das Datum des Weinfestes wieder und alle anderen davon abhängigen landwirtschaftlichen Feiertage (nach Lentz, 1938).

Was ich an diesem Bericht bemerkenswert finde, ist, daß man in dieser angeblich seit 350 Jahren islamisierten Hochkulturgegend noch nach zoroastrischem und syrischem Kalender die Zeit einteilte und dem Weinfest soviel Bedeutung zumaß. Der zusätzliche Verzicht auf die Ära-Zählung weist auf eine chronologische Verschiebung hin.

Al-Birunis Landesherr war der recht gut bekannte Mahmud von Gasna, der erste große Türkenherrscher des islamischen Ostens. An ihm fällt nicht nur auf, daß er den heidnischen Firdausi für sein anti-arabisches Epos belohnte, sondern auch, daß er erst relativ spät, nämlich nach 1000, diplomatische Beziehungen zu den islamischen Herren von Bagdad aufnahm. Vermutlich war er noch als Heide geboren und erst im hohen Mannesalter zum Islam übergetreten. 1003 ließ er sich von seinem Vasallen Chalaf zum Sultan ausrufen und begann die Eroberung des Pandschab, weshalb er seitdem als »al Gasi« (= der Sieger) in die islamische Geschichte einging.

Sein Vater, Subuktegin (= geliebter Prinz) hinterließ Mahmud eine Aphorismensammlung über adliges Verhalten, »Pandname« (wir würden es »Fürstenspiegel« nennen), in der er erklärt, aus dem türkischen Karluk-Verband vom Issik-Göl zu stammen. Später führten Höflinge seine Herkunft auf Yäsdegird III. zurück, der auf seiner Flucht vor den Moslems dort eine Türkin geheiratet habe. Subuktegin war also noch Heide. Es gehört zwar zur landläufigen Praxis, sich einen illustren Ahnherrn zuschreiben zu lassen, aber wenn jener sein Reich schon vor 300 Jahren verloren hat und Feind der seitdem herrschenden Staatsreligion war, dann lohnt sich dieser Rückgriff eigentlich nicht. Zwischen Yäsdegirds Tod und Subuktegins Anspruch auf königliche Abstammung dürfte statt 350 Jahren nur eine Generation gelegen haben.

Klima (S. 66) weist auch darauf hin, daß die türkischen Emire und Schahs ihre Stammbäume durch zoroastrische Gelehrte auf Jamschid oder späte Sassaniden zurückführen ließen. Diese Türken – und im Verein mit ihnen die Hephthaliden – wehrten sich mit aller Kraft gegen die islamischen Heere. Die Könige von Kabul widerstanden dem Islam bis ins 10. Jahrhundert. Auf ihren Münzen sieht man den Feueraltar und liest in Mittelpersisch Herrschernamen wie Sri Bahmana Vasu Deva, also echt hinduistisch. Die darauf angebrachten Jahreszahlen – in diesem Fall 65 – werden von Numismatikern (Mitchiner, 1977, 63) fraglos als Hedschra-Jahre aufgefaßt und damit ins 7. Jahrhundert eingeordnet. Aber würde man die Zeitrechnung des Todfeindes auf den eigenen Münzen verwenden?

Ob man hier die Ära von Chosrau II. (590–627) fortsetzte oder die von Yäsdegird III. (ab 632) oder eine eigene, wäre zu untersuchen. Aber Hedschra-Jahre können es nicht gut sein. Überdies reichen die wenigen Münzen der Kabulkönige nicht von 700 bis 1000, das ist leicht erkennbar.

Dennoch war es nach offizieller Geschichtsschreibung erst Alptegin, der Lehnsherr von Subuktegin, der den Kabulkönigen Gasna entriß, wo 977 Subuktegin seinen Hauptsitz einrichtete. Aus seiner Ehe mit einer Adligen aus Zabulistan entstammte Mahmud (daher »i-Zawuli« genannt), der ab 999 auf Münzen als »Wali Amir al Mu'minin« (= Gouverneur des

Chefs der Gläubigen) tituliert wird und somit erstmals als sunnitischer Moslem erkennbar ist.
Offiziell gesehen – es muß immer wieder dagegen gehalten werden – sollen die islamischen Heere Kabul schon 662 erreicht haben, vor 666 schon Herat und Balch erobert und in Merw – das heißt: im chinesischen Machtgebiet – eine Garnison errichtet haben. Ohne den Sprung über drei Jahrhunderte sind diese Angaben nicht miteinander vereinbar.
Wiederum entsteht der Eindruck, als ob die islamische Eroberung Transoxaniens zweimal erfolgt sei, im Abstand von mehr als 200 Jahren.
Eine doppelte Missionierung – wie in Marokko durch Okba ben Nafi 680 und dann durch die Emire von Córdoba nach 911 – haben wir auch im Industal. 712 bringt Mohammed ben Kassim den sunnitischen Islam in den Sindh, und 1003 führt Mahmud al Gasi die erste Islamisierung des Indusgebietes durch. Der Abstand beträgt 291 Jahre. Streichen wir sie, dann könnte Ben Kassim unter Mahmuds Schutz im Sindh missioniert haben.
(Ausführlicher s. Topper, ZS 4/96.)

Im Kernland Arabien

Ein doppelter Dichterfürst und der Beginn arabischer Schriftkultur sind klare Hinweise auf übersprungene 300 Jahre.

Einen ganz eigenartigen Hinweis fand ich in der frühen Geschichte der *Arabischen Halbinsel.* Ein der Dichtkunst zugewandter König vom Stamm der Lachmiden, Imr'ul Kais, der ab 250 (»etwa«) als Vasall der Perserkönige Schapur bis Bahram I. und II. (siehe Altheim, I, S. 125) in Hira regierte, gehört sprachlich und kulturell eigentlich direkt in die letzten

Generationen vor Mohammed. Imr'ul Kais war (nach Altheims scharfsinniger Argumentation) im Jahr 293 abtrünnig geworden und zu Byzanz übergelaufen, wie auch seine Grabinschrift besagt, die ins Jahr 223 der lateinisch überlieferten Arabischen Provinz-Ära datiert ist. Da diese Ära 106 n. Chr. begann, ergibt sich also 328 n. Chr. (Es soll laut Enc. Isl. 1913, I, S. 396, die *älteste* arabische Inschrift sein.) Damit hatte sich die Dynastie »christianisiert«, wie Tabari ausdrücklich vermerkt. Den arabischen Historikern zufolge (Hischam, Tabari, Hamza u. a.) habe Imr'ul Kais 113 oder 114 Jahre regiert. Auf ihn folgt eine mehrere Jahrzehnte dauernde Leerstelle (Enz. d. Islam, Bd. V, 1986), danach beginnt die Geschichte von Hira erneut mit persischen Vasallen (unter Bahram Gor, 420–38), die ebenfalls als Lachmiden (oder als Djudham, ein verwandter Stamm) bezeichnet werden und große Dichter hervorbrachten, deren Texte überliefert sind, diesmal ganz greifbar überliefert in den letzten Jahrzehnten vor Mohammed (und bis zum Sassaniden-Ende). In der Erinnerung des frühen Islams sind sie die Sänger, die um den Preis stritten, ihre Lieder in der Kaaba aufgehängt zu sehen (»Mu'allaqat«). Als vornehmster unter ihnen wird ein Prinz aus Hira genannt mit Namen Imr'ul Kais, der seine letzten Jahre im byzantinischen Exil verbrachte.

Wir haben also zweimal einen dichtenden König oder Prinz Imr'ul Kais aus dem Stamm der arabischen Lachmiden in der Stadt Hira an der Peripherie Persiens im Abstand von rund drei Jahrhunderten.

Gewiß, die Parallele ist nicht umwerfend, aber doch überraschend, da sie auf zwei völlig getrennten Wegen zu uns kam, im römischen und im arabischen Zeitmaßstab. Stutzig macht mich bei derartigen Zeitverschiebungen immer, daß niemand die Schwachstellen kritisiert: Ein König, der 114 Jahre regiert, füllt doch wohl eine enorme Leere aus, danach folgen noch weitere leere Jahrzehnte, obgleich der König Imr'ul Kais mehrere tüchtige Söhne hatte, wie seine Grabinschrift besagt. Und dann beginnt alles von vorne.

Altheim (I, S. 115) schreibt weiter: Vor der Mitte des 3. Jahrhunderts unterwarfen – einer südarabischen Inschrift zufolge – die Kinda den Stammesverband der Ma'add im Gebiet von Mekka. Der Dichter Imr'ul Kais (traditionell im 6. Jahrhundert), der selbst ein Kinda war, nennt sie »eine Schar von Jemeniten«. Sie wurden schließlich Nachfolger der Lachmiden in Hira. Aber (S. 129) seiner Grabinschrift zufolge war es Imr'ul Kais von Hira (also 3. Jahrhundert) selbst, der die Ma'add von Mekka besiegt hatte. Da springt die Geschichte ständig zwischen den beiden – 300 Jahre auseinanderliegenden – Zeitpunkten hin und her. Die altarabische blühende Stadt Dedan mit Hunderten von Inschriften ist ab Beginn des 4. Jahrhunderts verlassen, heißt es bei Altheim (S. 138), aber »Juden bewohnten noch zur Zeit Mohammeds die Stätte«. Letzteres ist aus schriftlichen Quellen der Zeitgenossen Mohammeds bezeugt. Die Juden hätten aber sicher Grabsteine und Inschriften hinterlassen. Wenn diese um 300 enden, dann ist das Mohammeds Zeit gewesen. Dasselbe gilt auch für Taima', wo im 6. Jahrhundert noch ein jüdischer König herrschte, der mit (dem Dichter) Imr'ul Kais befreundet war. Die Stadt Taima' lag aber seit ungefähr 300 in Ruinen. Archäologisch gesehen und nach lateinischen Zeitmaßstäben ist also 300 und nicht 600 die Zeit, in der Imr'ul Kais und die jüdischen Könige, die Mohammed kannte, lebten.

Was nun die Sprache selbst betrifft: Die Inschrift auf dem Grabstein von Imr'ul Kais ist reinstes Arabisch, das sich sogar mit genau bezeichneten Eigenheiten bis ins 6. Jahrhundert gehalten hat (S. 151). »Man kann demnach sagen, daß das Nordarabische, als es erstmals aufgezeichnet wurde, im großen und ganzen den Zustand erreicht hatte, der fortan geblieben ist.« (S. 156f.) Also seit dem Jahre 328 spätestens.

Das Wüstenschloß von Mschatta mit seinen heidnischen Bil-

Abb. 9: Dekor in Kreuzform am Kalifenpalast von Samarra (Zweistromland), angeblich 9. Jahrhundert. (Zeichnung U. Topper.)

dern hat Altheim wegen eines dortigen Grafitto dem Perser Bahram II. zugeschrieben, und möchte gerne dessen Vasallen Imr'ul Kais als Bauherrn annehmen, während andere nicht weniger kompetente Wissenschaftler es mit ebenso guten Argumenten in die frühe Omayadenzeit verlegen; dazu paßt, daß Al-Mas'udi eine Nachahmung dieses Schlosses dem Abbassidenkalifen Mutawakkil (nach 850) zuschreibt. Da kann man als unparteiischer Beobachter eigentlich nur beiden Gruppen recht geben und König Imr'ul Kais als Zeitgenossen oder direkten Vorgänger der Omayaden ansehen. Damit wird das 4. Jahrhundert der Spätantike gleich dem 1./2. Jahrhundert der islamischen Zeitrechnung. Wir merken uns dies für später.

Außerhalb der Schriftkulturen

Die Steppe ist ein weites Feld, erst recht unter unserem Gesichtspunkt der Chronologieprüfung. Klimatische Veränderungen bringen Hinweise auf Zeitabläufe.

Franz Altheims vierbändiges Werk über die »Geschichte der Hunnen« zeigt eindringlich, daß die Steppenreiter historisch schwer faßbar sind. Sie tauchen unregelmäßig an den Rändern ihres Gebietes – der größten Landfläche der Erde – auf und werden dann von den Hochkulturvölkern wie eine unvermeidliche Geißel vermerkt, oft auch schamhaft verschwiegen (etwa in China) oder schnell eingemeindet, wenn sie sich auf Dauer im eroberten Gebiet einrichteten (Ungarn, Bulgarien).

Es ist äußerst schwierig, eine Chronologie dieses Raumes im 1. Jahrtausend vorzulegen (s. a. Jettmar). Mit Altheim (im Vorwort zum 1. Bd.) möchte ich den Grundzug betonen, der als Leitfaden bei der weiteren Suche dienen sollte: »Wenig bekannt ist, daß der Vorstoß der Hunnen sich einer gleichzeitigen und weitausgreifenden Bewegung aller Nomaden nördlich und nordöstlich des Wüstengürtels einordnet, der die alte Welt von der Gobi bis zur Sahara durchzieht. Mit den Arabern der vor- und frühislamischen Zeit, mit den nordafrikanischen Dromedarnomaden, haben sich die großen Beweglichen des mittleren Asien in gemeinsamem Schicksal gefunden. (...) Jedes Schwanken der Klimakurve wird mit äußerster Empfindlichkeit registriert. (...) Dem Auf und Ab der Klimakurve antwortete ein Auf und Ab der Nomadenstürme, und klimatologische und geschichtliche Betrachtung gehen weithin ineinander über.«

Damit ist vor allem ausgedrückt, daß wir nicht wahllos »irgendwann« Nomadenstürme antreffen, sondern zu bestimmten klimatisch definierten Zeitpunkten als weitausgreifende Wellen. Ein Stamm, der sich in der Steppe in Bewegung setzt, löst wie ein Schneeball eine große Lawine aus, sobald die klimatische Situation dazu drängt. Wenn wir die arabische Eroberung der Alten Welt überhaupt als solche ansehen wollen, dann kann sie nur zeitgleich mit den Hunnenstürmen des 4. Jahrhunderts angesetzt werden. Im 7. Jahrhundert fehlt schlicht der Grund für diese folgenschwere Aktion. Die nächste Welle ist erst der Türkensturm im 10. Jahrhundert, der den Sachsen unter Heinrich Anlaß zur Reichsgründung gab. Ohne die Motivierung des Arabersturms mittels einer fanatischen Glaubensausbreitung – die ganz gewiß erst im 10. Jahrhundert stattfand – hätte ohnehin niemand dergleichen als historisch akzeptiert.

Heute, da wir auch Geschichte zunehmend unter wirtschaftlichen Gesichtspunkten verstehen, setzt sich diese Grundlinie, die Spengler und Altheim vorbereiteten, immer stärker durch. Die Abhängigkeit von den überlieferten Jahreszahlen zwang Altheim in obigem Zitat noch von *vorislamischen* Arabern zu sprechen, obgleich über deren Wanderbewegungen nichts Auffälliges bekannt ist. Eine Verschiebung des Zeitstrahls hätte ihm sicher freie Hand gegeben für bahnbrechende Erkenntnisse (s. a. Manfred Zeller, 3/94).

Durch die eingeschobenen drei Jahrhunderte wird historiographisch eine fortwährende Bedrohung aus der Steppe konstruiert, indem die Völkerschaften der Welle vor dem Zeitintervall, also der Hunnensturm, vorwärts in die Lücke hineinprojiziert, diejenigen nach dem Intervall, zum Türkensturm gehörig, rückwärts auffüllend gestreckt werden. Dadurch reichen sich Steppenvölker, die kulturell und technisch um 300 Jahre auseinander liegen, die Hand in einer ununterbrochenen Kette von Einfällen und Eroberungen. Das aber ist nach Altheims Erkenntnis der klimatisch bedingten periodischen Nomadenwellen nicht denkbar.

Indien, Land der Tradition

Geschichtsbewußtsein und Zeitrechnung müssen durchaus nicht stimmen, sie können auch einen mystischen Sinn verbergen, wie sich bei den Indern zeigt.

In der indischen Chronologie herrscht ein berückendes Durcheinander. Wir haben hier den seltenen Fall, daß ein antikes Kulturvolk trotz zahlreicher Invasionen in seinem heimatlichen Territorium drei Jahrtausende überstanden hat und sich dessen auch in geschichtlicher Hinsicht bewußt ist. Wenn ein Brahmane Texte aus dem Rigveda singt, ist die Zeit stehengeblieben.
Wieviel Zeit stehenblieb, kann aber weder der gelehrte Hindu noch der westliche Wissenschaftler mit Sicherheit angeben. Auch hier sind Jahrtausende einfach dazugemogelt worden. Die Kali-Yuga-Jahre beginnen 3137 vor Christus und werden noch heute weitergezählt. Wer sie aufbrachte, bleibt im ungewissen.
Der Beginn des Kali-Yuga vor rund fünf Jahrtausenden wird zwar nicht als Tag der Erschaffung der Welt angesehen, dafür aber historisch fixiert, nämlich mit einem schriftlich überlieferten Ereignis verknüpft, dem Ausbruch des Großen Krieges ums Heimatland, der im »Mahabharata« klassische Epenform annahm. Westliche Wissenschaftler legen die arische Einwanderung und den Großen Krieg, der damit verbunden ist, allgemein in die Zeit um 1500 v. Chr., manche etwas später, aber andere auch eher, wie z. B. Johanna van Lohuizen-de Leeuw (1970), die bis 1800 v. Chr. hinaufgehen möchte. Daß die indischen Überlieferer dieser Ereignisse mit ihrer Behauptung einer ununterbrochenen Kali-Yuga-Zeitrechnung fast doppelt so viele Jahre vor Christus dafür veranschlagen, wird europäischerseits meist im Nebensatz abgetan, als hätten die so traditionsbewußten Inder keine Ahnung von ihrer eigenen Geschichte.
Aber auch die europäische Zeitangabe »1500 v. Chr.« klingt recht unwahrscheinlich. Da ist von Metallwaffen und Streit-

wagen die Rede, außerdem kommen die Jonier namentlich vor (Yauna, in XII, 207, 43), und das könnte kaum vor dem 9. Jahrhundert v. Chr. stimmen, wie einer der großen Kenner der indischen Geschichte, Basham (1954), feststellt. Vom ganzen Inhalt her wie auch von der zum Ausdruck gebrachten Geisteshaltung kann das »Mahabharata« der homerischen Ilias an die Seite gestellt werden und gehört also eher ins 7. Jahrhundert v. Chr., wobei einige philosophische Passagen noch ein gutes Jahrhundert jünger sein dürften und in die Zeit von Pythagoras passen. Die von modernen *indischen* Wissenschaftlern erstellte Datierung (Mitra, 1937, I, 136f.) sieht als Beginn der Sanskrit-Sprache, die von Panini geschaffen wurde, den Zeitraum um 400 v. Chr. an, wobei dem sehr ähnlichen Avestisch des Iran ein Vorsprung von einem Jahrhundert gelassen wird.

Diese Einschätzung ist meines Erachtens realistisch und paßt zu dem neuen Zeitszenario der Rekonstrukteure, besonders zu Heinsohn (1993), der die hochentwickelte Induskultur von Harappa und Mohendjo-Daro als den sichtbaren Ausdruck der arischen Besiedlung erkennt. Da bildet die Induskultur eine Kolonie Persiens zwischen 550 und 325 v. Chr., glaubhaft gemacht an Hand des archäologischen Befundes. Heinsohn löst damit wiederum eins der typisch archäologisch-historiographischen Doppelprobleme, bei denen Bodenfunde sowie Kultbauten ohne Schriftzeugnisse einerseits und literarische Zeugnisse ohne Zivilisationshintergrund andererseits zusammengefügt werden und dadurch ein verblüffend einheitliches Bild ergeben. In diesem Fall erhalten die hochentwickelten metallverarbeitenden Arier der Veden endlich die Städte, die man nie kannte, und die schriftbenützenden Einwohner von Harappa erhalten endlich ihre Epen und Gesetzgebung, die in solchen Städten nicht fehlen sollten.

Dazu fügt sich bestens, daß gerade (1994) ein Altmeister der Linguistik, Kurt Schildmann, die Siegelschrift des Industales entziffert hat und – ähnlich wie ein genialer Vorgänger, Friedrich Hrozný aus Prag (1940), diesmal aber mit korrekten Lesungen – den indoeuropäischen Charakter dieser Sprache, genauer gesagt: seine Sanskritgestalt, zeigen kann.

In einem Brief (vom 10. Dezember 1996 aus Bonn) merkt Schildmann an: »Coulanterweise datieren die Archäologen die Blüte der Induskultur auf 2500 v. Chr., um nicht mit den Ansprüchen der Sumerologen und Ägyptologen zu kollidieren. Das ist kollegiale Solidarität.« Daß dieses Datum 2000 Jahre zu hoch gegriffen sein dürfte, leuchtet nach den bisherigen Überlegungen ein.

Ein europäisch gebildeter Hindu, Aravamuthan, hatte bereits 1949 und 1955 ohne Zögern geschrieben, daß die Siegelbilder und Statuen der Indus-Kultur in direktem Zusammenhang mit der vedischen Religion stehen, und zwar speziell mit dem Rig-Veda (1955, 122 ff.), und betont, »daß die Harappa-Kultur *nach*-Rig-vedisch ist und einen frühen Schritt in der langen Entwicklung von Rig-vedischer Kulturstufe zum mittelalterlichen und modernen Hinduismus« bildet (1949, 77 f., von mir aus dem Engl. übers.).

Soweit es die Industal-Zivilisation betrifft, können also anderthalb bis zwei Jahrtausende, die von Archäologen unseres Jahrhunderts erst konstruiert wurden, wieder versenkt werden. Die Bäder und Tempel sind persisch und die Verwaltung unterstand den Achämeniden. In diesem Zeitraum etwa ist Buddha geboren. Da sein Todesdatum als Beginn einer Zeitrechnung angesetzt ist, hat es auch über dessen genaue Einreihung ausführliche Debatten internationaler Wissenschaftler gegeben. Illig berichtet davon in seiner Zeitschrift (VFG 2/1992) und plädiert für einen Ansatz zwischen 400 und 350 v. Chr., womit jedoch nur die relative Stellung zu den in gleicher Weise angeordneten Ereignissen im Mittelmeerraum, also die Gleichzeitigkeit von Buddha und Platon, besagt wird. Der tatsächliche Abstand in Jahren zum heutigen Moment ist damit noch ungeklärt, selbst wenn die buddhistische Jahreszählung – mit großen Schwan-

kungen übrigens – vielerorts in Gebrauch ist. Traditionellerseits möchte man am 6. Jahrhundert als der Wirkungszeit des erleuchteten Prinzen festhalten, wissenschaftlicherseits kommt eher das Jahrhundert vor Aschoka in Frage, das immerhin 200 Jahre weniger weit zurückliegt.
Muß man sich da nicht wundern, daß die Mönche zwar die Reden ihres großen Lehrers wortgetreu schriftlich überliefert haben, aber trotz genauester Kalender nicht einmal eine ungefähre Angabe über die seitdem verflossenen Jahre machen können?

Die Eroberer Indiens und ihre Zeitzählung

Die Kuschankönige werden durch unsere Wissenschaftler künstlich vermehrt, damit sie den Anschluß an die christliche Jahreszählung gewinnen.

So bleibt uns als erster fester Halt im schwimmenden Zeitablauf ein Ereignis, das weithin im Orient seine Spuren hinterlassen hat: der Alexanderzug. Der Maurya-Fürst Tschandragupta war noch jung, als er Alexander am Indus begegnete, wie Plutarch in seiner »Lebensbeschreibung Alexanders« (Kap. 62) berichtet. Der Name des jungen Fürsten lautet dort Androkottos, naheliegend genug. Fürst Tschandragupta vertrieb die griechischen Garnisonen 323–321 und wurde damit zum Herrscher am Indus. Mit diesem Zeitpunkt beginnt die Seleukiden-Ära, die in weiten Bereichen des Nahen Ostens für längere Zeit dokumentiert ist, in Indien selbst jedoch durch verschiedene andere Ären bald wieder abgelöst wurde.

Mit der Krönung des großen Aschoka (269 v. Chr.) beginnt eine neue Zeitrechnung in Indien, die der griechischen an die Seite gestellt werden kann, denn der Erlaß im 13. Jahr von Aschokas Herrschaft (das wäre 256) nennt fünf westliche Griechenkönige, die auch seitens der griechischen Geschichtsschreibung in dasselbe Jahr datiert werden. Leider enttäuscht aber auch diese Jahreszählung, denn sie wurde schon gegen 185 v. Chr. wieder aufgegeben.

Spannend wird es bei der Vikrama-Ära, die angeblich lückenlos bis heute durchgezählt wurde. Ihr zufolge ist unser Jahr 1997 das Jahr 2053 seit der Thronbesteigung König Vikramas. Das rückerrechnete Datum für den Beginn wäre also das Jahr 57 v. Chr. (ein Nulljahr gab es nicht). Dazu schreibt Ginzel (Bd. I, 263 f.), es gäbe mehr als 288 Datierungen in dieser Ära, wobei die ältesten beiden die Zahlen 428 und 794 bringen, die jüngste das Jahr 1877 (was 1820 AD entspräche). Das engt den Bereich allerdings wieder ein auf ein rundes Jahrtausend Benützung, wenn man die erste vereinzelt dastehende Erwähnung ausläßt. Und eine erstmalige Verwendung rund 800 Jahre nach dem eigentlichen Ereignis – das sieht fatal nach unserer eigenen Zeitrechnung aus.

Ginzel (S. 387) zitiert dazu den arabischen Schriftsteller Al-Biruni, der berichtet, im Pandschab und in Nepal sei eine Sri-Harscha-Ära in Gebrauch, die 400 Jahre nach Vikrama eingeführt worden sei, aber in einem Kaschmiri-Kalender habe er gelesen, daß Sri Harscha 664 Jahre später als Vikrama beginne, eine Abweichung (von 264 Jahren), die Al-Biruni verunsicherte. Die Epoche für Sri Harscha wäre demnach 607 AD gewesen, was durch andere Dokumente, die 605/606 angeben, bestätigt wird.

Das Problem wird noch größer, wenn wir Tschandragupta II., der rund vier Jahrhunderte nach Vikrama gelebt haben soll, ansehen. Er hat die Saken aus Udschaina vertrieben und trägt darum den Ehrentitel Vikramaditya (Basham, 1954). Da aber der Sakenvertreiber nicht gut vor den Saken gelebt haben kann (Finegan, 1989), ergibt sich, daß die Vikramaditya-Ära, so wie

sie heute benützt wird, in ihrem Anfang nicht festliegt. Bei einem Herumschwimmen im Bereich von vierhundert Jahren ist jede weitere Spekulation überflüssig.
Bleiben uns nur noch die Saken übrig, die in allen Büchern als fester historischer Punkt gelten. Die von ihnen begonnene Jahreszählung ist als Saken-Ära in Indien und Südostasien noch heute offiziell in Gebrauch, wir schreiben gerade das Jahr 1919 seit Beginn des Sakenkönigtums. Die Dynastie der Saka-Pahlava (d. h. Skythen-Parther, also aus dem Iran) soll im Jahr 78 AD zur Herrschaft gelangt sein, nach anderen wird das Thronbesteigungsdatum des großen Kanischka, des dritten Königs dieser Dynastie, als Anfang der Ära bezeichnet. Auf Münzen will man mehr als 30 gekrönte Häupter dieser Saken in einem Zeitraum von knapp 200 Jahren erkennen. Dennoch ist sowohl die Reihenfolge als auch die Regierungsdauer dieser Könige ungewiß.
Karl-Heinz Golzio (1984, S. 12) stellt drei der neuesten Datierungsversuche für die Kuschan – so werden die Saken etwas liebevoller in Indien auch genannt – zusammen und muß bekennen, daß das Chaos ganz ansehnlich ist. Ich habe noch ein paar der neueren Datierungen dazugestellt (siehe Kasten auf S. 118, Abb. 12), um das Ausmaß der Verschiebungen sichtbar zu machen.
Als ich vor mehr als drei Jahrzehnten in Indien vor der Statue des berühmten Kanischka in Mathura stand, datierte man ihn ins 4. Jahrhundert, was wohl aus der indischen Chronologie heraus sinnvoll erschien und auch durch Parallelen mit Persien nahegelegt wird; Schapor II. (309–379) nannte sich auf Münzen König der Kidari und Kuschan (Altheim, II, S. 258), und Yäsdegird II. (438–457) hatte die Kuschan bekämpft. Da diese nur rund 150–200 Jahre an der Macht gewesen waren, müßte Kanischka spätestens im 5., frühestens im 4. Jahrhundert gelebt haben.
Inzwischen werden die Kuschan aber immer früher angesetzt.

R. Göbl (1984) hatte für Kanischkas Regierungszeit noch die Jahre 232–260 bereit, neuerdings einigen sich die Gelehrten auf »um 200« (Plaeschke, 1988). Narain setzt ihn schon seit längerem (1957, 1968) um hundert Jahre eher an, und die ganz fortschrittlichen (Eggermont, Mukherjee, Lohuizen-de Leeuw) sehen seinen Regierungsantritt wie die indischen Traditionalisten im Jahr 78. Damit kann er zum Zeitgenossen des Kaisers Vespasian werden.

Die Kuschankunst war zwar schnell dem indischen Charme erlegen, läßt aber doch noch den Ursprung aus der Steppe erkennen, der dieses turanische Reitervolk kennzeichnet. Die Statuen

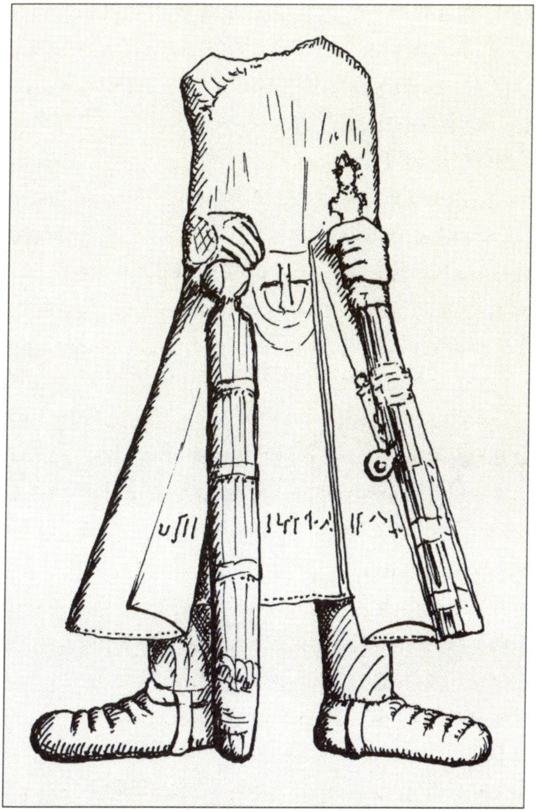

Abb. 10: Statue des Kuschankönigs Kanischka in der Kleidung und Bewaffnung der Steppenkrieger (Museum in Mathurai, Indien). (Zeichnung U. Topper.)

der Könige in ihrer Reitertracht passen eher in die Völkerwanderungszeit als zu den klassischen Römern. Vima und Kanischka machen trotz aller Anpassung an die indische Hochkultur einen derart »barbarischen« Eindruck, daß eine nur auf Münzen begründete Frühdatierung zu viele Widersprüche auslöst. Aber natürlich sind derartige Stilvergleiche subjektiv und kein Beweis für absolute Datierung.

Technologische Details sind eher aufschlußreich: Altheim (Bd. I, S. 199) arbeitet heraus, daß das Schwert des Kanischka eine Querstange aufweist, und diese Parierstange tritt bei Hunnen, Chinesen und Iranern erst im 5. Jahrhundert auf, nicht eher. Auf einem Jagdrelief in Tak-i-Bostan trägt Peroz (457–484) erstmals ein Schwert mit dieser Querstange. Wenn die Kuschan nach Schapor II. selbständig wurden, was Vima oder Kanischka zuzuordnen wäre, können diese Herrscher frühestens nach 379 gelebt haben, also *glatte drei Jahrhunderte* nach der ihnen traditionell zugeteilten Zeit.

Die schrittweise Verschiebung Kanischkas vom 4. ins 1. Jahrhundert macht mich stutzig. Wenn seine Ära genau festliegt und bis heute weitergezählt wird, noch dazu er selbst wie seine Vorgänger und Nachfolger mit zahlreichen Münzen belegt sind, sollten wir hier doch einen unangreifbaren Festpunkt haben. Aber das erweist sich als Fiktion. So variiert das Todesdatum von Vasiska, um nur den auffälligsten zu nennen, um 230 Jahre, und die Länge seiner Regierungszeit schwankt bei den einzelnen Autoren zwischen 4 und 32 Jahren. Damit ist das Vertrauen in die Zeitrechnung der Saken erschüttert.

Außerdem tritt ein neues Problem auf. Indem man Kanischka um drei Jahrhunderte vorverlegte, also einen ähnlichen Sprung wie bei der Vikrama-Ära postulierte, wurde die Lücke zu der nachfolgenden Gupta-Dynastie enorm groß. Diese Lücke wurde in jüngster Zeit nun mit weiteren Kuschankönigen aufgefüllt. Man schuf zunächst einen Kanischka II.

und Kanischka III. (Göbl, 1984; Narain), sodann verdoppelte man Kanischkas Vorgänger Vima Kadphises und verdreifachte Vasudeva; auch Huviska wurde zweigeteilt. Da genügend Statuen und Münzen vorhanden sind, ordnete man sie nach stilistischen Unterschieden – die jedoch allesamt unmerklich sind (so selbst Göbl, 1984 a) – den erschlossenen Kuschankönigen zu.
Man ist also keineswegs bemüht, eine Zeitlücke zu erkennen – das heißt: ehrgeizig zuviel geschriebene Jahrhunderte auszumerzen –, sondern füllt die aufgerissene Lücke mit Phantomgebilden auf. Das erinnert sehr an die verzerrten Pharaonenlisten (auf die zuerst Velikovsky aufmerksam machte), nur mit dem bedeutenden Unterschied, daß diese Form der Geschichtsschöpfung wider besseres Wissen für den Bereich Indien gerade erst in unserer Forschergeneration abläuft. (Siehe dazu das Schema unten.)

Liste der Kuschan-Herrscher

	Eggermont u. a.	Narain [1957, 68]	Plaeschke [1988]	Göbl [1984]
Kujula Kadphises	25	30– 80	122–	–
Vima Kadphises	35	80–120	170–199	166–230
Kanischka I.	78–106	103–125	201–223	232–260
Vasiska	106–138	126–130	322–328	350–360
Huviska (I. + II.)	138–170	130–162	228–260	260–292
Vasudeva I.	142–176	166–200	264–298	292–312
Vasudeva II.	–	230–262	–	312–332
Kanischka II.	151	143	300–317	332–350
Kanischka III.	–	200–230	328?–	–
Vasudeva III.	–	–	–	360–
weitere Herrscher: keine Daten mehr				

Abb. 11: Die Regierungszeiten der Kuschankönige Indiens, wie sie von vier verschiedenen Historikern angegeben werden.

Vielleicht kann man noch einmal eine Parallele zwischen indischer und europäischer Geschichtsschreibung finden, wenn man das Ende der Gupta-Dynastie, die auf die Kuschan folgte, betrachtet. Mitte des 5. Jahrhunderts stürmten aus den Steppen jenseits des Oxus wilde Reiterstämme heran, von den

Schema der »gestreckten« Kuschankönige

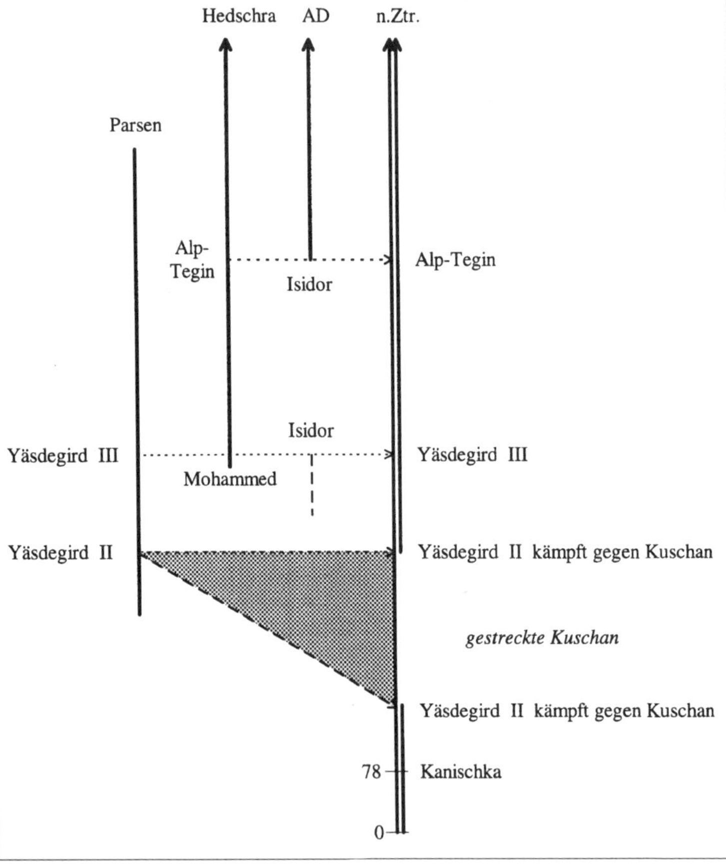

Abb. 12: Schematische Darstellung zur chronologischen Dehnung der indischen Kuschankönige durch heutige Historiker.

Indern Huna genannt, bei uns als Hephthaliden (türkisch Haytal) bekannt. Skandagupta (455–467) war der letzte König, der noch Widerstand leistete, als der Hunne Toramana und sein Sohn Mihirakula (ein echter Drakula), beide von abstoßender Grausamkeit, Nordindien eroberten. Diese Hunnen traten später zum Schivaismus über und regierten ihr Reich von Kaschmir aus. Der Vergleich mit den Hunnen Attilas scheint mir berechtigt.
Nun heißt es allerdings, daß diese Kaste bis zur türkischen Eroberung – also Anfang des 11. Jahrhunderts – an der Macht blieb. Eine 550 Jahre währende Hunnen-Herrschaft ist höchst unwahrscheinlich, 250 Jahre würden eher ins Bild jener Zeit passen. Wir müssen 300 Jahre ausfallen lassen, um dem geschichtlichen Vorgang gerecht zu werden. Die Türkenstürme, die in Randregionen des großen asiatischen Steppenraumes im 7. Jahrhundert vermerkt wurden, entsprechen denen in anderen Gebieten im 10. Jahrhundert und sollten künftig als zeitgleich angesehen werden.

Der Streit der Parsen in Indien

Ein friedliches Volk zerfleischt sich in blutigen Kämpfen, weil die Zeitrechnung durcheinander geraten ist.

Die Anhänger Zarathustras im Iran haben, wie man sich denken kann, nicht in geschlossener Gemeinschaft den Islam übernommen, sondern sich heftig gewehrt und nach der Niederlage in Scharen die Flucht ergriffen, wie ihre eigenen Chroniken berichten. Zwar haben in abgelegenen Gebieten wie Yäsd und Kermanschah einige Gemeinden bis heute (? – zumindest bis 1961, als ich dort war) überlebt, aber insgesamt war die Bekehrung oder Vertreibung doch erfolgreich. Die Parsen von Bombay sind die größte Exilgemeinde der vertriebenen Zoroastrier, und ihre Überlieferungen können weiteres Licht auf die damaligen Vorgänge werfen.

Diese Chroniken oder Epen wie das »Kissa-i-Sendschan«, sind erst nach 1600 verfaßt, beruhen aber auf älterer mündlicher Tradition. Demnach seien die Parsen nach der Niederlage des letzten Sassanidenkönigs Yäsdegird III. ins Bergland geflohen (nach »Kohistan«), wo sie hundert Jahre ausharrten. Danach wanderten sie nach Süden und erreichten übers Meer die Gegend von Bombay in Indien. Andere Chroniken bringen genauere Ortsangaben und Jahreszahlen: Zwischen 682 und 697 floh eine große Gruppe nach Hormusd am Indischen Ozean und weiter übers Meer nach Gudschrat (Rypka, 1959, S. 128).

Nach ihren eigenen Berichten hatten sie in Hormusd rund 15 Jahre abgewartet, ob sich die Lage im Heimatland wieder normalisieren würde. Erst als man alle Hoffnung fahren ließ, habe man sich nach Indien eingeschifft. Zuerst liefen die Flüchtlinge den Hafen Diu an, wo sie 19 Jahre blieben, bis sie der König von Gudschrat aufnahm und ihnen nach fünfjähriger Probezeit erlaubte, einen Feuertempel zu errichten, so daß sie ihr religiöses Leben fortsetzen konnten.

Wir rechnen nun: 651 (Tod von Yäsdegird) plus 15 Jahre in Hormusd plus 19 Jahre in Diu plus 5 Jahre in Gudschrat ergibt das Jahr 690 für den Wiederbeginn der Gemeinden in Indien.

Dieses Datum fällt etwa mit dem von Rypka genannten Zeitraum zusammen.

Glatte 300 Jahre danach, steht weiter in den Annalen der Parsen, mußten sie sich gegen einen islamischen Angriff verteidigen, wobei sie dem Hindukönig nach Kräften halfen. Der Angreifer hieß (laut französischer »Grande Encyclopédie«, Bd. 25) Asaf Chan und war ein General von Mahmud von Gasna, was etwa um 1003 anzusetzen wäre. Der Hindukönig und seine parsischen Alliierten wurden geschlagen, worauf sich die Parsen ins Gebirge zurückzogen. Sie konnten aber bald wieder

ihre Wohnsitze einnehmen, denn der islamische Angriff war nicht von Dauer. Das paßt auf Mahmuds Indienzug, der nur im Pandschab von bleibender Wirkung war.
Der Sprung über drei Jahrhunderte, in denen weder Priester noch Könige genannt werden, macht allerdings stutzig bei diesem so geschichtsbewußten Volk. In ihren Berichten ist dieser Zeitraum leer geblieben. Wenn aber Mahmud tatsächlich im Abstand einer Generation auf Yäsdegird III. folgte, wie oben schon nahegelegt, dann ist der Sprung erklärlich.
Das Problem der Datierung der Parsenflucht taucht in allen heutigen Nachschlagewerken auf. Einerseits rücken in den lapidaren Zusammenfassungen der Lexika die islamischen Heere im 7. Jahrhundert gegen die Feueranbeter vor. Andererseits erfolgt die Massenflucht der Parsen erst im 10. Jahrhundert (wie z. B. im Brockhaus, 1972). Das kommt wohl daher, daß man im ersten Satz islamische, im zweiten parsische Quellen zugrunde legt. Hier ist die *Verschiebung der beiden Zeitskalen* gegeneinander offensichtlich.
Den Parsen ist diese Diskrepanz natürlich selbst zuerst aufgefallen. Da sie im 18. Jahrhundert unter dem politischen Schutz der Engländer als »europide Rasse« in Indien bald zu Ansehen und Einfluß gelangten, knüpften sie selbstbewußt Kontakte mit den im Iran verbliebenen Glaubensgenossen, die trotz jahrhundertelanger grausamer Unterdrückung noch überlebten, und baten um Priester zur Unterweisung in der rechten Lehre. Zweimal, so wird berichtet, in den Jahren 1721 und 1736, kamen Mobeds aus dem Iran nach Indien. Dabei trat etwas Unerwartetes zutage: Die Zeitrechnung der beiden Gruppen, der iranischen und der indischen Zoroastrier, stimmte nicht mehr überein. Die Feste fielen auf verschiedene Tage. Angeblich habe der Unterschied einen Monat betragen, aber was damit tatsächlich ausgesagt wird, ist unklar. (Zum Vergleich: Der Unterschied zwischen Julianischem und Gregorianischem Kalender beträgt zur Zeit zwei Wochen.)

Der Streit war grundsätzlicher Art und unüberbrückbar. Die indischen Parsen hätten nämlich alle Daten der früheren Zeit von den Sassanidenkönigen an, deren Ära man wohl sorgfältig weitergeführt hatte, völlig neu schreiben müssen. Es bildeten sich nun zwei Gruppen unter den indischen Parsen, die Schahinschahis (»Königlichen«) und die Kadimis (»Altgläubigen«). Die einen übernahmen die neue Kalenderform von den Sendboten aus dem Iran, die anderen beharrten auf ihrer alten Datierungsweise, die sie selbst nach Indien mitgebracht hatten. Jahrzehntelang tobten blutige Kämpfe zwischen beiden Parteien, bis man 1783 in der Stadt Broach einen Kompromiß schloß, der das Thema schlicht unter den Tisch fegte. Seitdem bestehen beide »Sekten« nebeneinander. Mischehen kommen kaum vor, aber Kämpfe auch nicht mehr.

Die Encyclopedia Britannica (1911) sagt unter dem Stichwort »Parses« über die beiden Sekten: »Sie unterscheiden sich in keinem einzigen Glaubenspunkt; der Disput beschränkt sich auf den Streit um das korrekte chronologische Datum für die Berechnung der Ära Yäsdegirds, des letzten Königs der Sassaniden-Dynastie.«

Leider konnte ich nirgendwo einen Hinweis auf den strittigen Zeitraum finden, der die beiden Kalenderansätze trennt. Aus den Chroniken geht nur hervor, daß die Diskrepanz für die Festtage einen Monat beträgt. Daraus sind keine Schlüsse zu ziehen. Selbst wenn die Parsen für ihre Wahrheitsliebe und ihre Traditionstreue genügend Beweise geliefert haben, würde uns ihr Chronologiestreit nicht als Hauptargument dienen können. Auffällig bleibt, daß ein so friedfertiges Volk um dieses Problem fast zwei Generationen lang Blut vergossen hat. Es muß hier um etwas Grundsätzliches gehen, das alle Vernunft übersteigt: um die Identität, die durch geglaubte Geschichte begründet wird.

Die Randgebiete Japan und Tibet als Beispiele

Überraschenderweise fällt auch in Ostasien das Ergebnis der Prüfung in unserem Sinne aus. Die Wirksamkeit der europäischen Missionare ist unübersehbar.

Ein kurzer Sprung übers Meer nach *Japan* brachte ebenfalls eine charakteristische Unstimmigkeit in der Jahreszählung. Es gibt dort eine »traditionelle« Geschichtsschreibung, die sich auf eigene Überlieferungen stützt, und eine »moderne«, die an unserer Zeitrechnung geeicht wurde. Die traditionelle beginnt 660 v. Chr., wenn man die Lebensdaten der Herrscher zusammenzählt. Man schreibt in Japan also jetzt das Jahr 2657. Die westliche Zählung setzt für Japan im Jahr 230 n. Chr. mit dem Tod von König Kaika ein, der *japanisch traditionell* im Jahr 98 v. Chr., also 328 Jahre eher liegen würde. Da die Regierungs- oder Lebensdaten der folgenden Herrscher in den beiden Systemen ebenfalls unterschiedlich sind, aber im japanischen System immer kürzer werden, nähern sich die beiden Ketten stetig einander an und kommen beim Jahr 531 bzw. 534 n. Chr. zusammen (nach Golzio, 1983). Man nennt auch das Jahr 532, und das ist schwer verdächtig, denn es ist das Ende des ersten Osterzyklus des katholischen Mönches Dionysius Exiguus, dem unsere heutige Jahreszählung angelastet wird. Die Gleichsetzung könnte durch christliche Missionare festgelegt sein und ist damit für unsere Forschung wertlos.
So hat sich auch die zunächst verläßlich aussehende Aufzählung der japanischen Könige, die seit der ersten Chronik von 711 n. Chr. schriftlich durchgeführt wird, als unbrauchbar für unsere Nachforschung erwiesen. Und wenn die Japaner auch seit 711 (oder nach Ginzel, Bd. II, S. 482: seit 701, bei Yachita, 601) durchgehend bis 1872 nach Sonnenjahren gerechnet haben, wissen wir doch nicht, mit welchem Jahr dieses Jahr 711 auf unserem Zeitstrahl zusammenfällt.

In *Korea* beginnt erst mit dem Aufstieg der Koryo-Dynastie ein geschichtlich faßbarer Zustand. Dieser Beginn wird unserem Jahr 918 gleichgesetzt. Hier haben wir also keine Chance, davorliegende Zeit zum Vergleich heranzuziehen.
Über *Indonesien* hat kürzlich ein Zeitrekonstrukteur eine positive Entdeckung gemacht (Rade, 1998).

Und wie steht es mit *Tibet*? Man darf erwarten, daß ein Volk, das über gut ein Jahrtausend von einer schriftbegeisterten und traditionsbewußten Priesterschaft geführt wurde und noch dazu meist von fremden Einflüssen abgeschirmt war, einen konkreten Hinweis für unsere Suche bereithält.
Legendär ist der Anfang des Hochgebirgsreiches: Die Yarlung-Dynastie sei durch einen Inder aus dem Geschlecht der Sakya – also demselben, dem Buddha entstammte – um 50 v. Chr. gegründet worden und habe bis zum Anfang des 7. Jahrhunderts die Geschicke des Landes gelenkt. Dann habe Namri-Srongtsan (bei einigen Autoren 607, bei anderen gegen 620) als Eroberer und Reichseiniger den ersten großen buddhistischen Staat des Hochlands gegründet. Sein Nachfolger Srongtsan Gampo (629–698) machte Lhasa zur Hauptstadt und führte die aus Indien erhaltene Schrift ein. Die Blütezeit dieses Reiches, das im Norden bis zur Mongolei, im Westen bis Baktrien reichte, erfolgte unter Kri Srongtsan (744–786). Ein weiterer berühmter Herrscher, Ralpa Tschan (806–842) veranlaßte eine Sammlung buddhistischer Schriften. Seitdem hat sich die tibetische Hochsprache prinzipiell nicht mehr verändert. Doch beim Tode dieses Königs begann ein »dunkles Zeitalter« (Golzio, 1984, S. 43). Der dämonische König Langdarma rottete den Buddhismus aus und setzte Bönpriester als Wahrer der Staatsreligion ein.
Genau 200 Jahre später gelang es dem indischen Missionar Atischa, den Buddhismus in Tibet wieder heimisch zu machen, indem er die verlorenen Texte neu übersetzte (J. Finegan, 1989).

Auf eine mehr als 200jährige Hochkulturzeit mit buddhistischen Texten folgte also eine glatt 200jährige »Dunkelzeit« und dann eine Renaissance mit erneuter buddhistischer Bekehrung. Dennoch sind die Texte der vorherigen Zeit bis heute lesbar. Kann man solchen Chroniken glauben? Oder verbirgt sich da vielleicht wieder die an so vielen Orten entdeckte Lücke? Im 11. Jahrhundert beginnt jedenfalls die »echte« historisch erfaßte Zeit, etwas später als in Europa, möchte man fast sagen (Foto 7).

Die im Jahr 1026 in Indien eingeführte neue Zeitrechnung Brihaspati (Ginzel, II, 406: = Kaliyuga 4128) ist auch in Tibet ab 1100 erwähnt worden, kombiniert mit dem chinesischen 60er Rhythmus, den Prabhava-Zyklen. Aber wieder handelt es sich um eine Rückerrechnung der Epoche, denn vor dem 13. Jahrhundert kam diese Zählweise nicht in Gebrauch (Dieter Schuh, 1973, S. 143).

Gleichzeitig benützte man in Tibet eine andere Zeitrechnung, Baidurya Karpo genannt, deren Gesamtzyklus 1063 Jahre beträgt. Er vollendete sich im Jahre 1686 zum ersten Mal, woraus sich errechnen läßt, daß sein Anfang in dasselbe Jahr fällt wie der der Hedschra, nämlich 622 n. Chr. (Ginzel, II, S. 408). Möglicherweise bot die oben erwähnte Gründung des ersten buddhistischen Staates in Tibet durch Namri-Srongtsan Anlaß zum Beginn der Zeitrechnung Baidurya Karpo. Es mutet wie purer Zufall an, daß die Tibeter ihre Ära im selben Jahr wie die Moslems begonnen haben, aber vielleicht ist auch hier wieder fremde Gleichsetzung am Werke gewesen, die uns den Durchblick verwehrt. Ein Zyklus von 1063 Jahren ist nämlich der doppelte Osterzyklus der katholischen Kirche, aufgebaut auf den metonischen Mondrhythmus von 19 Jahren und den Wochenrhythmus von sieben Tagen, was bei zwei Durchgängen (19 mal 28 mal 2 =) 1064, genauer 1063 Jahre ergibt. Wir wissen aber nichts von einer tibetischen Wochenrechnung, darum ist der Verdacht einer christlich-

islamisch-jüdischen Beeinflussung naheliegend, und damit läßt uns die Beweisführung wieder einmal im Stich.
Daß es im großen Reich der Mitte, in China, mit der Zeitrechnung ebenso bestellt ist, muß ich in einem anderen Buch aufrollen, denn das ist ein sehr weites Thema. Man hat dort zwar lange in 60er Rhythmen die Zeit bestimmt, aber *wie viele* dieser Rhythmen einander gefolgt sind, wurde nie abgezählt. Die Übertragung auf unsere eigenen Zeitbegriffe erfolgte durch christliche Missionare und bringt uns keinen Schritt weiter.

5 Wissen wir wirklich, wie der Islam entstand?

Zweifel an der offiziellen Darstellung

Die phänomenal schnelle Ausbreitung des Islams ist durch ein verständlicheres Modell ersetzt worden. An die Stelle göttlicher Wunder treten realistische Szenarien.

Immer wieder bekomme ich die Empörung gebildeter Menschen zu spüren, wenn sie von der Behauptung einer chronologischen Lücke in unserer Jahreszählung hören: »Das kann nicht sein! Man kann sich in späteren Darstellungen um einige Jahre irren, man kann religiöse Bestrebungen vertuschen oder falsche Erbfolgedokumente herstellen lassen, aber nicht drei Jahrhunderte ins christliche Abendland hineinmogeln und so fest darin verankern, daß sie über glatt ein Jahrtausend hinweg unbemerkt bleiben.«

Ich war selbst sehr skeptisch und begründete es mit meiner Kenntnis der islamischen Geschichte, die ich mir im Laufe meiner jahrzehntelangen Reisen in den Ländern des Islams angeeignet hatte. Wer die minutiösen Techniken der Überlieferung im arabisch-persischen Raum kennt, kann nur den Kopf schütteln, wenn ihm erzählt wird, daß da irgendwo eine mehrhundertjährige Lücke klaffen soll.

Wenn die Gegenüberstellung der beiden christlichen Zeitrechnungen AD und Era den Dreihundertjahressprung möglich gemacht hat, sagte ich mir, dann müßte dasselbe zwischen der islamischen und den christlichen Zeitrechnungen ebenfalls

Abb. 13: Der Geschichtsphilosoph Ignaz Olagüe (1903–1974). (Zeichnung U. Topper nach Pressefoto.)

nachweisbar sein, erst recht, wenn die islamische Jahreszählung (*Hedschra*) schlüssig durchgeführt worden war, was allgemein als richtig gilt. Hier stände dann der zweite Pfeiler, der das Gebäude der Mittelalterkürzungsthese trägt oder einstürzen läßt.

Nur wenigen europäischen Kennern dieser Materie (Spengler, Olagüe, Lüling) konnte der Ausbruch aus der »Schriftgläubigkeit« gelingen und damit der Durchbruch zu einem neuen Verständnis, das auch chronologische Korrekturen zuläßt.

Grundlegend war Oswald Spenglers Ansatz mit seinem Jahrhundertbuch: »Der Untergang des Abendlandes« (1918–22). Er nannte das konstantinische Recht arabisch und kalifal (1979, S. 636), was weder in bezug auf Sprache noch Inhalt der Gesetzgebung Konstantins im 4. Jahrhundert zutreffen kann, aber eben doch den Sachverhalt der Gleichzeitigkeit genau beschreibt. Spengler beruft sich auf mehrere gelehrte Vorgänger bei seiner Erklärung, der Islam sei *direkt* aus der Spätantike im 4. Jahrhundert entstanden und habe im 5. Jahrhundert seine volle Kraft entfaltet. Die damit implizierte Zeitverschiebung übergeht er, weil er weiß, daß er etwas Wesentliches erkannt hat. Seine Einstellung zu Zahlen ist ohnehin weitsichtig: »Eine Zahl an sich kann es nicht geben, (...) sondern indischen, arabischen, antiken, abendländischen Zahlenbegriff, jeder von Grund auf eigen und einzig.« (S. 79.)

Der ungemein weitblickende deutsche Islamwissenschaftler Günter Lüling hat seit zwei Jahrzehnten die Akademiker mit seinen neuen Entdeckungen überrascht und dabei seinen Lehrstuhl an der Universität Erlangen verloren. 1992 hat Illig in einer Rezension von Lülings Büchern (VFG 2/1992) diese Gedanken erfolgreich auf seine These angewandt. Lüling zeigt nämlich, daß die Kette der Überlieferung aus unterschiedlich gutem Material geschmiedet ist, jedenfalls nachträglich geschmiedet, mit tagespolitischen Absichten und trügerischem Glück.

Genaugenommen – sagt Lüling – gehört der Islam als judenchristliche Erscheinung zur Kirchengeschichte, aber obgleich er von zahlreichen Theologen jüdischer wie christlicher Ausbildung in den letzten beiden Jahrhunderten mit großem Fleiß studiert wurde, hat man doch versäumt, seinen ideengeschichtlichen Standpunkt richtig zu orten. Dieser liegt nämlich vor allem hinsichtlich seiner Engelchristologie nicht allzu fern der arianischen Ketzerei. Damit kommt er drei Jahrhunderte zu spät, fügen die Zeitrekonstrukteure Angelika Müller und Manfred Zeller an. Was sich angeblich in »unserem« 7. Jahrhundert abspielte, müßte im 4. Jahrhundert passiert sein.

Hinzukommt: Die phänomenal schnelle Ausbreitung der islamischen Religion ist erklärungsbedürftig, denn sie widerspricht den Fakten, die wir gemeinhin von der arabischen Halbinsel und den Machtstrukturen ihrer Nachbarreiche kennen. Wenn die neue Idee nicht auf vorbereiteten Boden fiel, das heißt: Wenn die Bekehrung nicht im Sinne einer inneren Mission oder Reformation ablief, sondern als Eroberungszug, der in Windeseile das seinerzeit größte Reich der Welt entstehen ließ, dann versagen sämtliche Erklärungsmechanismen. Eine Vorbereitungsphase von rund 150 Jahren hält Lüling für die Grundvoraussetzung.

Der unsterbliche Arian

Vom Arianismus wissen wir nur durch die Kirche, und das in verzerrter Weise. Dennoch blickt ein neues Bild heraus: Der Arianismus ist nicht vergessen.

Als fremder Beobachter eines orthodoxen Gottesdienstes fiel mir ein seltsames und völlig anachronistisch anmutendes Detail auf: Der Priester verflucht feierlich dreimal hintereinander den Ketzer Arian, und die Gemeinde stimmt ihm gesenkten Hauptes zu. Mit diesem *Anathema*, wie es in der Kirche genannt wird, werden alle zur Hölle verurteilt, die wie Arian glauben, daß Jesus nicht völlig Gott gleich, sondern ihm in mancher Hinsicht untergeordnet sei, also eher ein göttlicher Mensch als ein menschgewordener Gott. Nach Ansicht der Kirche hatte Arian diese Glaubenshaltung, die seit den Anfängen des Christentums existierte, ab dem Jahr 313 lautstark vertreten und die Mehrheit aller christlichen Völker auf seiner Seite gehabt. Goten und Wandalen, alle orientalischen Christen und zahlreiche Gruppen im Byzantinischen Reich bekannten sich dazu. Ein deswegen einberufenes Konzil, das berühmte Erste Öku-

menische Konzil der gesamten Christenheit, in Nizäa im Jahre 325 unter Konstantin d. Gr., verdammte Arian, heißt es, und legte die heutige christliche Glaubensform fest.
Da aber Konstantin sich nachträglich selbst auf die Seite der Arianer stellte, wurden diese wieder anerkannt, nur Arian wurde – angeblich am Abend vor seiner Wiederaufnahme in den Schoß der Kirche – ermordet. Das war im Jahre 336. Nach langen Streitigkeiten und echten Kämpfen konnte erst auf dem Konzil von Konstantinopel 381 eine weitgehende Einigung erzielt werden, durch die die Anhänger Arians als Ketzer verdammt wurden.
Im Laufe der nächsten Jahrhunderte wandelte sich das Bild zugunsten der orthodoxen Kirche, und heute gibt es keine arianische Kirche mehr. Deswegen überrascht die tägliche Verdammung des Erzketzers in allen orthodoxen Gottesdiensten einen fremden Beobachter wie mich.
Natürlich kann man annehmen, daß diese tägliche Verdammung einer unerwünschten Lehre als Vorbeugungsmaßnahme gegen eventuelle Abweichler wirken soll. Könnte sie nicht eher das Gegenteil bewirken, nämlich die ständige Erinnerung an den großen unbesiegten Feind, der ganz nahe lauert? Konnte sich die orthodoxe Kirche von diesem »Blinddarm« nicht befreien, weil die Gefahr keineswegs gebannt ist?
Wer könnte dieser mächtige Feind sein, der nicht glauben will, daß Jesus selbst Gott ist? Die Juden kommen nicht in Frage, sie ignorieren den historischen Jesus schlichtweg. Im Islam jedoch hat Jesus eine hervorragende Bedeutung; er ist der letzte Prophet vor Mohammed und wird eines Tages mit ungeheurer Machtfülle wiederkehren und das Jüngste Gericht einleiten. In dogmatischer Hinsicht ist Jesus für den Islam wichtiger als Mohammed. Die Entstehungsgeschichte des jungen Islams aus dem orientalischen Christentum – hier ist wieder Lüling als modernster Vertreter dieser Erkenntnis zu nennen – erklärt diesen Zusammenhang. Was die islamische Einstellung zur

»Göttlichkeit« Jesu betrifft – sie ist eindeutig arianisch: Jesus war ein begnadeter Mensch.
Wenn diese kirchengeschichtlichen Vorgänge tatsächlich so eng verstrickt sind, wenn zwischen Arian und der Entwicklung des Islams in Arabien ein echter Zusammenhang besteht, dann fällt eine der *größten Ungereimtheiten der frühen Kirchengeschichte* weg, nämlich die fehlende Auseinandersetzung mit dem aufstrebenden Islam. Obgleich die islamischen Heere schon bald die Grenzen des Römischen Reiches überschritten und obgleich Mohammed selbst (angeblich) drei Jahre vor seinem Tod einen Brief an den Kaiser in Byzanz mit der Aufforderung zum Übertritt zum Islam schickte, finden wir jahrhundertelang keine Streitschriften, Verdammungen oder Versuche seitens der Kirche als Antwort auf diese übermächtige Sekte. Es sei denn, die beiden genannten Konzilien von Nizäa und Konstantinopel wären als eine solche direkte Antwort auf die Gefahr zu verstehen, und alle späteren Streitschriften gegen die Arianer ebenfalls.

Ein seltsames Zusammentreffen

Was zeitlich um 300 Jahre versetzt dargestellt wurde, wird nun sinnvoll zusammengefügt.

Das Konzil von Nizäa ist zwar nur durch einige sehr späte Briefe bezeugt – Akten gibt es nicht –, aber die Hauptthemen, die man dort verhandelte, werden benannt:
1. die arianische Ketzerei, Jesus sei nicht völlig Gott gleich gewesen,
2. die Anerkennung des Bilderkultes, und
3. ein Kalenderproblem (die Festlegung des Osterdatums, beziehungsweise des Frühlingsbeginns).

Zwei dieser drei Probleme spielen die Hauptrolle in Mohammeds Lebenswerk:

1. Er verdammte jede Behauptung, daß Gott irgendeinem Wesen gleichen könne, also auch weder einen Sohn habe noch Sohn von jemandem sein könne, womit er als Arianer einzustufen ist. Dies – formelhaft in der »Sure der Einheit« (112) schon sehr früh ausgedrückt – ist wichtigster Glaubensinhalt des Islams.

2. Mohammed wandte sich mit besonderem Eifer gegen den Bilderkult, was sich ebenfalls bis heute strengstens erhalten hat und typisch arianisch ist.

3. Auch der Zusammenhang mit dem Kalenderproblem taucht auf: Mohammed mußte zehn Jahre vor seinem Tod seine Heimatstadt Mekka verlassen und bei den toleranteren Juden von Yathrib (= Medina) Zuflucht suchen. Dieses Jahr wurde als Beginn einer neuen Zeitrechnung, der *Hedschra* (latinisiert Hegira), eingesetzt. (Dieser Beginn wurde sehr viel später durch Rückrechnung ins christliche Jahr 622 gelegt.)

Die Übereinstimmung der drei Hauptpunkte ist auffällig, nun die nüchternen Zahlen:

Das Jahr 1 der Hedschra entspricht heute dem Jahr 622 AD. Wann die Gleichsetzung erfolgte, ist noch zu klären. 622 minus 297 (»Phantomjahre«) ergibt 325, das Jahr des Konzils von Nizäa. Diese beiden Ereignisse, die durchaus kausal verknüpft sein könnten, fallen auf zwei *verschiedenen* Zeitskalen, nämlich erstens der nachträglich errechneten Zählung seit der Geburt Jesu und zweitens der vielleicht schon bald nach Mohammeds Tod – der Legende nach im Jahre 17 H – eingeführten Hedschra-Zählung auf ein und dasselbe Jahr, wenn man die Illigsche These von den 297 zuviel gezählten Jahren in Anwendung bringt.

Ein Einwand, der hier besondere Berechtigung hat, lautet: Die frappierende Übereinstimmung von Grundmustern im religiösen oder politischen Bereich muß nicht unbedingt mit Zeitgleichheit erklärt werden, sie kann auch andere Gründe haben. Die Wiederholung gewisser Geisteshaltungen oder Kunststile ist ja ein typisches Geschichtsmerkmal, das wir zum Beispiel unter dem Begriff Renaissance einreihen. Auffällig wird es erst dort, wo einmalige oder individuelle Züge auftreten, die gerade durch ihr Nichthineinpassen aus dem Zeitrahmen fallen. Ich fand bald einige auffällige Punkte in diesem Sinne heraus.

Arian begann seine Bewegung im Jahr 313, und Mohammeds Auftreten als Prophet wird meist um 610 angesetzt, das sind wieder 297 Jahre Abstand. Derselbe Abstand liegt, wie gesagt, zwischen Arians Verurteilung und Mohammeds Flucht. Beim Todesdatum der beiden Gestalten, nämlich 336 für Arian und 632 für Mohammed, ist die Lücke allerdings ein Jahr kleiner. Dies würde bedeuten, daß man Arian erst beseitigen konnte, nachdem einer seiner mächtigsten, aber durchaus eigenwilligen Anhänger im »fernen« Medina gestorben war.

Auch die darauf folgenden Ereignisse, die häufigen Spaltungen der Arianer sowie das abschließende Urteil des Konzils von Konstantinopel 381, spiegeln sich in den streitenden Bewegungen des jungen Islams. Die Spaltung der Arianer wird nach den Versammlungen von 343 besonders deutlich, das entspräche Hedschra 18, der beginnenden Entfremdung von Alis Gruppe. Die Schlacht von Kerbela (59 Hedschra), die die erste Spaltung des Islams besiegelte, wäre etwa zeitgleich mit dem Konzil von Konstantinopel (381). Die Hedschra-Jahreszählung erhält damit besonderes Gewicht als Maßstab, wenn man ihn an der »richtigen« Stelle ansetzt.

Die sogenannte »Flucht« (Hedschra) des Propheten aus Mekka (622) erschien abendländischen Orientalisten wie auch islamischen Theologen wie ein Stolperstein. Sowohl aus unserer Kenntnis der damaligen Blutracheverhältnisse der arabischen Stämme, die einen geplanten Mord an Mohammed ausschließen, als auch in Hinblick auf die religiöse Toleranz der mekkanischen Christen und der persischen Oberhoheit – denn die

Perser waren die Herren Arabiens im 7. Jahrhundert – erscheint die »Flucht« in seltsamem Licht. Das Wort Hedschra wird heute besser mit Umzug oder Trennung wiedergegeben, um dieses Problem zu umgehen. Verständlich wird die »Flucht« dennoch erst, wenn wir das sich nun anbahnende neue Bild betrachten: Im 4. Jahrhundert gehörte Mekka zum Römischen Reich, und das keineswegs tolerante Byzanz hatte gerade alle Anhänger Arians verdammt. Unter diesem Gesichtspunkt wäre eine Flucht für Mohammed lebenswichtig gewesen.

Deswegen ist weder der Beginn der Offenbarungen Mohammeds noch ein entscheidender Sieg über die feindlichen Mekkaner und auch nicht die letzte triumphale Wallfahrt des Propheten als Beginn der neuen islamischen Zeitrechnung gewählt worden, sondern ein kirchengeschichtliches Ereignis, wie es sich für eine Religionsgründung ziemt: der Konzilsbeschluß, der die Flucht des Propheten aus dem christlichen Mekka und seine Aufnahme bei den Juden von Yathrib (Medina) auslöste, womit der endgültige Bruch mit der Mutterkirche besiegelt wurde. Der erste Teil dieser Aussage ist allbekannte Geschichtskenntnis, neu ist, daß der Zeitpunkt auf *unserem* Zeitstrahl anders liegen muß.

Da in Nizäa außerdem Kalenderfragen erörtert wurden und die gregorianische Kalenderreform des 16. Jahrhunderts sich auf Nizäa als Zeitbasis für den Frühlingspunkt berief (wenn auch unkorrekterweise, wie S. 37 dargestellt), erscheint mir der Zusammenhang mit der Einführung der Hedschra-Jahreszählung naheliegend.

Können wir nun die Hedschra einfach als gesicherte Basis für eine Neuordnung der Jahreszahlen nehmen? Leider nicht, denn wir müssen bei jedem Datum neu fragen: Wer hat es überliefert? An welchem Zeitstrahl wurde es festgemacht? In welchen geschichtlichen Rahmen gehört es?

Das erste Weltkonzil

Die Rekonstruktion des wichtigsten Konzils der frühen Kirche ergibt einen Einblick in die Vorgänge jener Zeit.

Da nun dieser Zeitpunkt, das Jahr 325 AD rückerrechnet, oder 1 der Hedschra, eine so wichtige Rolle spielt, lohnt es sich, einen näheren Blick auf die Geschehnisse von Nizäa zu werfen, wie sie von der katholischen Kirche dargestellt werden.
Auf einer Großen Synode im Jahre 318 wurde der Priester Arian aus Alexandria in Ägypten, der den monotheistischen Gedanken mit allzu großer Strenge vertrat, aus der Kirche ausgeschlossen. Angeblich war er sehr redebegabt, aber es könnte auch andere Gründe gehabt haben, daß sein Einfluß vor allem in Europa ständig wuchs. Es scheint, daß den »germanischen« Völkern Jesus als göttlicher Held annehmbarer war, als die von der orientalischen Kirche dargestellte Version eines auf Erden leidenden Gottes. Die »Irrlehre« Arians gipfelte in der Feststellung, Jesus habe einen Anfang in der Zeit gehabt und nicht schon ewig bestanden wie Gott.
Um nun der gerade aus der Verfolgung zu öffentlicher Achtung aufgestiegenen Kirche ein einheitliches Gesicht zu verschaffen, ließ Kaiser Konstantin, der als *Pontifex Maximus* oberster Herr aller Religionen seines Reiches war, (325) in seinem Sommerpalast bei Byzanz, in Nizäa, »alle« christlichen Bischöfe der Welt (daher »ökumenisch«) zusammenkommen. »Die gewöhnlich angegebene Teilnehmerzahl 318 ist eine biblische Reminiszenz an die 318 Knechte Abrahams (Genesis, 14, 14); in Wirklichkeit waren es schwerlich viel mehr als die 220, deren Namen wir kennen; der ›Vater der Kirchengeschichte‹, Eusebius von Cäsarea, spricht von über 250«, schreibt der katholische Kirchenhistoriker Jedin (1959, S. 16) und fügt aus der gleichen Quelle hinzu, daß die Bischöfe aus allen Gegenden des Römischen Reiches kamen, dem gesamten Orient, Arabien, Persien, dem

Skythenland und Nordafrika. Allerdings: »Aus dem Westen kamen nur fünf Bischöfe«, darunter Hosius aus Córdoba (ebenda, S. 17).
Möglicherweise konnten diese fünf Teilnehmer kein Griechisch, die übrigen (mehr als 200) benützten Griechisch als Kirchensprache, ebenso wie der Kaiser. Dennoch hielt dieser die Begrüßungsansprache in *Latein*. »Ansonsten mischte er sich nicht in die Verhandlungen ein und überließ den Vorsitzern des Konzils das Wort« (laut Eusebius). »Wer diese waren, ist nicht sicher, weil wir von diesem und auch dem folgenden Konzil (381 in Konstantinopel) keinerlei Protokolle besitzen.« (Jedin, S. 17.)
Auf diesem Konzil war auch kein Papst anwesend. Es heißt nur, der Bischof – hier denkt man rückblickend an Papst Silvester – konnte von der »Kaiserstadt« – man denkt an Rom – wegen seines vorgeschrittenen Alters nicht kommen. Wichtigste Person auf dem Konzil ist der Bischof von Alexandria, Athanasius, der wegen seiner Stellungnahme gegen Arian im Jahre 335 nach Trier verbannt wurde. Das Konzil hatte nämlich keine Einigkeit stiften können und der Erdkreis war, wie Hieronymus sich ausdrückte, arianisch geworden.
Tatsächlich wurde das Konzil zum »Ausgangspunkt heftiger Glaubenskämpfe, die ein halbes Jahrhundert erfüllen.« (Jedin, 19.)
Auch beim zweiten ökumenischen Konzil, 381 in der Hauptstadt des Römischen Reiches, in Konstantinopel, war kein Papst anwesend. Es »umfaßte nur die Bischöfe des Ostens und blieb schon deshalb an Zahl der Teilnehmer (rund 150) hinter dem nicaenischen zurück. Papst Damasus war weder selbst anwesend noch vertreten; (...) Über die Verhandlungen wissen wir noch weniger als über die nicaenischen.« (Jedin, S. 21.)
Auf diesem Konzil wurde der Heilige Geist als dritter Teil der christlichen Gottheit rechtskräftig anerkannt und das dort beschlossene Glaubensbekenntnis – auch ohne die Zustimmung

der europäischen Bischöfe – zur allgemeingültigen Formel der Christenheit. Mohammed hatte übrigens noch die *vor* diesem Konzil übliche Vorstellung von der Dreiheit des Christengottes bekämpft: Gott, Maria und Jesus. Hätte er nach diesem Konzil oder gar Jahrhunderte später gelebt, wäre ihm dieser »Schnitzer«, wie streitbare christliche Theologen es nennen, nicht unterlaufen.

Hinsichtlich dieser Darstellung der Konzilien regt sich mancher Widerspruch. Wenn der große Historiker Eusebius, in dessen Lebenszeit das Konzil von Nizäa stattfand, nicht einmal die ungefähre Anzahl der Bischöfe auf dem Konzil kennt, wie gut sind dann seine weiteren Nachrichten? Müßte die Amtssprache auf dem Konzil, das praktisch nur von asiatischen und nordafrikanischen Bischöfen beschickt wurde, nicht Griechisch gewesen sein, wie die Heilige Schrift und sämtliche damaligen theologischen Abhandlungen?

Man kann auch Zweifel an den Jahreszahlen selbst wecken, denn wenn die Anzahl der Bischöfe, 318, nur als Zahlenanspielung auf eine Bibelstelle zu erklären ist, dann vielleicht auch das »Jahr« 318, in dem die erste Große Synode mit der Verurteilung des Arian stattgefunden haben soll. Und mußte er wirklich zweimal aus der Kirche ausgestoßen werden? Fatalerweise beträgt der Abstand zwischen den beiden Synoden gerade sieben Jahre. Ob die erste Synode die zuerst datierte war, die zweite dann die nach der Verschiebung des Geburtsjahres Jesu um sieben Jahre errechnete selbe Synode?

Und was bedeuten die 56 Jahre andauernden Kämpfe um die Glaubensform?

Betrachten wir, was sich im – um 297 Jahre versetzten – vermutlich gleichen Zeitraum ebenfalls in Westasien ereignete:

Nachrichten vom Siegeszug des Islams

Nicht militärische Ausbreitung einer fremden Religion, sondern friedliche Sonderform frühchristlicher Mission war der Islam in seinen Anfängen.

Von dem geradezu märchenhaft klingenden Siegeszug des Islams in der ersten Hälfte des 7. Jahrhunderts haben die byzantinischen Schriftsteller seltsamerweise überhaupt keine Kenntnis gehabt, obgleich er sich ja vor ihrer eigenen Haustür abspielte. Es gibt nur einen einzigen äußerst knappen Hinweis (siehe Lüling 1981, 197f.) auf eine dem frühesten Islam *ähnliche Sekte*, ohne daß dabei Kennwörter wie Sarazenen, Mohammed oder Islam auftauchen würden. Er findet sich im 101. bis 103. Kapitel der Anti-Ketzerschrift des Johannes von Damaskus (etwa 675 bis 749, also ein Jahrhundert nach der bisher geglaubten Ausbreitung des Islams im gesamten Orient und Nordafrika bis Westeuropa). Wegen der Vieldeutigkeit des Textes ist dieser Hinweis allerdings auch auf andere christliche Ketzer bezogen worden.

Eine mögliche zweite Erwähnung des Islams, die Lüling in diesem Zusammenhang nennt, eine anonyme Streitschrift von Jerusalem, auf 800 datiert, scheint mir vom Inhalt her eher typisch für die Polemik der Kreuzfahrerzeit zu sein. Es wäre auch lächerlich, wenn in Jerusalem mehr als 150 Jahre nach der Islamisierung erstmals eine theologische Antwort christlicherseits darauf erfolgt wäre, denn Christen durften dort allezeit ihren Glauben ausüben.

Ähnlich mehrdeutig wie der kurze Absatz des Johannes von Damaskus ist auch der einzige Satz, den Isidor von Sevilla zum Thema bringt: Ketzer sind »die sogenannten Arabischen, die in Arabien entstanden sind und die sagen, daß die Seele mit dem Körper stirbt sowie am Jüngsten (Tage) wiederum aufersteht.« Das paßt auf eine ganze Reihe von christlichen und jüdischen Sekten, die ja im spätantiken Arabien zahlreich aufblühten.

Der Islam war demnach den Europäern zu jener Zeit noch unbekannt. Das hat Olagüe (1969) für Spanien festgestellt, und für das christliche Mitteleuropa gilt dasselbe: Vor den Kreuzzügen war den Franken nicht bewußt geworden, was sich da im Heiligen Lande abgespielt hat, so als wären diese Vorgänge recht neu gewesen. Man könnte sogar versucht sein zu denken, die Kreuzzüge wären durch eine gerade erst erfolgte Bekehrung im Orient ausgelöst worden. Jedenfalls sind die ersten Schriftsteller, die über den Islam in Europa berichten, jüdische Gelehrte wie der (getaufte) spanische Arzt Pedro Alfonso (1106).
Aber auch die islamischen Theologen setzen sich in den ersten Jahrhunderten keineswegs mit dem Christentum auseinander, sondern wenden sich gegen Manichäer, Mazdäer und Zoroastrier. Vermutlich ist auch die christliche Religion unsererseits erst nachträglich als so überragende Gewalt dargestellt worden, wie wir sie heute zu kennen glauben. Nestorianer und Johannes-Christen wurden wohl als Ketzer oder Heiden bezeichnet. Dieses gegenseitige Nicht-zur-Kenntnis-Nehmen beruht meines Erachtens weniger auf der großen geographischen Entfernung – immerhin hatte man rege Handelsbeziehungen miteinander –, sondern auf einer bis vor kurzem noch nicht erkannten zeitlichen Verschiebung.

Gleichsetzung zweier Zeitskalen

Eine schwache Erinnerung an die Entstehung des Islams beschert uns den Fixpunkt für unsere Zeitrechnung.

Wer hat nun eigentlich diesen Neuanfang der Hedschra-Zählung, die besser zu »325« paßt, auf das Jahr 622 gesetzt? Wenn ein Einschnitt im byzantinischen Bereich auffällig ist, dann müßte es das Jahr 614 sein, in dem Jerusalem mit dem »Heili-

gen Kreuz« an die Perser verlorenging. Dieses galt als das »schrecklichste Ereignis, das der mittelalterlichen Christenheit zustoßen konnte« (Illig, 1992, 4–5, S. 135). Damals ging eine (Glaubens-)Welt unter, und die Christenfeinde des Orients werden von nun an bis zur Kreuzzugszeit »Perser« genannt. In Illigs These ist 614 das letzte echte Jahr der AD-Zählung bis 911.
Der Abstand von acht Jahren zwischen 614 und dem heute offiziellen Beginn der Hedschra (622) gibt wieder ein kleines Rätsel auf. Die Lösung stelle ich mir so vor:

1. Angeregt durch die islamische Hedschra-Jahreszählung wurde durch die Wandalen in Nordafrika und Süditalien, bald darauf auch im westeuropäischen Gotenreich, eine ähnliche Jahreszählung aufgestellt, deren Anfang rückerrechnet auf Cäsars Kalenderreform gelegt wurde: die Era. Man berechnete nun, daß das Hedschra-Jahr 1 dem Era-Jahr 369 entspreche, und legte fest, daß das Konzil von Nizäa gleichzeitig mit dem Ereignis der Hedschra stattgefunden habe. Dieses Konzil bekam zum Zweck der Abgrenzung gegen den Islam eigene Konturen (nizänisches Glaubensbekenntnis).

2. Die Bindung des Hedschra-Beginns an das Konzil von Nizäa war der Kirche später peinlich, darum legte sie diesen Zeitpunkt neu fest. Man wählte nach der Offenbarung des Johannes die »apokalyptische« Schreckenszahl 666 für den Hedschra-Beginn und sagte: Hedschra 1 gleich Era 666, was nun – minus 44 (Era-Beginn v. Chr., erstes und letztes Jahr zählen mit) – AD 622 entspricht.
Damit werden gegenüber der Hedschra 297 Jahre übersprungen (622 minus 325 = 297), eine zunächst unwichtige Zahl. (Allerdings fällt die Rückerrechnung von Cäsars Reform nun nicht mehr auf 45, sondern auf 38 v. Chr., wie ich vorhin schon zeigte.)

Wiederum wird die Zahlenmystik christlicher Mönche sichtbar, die bewußt das Era-Jahr 666 wählten, um das islamische Ereignis mit dem Antichrist in Verbindung zu bringen, was man ab dem 11. Jahrhundert auch in theologischer Hinsicht allgemein kundtat. Wenn nun Era 369 das wirkliche Jahr des ersten Weltkonzils der Kirche und damit das Anfangsjahr der Hedschra war, dann ergeben sich 297 Jahre als später eingeschobener Zwischenraum. Und im Bereich des Hedschra-Beginns verschieben sich die Ereignisse um acht Jahre vorwärts auf dem Zeitstrahl, das Antichristjahr 614 also auf 622.

Das magische Jahr Tausendeins

Die Erwartung des Tausendjahrreichs hat uns unsere Zeitrechnung beschert, sie hat auch den Schlüssel für die Fehler der Zählweise mitgeliefert.

Die Era könnte mit ihren schon um 500 einsetzenden Steininschriften und Manuskripten durchaus einen Beweis für die fraglichen drei Jahrhunderte liefern, wenn sie lückenlos bis zum Anschluß an die AD-Zählung durchgeführt wurde (wobei es unerheblich ist, ob der Abstand 38 oder 45 Jahre beträgt). Dieser Anschluß ist in der frühen Renaissance belegt – mit dem Abstand von 38 Jahren. Hätten Illig und Niemitz recht, dann müßte der Abstand (297 minus 38 =) 259 Jahre betragen. Hier liegt also ein weiterer Prüfstein der Mittelalterkürzungsthese vor.

Gegen den anerkannten Anschluß der Era an AD in der Renaissance gibt es – soweit ich sehe – nur zwei Möglichkeiten, die neue These zu retten: Entweder machte die Era nach (614 plus 38 =) 652 ebenfalls einen gleichlangen Sprung, *oder* der von den Autoren im 15. Jahrhundert angegebene Zeitabstand zwischen Era und AD betrug bei der Umstellung 259 Jahre, das heißt: die Renaissance-Wissenschaftler irrten sich oder sie betrogen wissentlich. Aus unzähligen Einzelheiten hat sich für mich die zweite Annahme als richtig herausgeschält.

Einen ersten Hinweis dafür fand ich schon bei den Steininschriften, die Hübner registriert hat. Da ist z.B. seine Inschrift Nr. 489: Das darin genannte Jahr Era 621 (das wäre 583 AD) kann offensichtlich nicht stimmen, sagt Hübner, denn aufgrund von schrift- und kunsthistorischen Erwägungen gehört die Inschrift ins 9. Jahrhundert (S. 117). Mit Leichtigkeit setzt sich der Kenner über drei Jahrhunderte hinweg, den *Inhalt* der in Stein gemeißelten Inschrift einfach mißachtend. Da ich dergleichen immer wieder erlebte und ausgerechnet im fraglichen Zeitraum des Mittelalters, erschien es mir nicht mehr seltsam, sondern »typisch«. Der paläographische oder architektonische Zusammenhang ist aussagekräftiger als ein eingemeißeltes Datum. Dieses Beispiel steht für viele gleichartige.

Wenn aber die Era-Daten gegenüber den AD-Jahren diesen »großen« Abstand anzeigen, dann wundert man sich auch nicht mehr, daß die Era-Inschriften im 11. Jahrhundert auslaufen – die letzten tragen Jahreszahlen, die um 1065 AD liegen –, während die Umstellung auf AD-Daten in Spanien erst im 14. Jahrhundert erfolgte. Hat man in den drei Jahrhunderten dazwischen, d.h. im Hochmittelalter, nicht datiert? Das ist undenkbar. Es kann sich nur um einen Sprung in der Zählweise handeln.

Einen ganz konkreten Hinweis, der sogar die genaue Zeitspanne der 297 Jahre enthält, haben wir im »Ewigen Evangelium« des Joachim von Fiore. Dieser Abt aus Kalabrien, der zuweilen als italienischer Nationalheiliger bezeichnet wird, lebte etwa 1130 bis 1202 und schrieb einen berühmt gewordenen Kommentar zur Offenbarung des Johannes, den der Mönch

Gerhard 1254 neu herausgab. Ein Jahr später wurde das Buch von der Kirche mit dem Bann belegt und der Mönch für 18 Jahre eingekerkert. Was die Gemüter so entflammte, war vor allem jene Weissagung, die das Jahr 1260 als den Einschnitt zwischen christlicher Zeit und Satansreich anzeigte. Im Jahre des Heils 1260 sollte das erste Tausendjahrreich vollendet sein und das neue beginnen. Die Zahl ist im Alten Testament (1. Könige 17, wo drei Jahre und sechs Monate, das sind 1260 Tage, erwähnt werden) vorgegeben und wird in der Johannes-Offenbarung fünfmal, davon zweimal wörtlich, genannt. Tatsächlich erhoben sich erstmals in diesem Jahr in Italien die Geißler, die mit ihrer öffentlichen Buße das neue »Jahrtausend« einleiteten.

Aber was hat 1260 mit tausend Jahren zu tun? Die Endzeiterwartung, die ans Jahr Tausend geknüpft ist, und die damals im Volke mit besonderer Befürchtung geglaubt wurde, hat tatsächlich ihre Nahrung aus der julianischen Era bezogen: 1260 minus 297 ergibt 963 plus 38 (Unterschied zwischen Era und AD) ergibt 1001.

Das Jahr 1260 AD ist also zugleich das erste Jahr des Neuen Reiches nach der »echten« Jahreszählung. »Dann, wenn tausend Jahre vollendet sind, wird der Satan loswerden aus seinem Gefängnis«, heißt es in der Apokalypse (20, 7). Im 1001. Jahr beginnt die neue Zeit.

Dieses Zahlenspiel wurde damals verketzert. Heute können wir daraus mehrere Schlüsse ziehen:

Die Jahre der julianischen Era waren fehlerfrei berechnet worden, während die neu begonnene Anno-Domini-Zählung einen Sprung über rund drei Jahrhunderte gemacht hatte. Dieser Sprung muß insgesamt 297 Jahre betragen haben, denn der rechnerische Abstand zwischen beiden Jahreszahlen macht 259 (plus 38) Jahre aus. Die Schnittstelle ist dermaßen genau gewählt, daß die Weltuntergangsmotivierung klar erkennbar wird.

Gestützt wird dieses Rechenspiel durch Geschichtskenntnis: Im Jahr 1000 AD gab es keine Bewegung in Europa, die den Weltuntergang heraufbeschwor, sondern im Gegenteil: Man erlebte gerade einen neuen Aufschwung. Im 13. Jahrhundert dagegen grassierte die Untergangssehnsucht wie eine Geisteskrankheit.

6 Alles fließt

Die zweisprachigen Münzen in Andalusien

Da im islamischen Andalusien keine datierten Inschriften für die ersten drei Jahrhunderte vorliegen, müssen wir uns an die Münzen halten.

»Sag Illig Bescheid«, schrieb mir mein Sohn Ullrich am 21. März 1994 aus Granada, »hier kommt er nicht durch mit seiner These! Es kann praktisch jedes Jahrzehnt von 714 bis 930 belegt werden durch arabische Münzen, und danach sowieso durchgehend bis zum Ende der Omayaden.«
I. Ullrich Topper beschäftigte sich eingehend mit dem Problem und kam im Sommer 1994 eigens nach Berlin, um in unserem »Geschichtssalon« einen Vortrag darüber zu halten (gedruckt in VFG 4/1994). Er hatte bei der Lektüre von Codera (1879) Seltsames herausgefunden:
Die frühesten islamischen Münzen in Nordafrika und Spanien tragen noch rein lateinische Aufschriften, die islamische Formeln wiedergeben, dazu Jahresangaben in römischen Ziffern, manchmal auch das Indiktionsjahr, das im Römischen Reich etwa ab 315 AD gezählt wurde. Diese Aufschriften in lateinischen Lettern lauten etwa so:

INNDMNIMSRCSLDFRTINAFRC auf der Vorderseite, und rückseitig
NNESDSNISVNSCVNULALI um das Wort SIMILIS herum.

Lese das, wer will, dachte ich, das sind keine üblichen römischen Abkürzungsformeln! »Wenn man das semitische Sprachmuster kennt, sind sie lesbar«, erklärte Ullrich; »es werden fast nur die Konsonanten geschrieben, wie im Arabischen, und die beiden Buchstabenschlangen oben lesen sich dann so:
IN Nomine DoMiNI MiSeRiCordii SoLiDus FeRiTur IN AFRiCa, das heißt: Im Namen Gottes, des Barmherzigen, ein Sold, in Afrika geprägt. Das ist fast die genaue lateinische Übersetzung entsprechender späterer Münzaufschriften in arabischer Sprache, nämlich: Bismillahi Rrahman, Duriba hada ad-Dinar fi…
Und die Buchstaben auf der Rückseite lauten ausgeschrieben: NoN ESt DeuS NISi VNuS CVi NULlus ALIus – SIMILIS, das heißt: Es gibt keinen Gott außer einem und kein anderer ist ihm gleich, das ist das islamische Glaubensbekenntnis in seiner ältesten Form (arabisch würde es lauten: La ilaha ill Allah wahdahu la scharika lahu).«
Diese nordafrikanischen Münzen tragen in der Mitte auf der Vorderseite eine Säule auf einem Podest, die sehr ähnlichen spanischen Münzen jener Zeit tragen einen achtstrahligen Stern. Die Aufschriften sind praktisch gleich, statt AFRC steht SPANI oder SPN als Prägungsstätte. Die allerersten Münzen dieser Art haben noch keine Jahreszahl, diese beginnen erst mit AN oder ANNO XCVII (97), vielleicht auch XCI (91) oder XCIII (93), was bei der schlechten Prägung nicht leicht zu erkennen ist, da ein Strich I verlorengehen kann oder zwei Striche II als V lesbar sind. Die auf einigen Münzen zusätzlich angegebenen Indiktionsjahre, also INDC XI = Indiktion 11, entsprechen leider nicht genau den vorigen Jahresangaben, *wenn man sie auf Hedschra bezieht,* was in diesem Falle das Jahr 714 bis 715 ergeben würde. Wenn das Jahrhundert falsch ist, kann die Indiktionszahl nicht stimmen. Aber die Abweichungen werden durch Fehllesung infolge des schlechten Erhaltungszustandes der Münzen erklärt.
Vom Jahr 97 an gibt es beiderseits des Mittelmeeres auch schon

zweisprachige Münzen, die im Mittelpunkt statt Säule oder Stern die arabischen Worte des heute üblichen Glaubensbekenntnisses tragen, vorne in der Mitte »Es ist kein Gott außer Gott« (La ilaha ill Allah) und rückseitig am Rand herum »Mohammed ist sein Prophet« (Muhammad Rasul ullah). Damit ist eindeutig die arabisch-islamische Eroberung oder Einwanderung oder Mission belegt. Als nächsten Schritt haben die Münzen jeweils eine Seite mit rein lateinischer, die andere mit rein arabischer Schrift. Da im Arabischen die Jahreszahl immer voll in Worten ausgeschrieben ist, kann man sich bei der Lesung etwas sicherer sein (zwischen sieben und neun ist aber wegen der fehlenden diakritischen Punkte in der kufischen Schreibweise immer noch nicht zu unterscheiden). Da steht z. B.: »Geprägt wurde dieser Dinar in Al-Andalus im Jahre acht und neunzig.« Die dazugehörige lateinische Jahreszahl bringt nur XCV, also 95, aber entweder sind die drei Striche III aus Raumgründen weggelassen (unwahrscheinlich) oder man benützte zwei Jahreszählungen nebeneinander her (für Ägypten nachgewiesen), nämlich das julianische Sonnenjahr und das arabische Mondjahr, das dann schon etwa drei Jahre vorausgeeilt war. Dies hat möglicherweise bei der endgültigen Umstellung auf islamische Jahre (zwischen 99 und 102 Hedschra) durch Überspringen der fraglichen Jahre die dreijährige Lücke verursacht (vermutet I. U. Topper, »Apuntes...«).
Es gibt sogar ein Einzelstück, das außer dem Glaubensbekenntnis in lateinischen Lettern noch folgende Buchstaben trägt: MVSEFNVSIRAMIRA, das heißt MUSE F(ilius) NUSIR AMIR A(fricae), also Musa ibn Nuseir, Fürst (von Afrika). »Das klingt fast zu schön, um echt zu sein!« war Ullrichs erster Kommentar; aber da diese Münze nie der Fälschung verdächtigt wurde, kann sie als Beweis gelten. Der Perser Musa war der erste General der Omayaden im Westen, er hatte die Eroberung Andalusiens angeordnet und teilweise persönlich durchgeführt, wenn man den Chroniken Glauben schenkt.

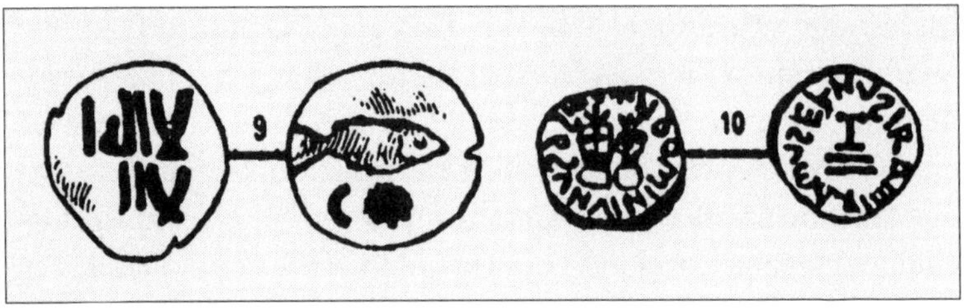

Abb. 14: Lateinische islamische Münzen aus Andalusien, um 100 Hedschra. Der lateinische Text der rechten Münze lautet übersetzt: »Mose, Sohn von Nusir, Prinz.« (Aus: Codera y Zaidin, »Tratado de Numismática«, Tafel II.)

Aus den Jahren 99 bis 101 Hedschra kennen wir, wie gesagt, keine Exemplare. Mit der Angabe 102 beginnen die rein arabisch beschrifteten Münzen. Das wäre demnach das auf 99 Hedschra (Sonnenkalender) folgende erste Mondkalenderjahr. Die Jahre sind in Worten fast ganz ausgeschrieben, außer bei den Hundertern, die aber ebenfalls eindeutige Lesungen ermöglichen. So kann man sagen, daß die nächsten beiden Jahrhunderte der Hedschra-Zählung vollständig belegt sind.
Auf den wertvolleren Dirham-Stücken, die auch erheblich größer sind, kann man sogar die gesamte Sure der Einheit (112) lesen, in 15 Wörtern (die ersten beiden fehlen, sie sind überflüssig), womit eindeutig der frühe Islam charakterisiert ist, denn diese ist eine der ersten Suren des Koran gewesen.
Im Jahr 254 (H) taucht erstmals ein Personenname auf einer Münze auf, und zwar Hüsayn ibn Asim; da man ihn nicht als Kalifen kennt, nimmt man an, er sei der für die Münzprägung zuständige Minister gewesen. Zwischen 278 und 316 gibt es keine Dirhams, aber die kleinen Münzen (Felus) fehlen nie. Ab 316 gibt es dann endlich Münzen mit dem Namen des Kalifen, »Abd er-Rahman, Fürst der Gläubigen«, und 20 islamische Jahre später, 336, tritt erstmals als Prägungsstätte nicht mehr Al-Andalus, sondern Medinat Zahra auf, jedoch nur bis 380, denn von

diesem Jahr an kehrt man wieder nach Al-Andalus zurück. Das kurze Intermezzo im »andalusischen Versailles«, der Prunkstadt Medinat Zahra bei Córdoba, die der erste Kalif des Westens für seine Geliebte Zahra bauen ließ, ist geschichtlich genügend belegt, um einen festen Anhaltspunkt für unsere Zeitrechnungsforschung zu geben. 336 Hedschra entspricht 947, wir befinden uns in »gesicherter« Chronologie. Von nun an sind die Münzen recht zahlreich und gut geordnet vorhanden.
Zweifel besteht somit nur über die AD-Festlegung des *Beginns* der arabischen Münzen in Andalusien. Nur der frühe Beginn der Hedschra im Jahr 325 AD, den ich oben gefordert hatte, könnte hier noch eine Lösung bieten. Statt im Jahre 711 wären die Moslems dann schon 414 über die Meerenge nach Andalusien gekommen. Sie wären dann nicht auf katholische Goten, sondern auf arianische Wandalen gestoßen. Diesen Gedanken hat der Katalane Ignaz Olagüe vor drei Jahrzehnten mit einer genauen Untersuchung der schriftlichen und architektonischen Quellen gefolgert. Zuerst in Französisch (1969 im Exil) geschrieben, seit 1974 auch in Spanisch, haben diese Bücher bei spanischen Intellektuellen ein Umdenken in die Wege geleitet. Die Verschiebung der Jahreszahlen hat Olagüe – sowenig wie sein verehrtes Vorbild Spengler – allerdings noch nicht erkennen können.

König Geiserich, der Eiferer

Unser Volksheld Geiserich war vielleicht Moslem, anders kann man sich seine ungewöhnliche Leistung nicht erklären.

Mit einer Zahlenverschiebung ist ja auch nichts erreicht, wir müssen echte Hinweise auf ein Zusammentreffen von Personen und Ideen vorweisen, wenn diese These sinnvoll sein soll.
Dieses Zusammentreffen wäre nun zuerst bei Geiserich zu be-

Abb. 15: Reste von »Arianismus« im katholischen Spanien: Steinaltar in der Kirche Sta. Maria de Lebeña mit vorchristlichen Motiven (11. Jahrhundert).

obachten, der ja in unserem Entwurf gerade in den Jahren kurz nach der Islamisierung Nordafrikas und Andalusiens seinen berühmten Zug in umgekehrter Richtung unternahm. Wie blauäugig dieser Wandalenzug in unserer Geschichtsschreibung dargestellt wird, möchte ich noch einmal verdeutlichen:

Wenn beim Übersetzen über die Meerenge von Gibraltar hundert Boote zur Verfügung stehen, ist das viel – man denke an den durch römischen und iberischen Raubbau fehlenden Wald für den Bootsbau! Und wenn auf jedem Boot fünfzig Menschen mit ihrer Habe, den Karren und dem Vieh Platz haben, ist das schon *sehr* viel. Dann dauert der Vorgang des Übersetzens von 80 000 Menschen, selbst wenn nur ganz wenige Tage mal Sturm auftritt (an dieser Meerenge allerdings ein häufiger Ärger), immer noch einen halben Monat. Damit fällt die Über-

fahrt der Wandalen ins Wasser. Aber selbst wenn es weniger Leute waren und man auf der anderen Seite von Glaubensbrüdern herzlich empfangen wurde – was bei den Rifberbern eher unwahrscheinlich war –, dann hat man bis Karthago immer noch einen Landweg von einigen tausend Kilometern vor sich, entlang einer zerklüfteten gebirgigen Küste. Über diese Heldentat schweigen die Historiker meist schamhaft. Vielleicht spielen bei derartigen »Geschichten« die biblische Überlieferung von den 40 Wüstenjahren der Kinder Israel oder noch ältere Sagenmotive eine prägende Rolle.
Wenn aber diese Eroberung Nordafrikas – genau wie die Andalusiens – eine von Wandalen und Berbern und Perser-Arabern gemeinsam gegen Byzanz gerichtete Sache war (was die zweisprachigen Münzen nahelegen), erhellen sich manche Unklarheiten. Dann würde auch die arianische Geisteshaltung dieser frühen islamischen Bewegung und die streng religiöse Triebfeder der Wandalenführung, besonders Geiserichs neue Gesetzgebung, plausibel werden.
Ich könnte sogar Isidors Sätze dazu anführen, denn so ungenau er auch mit Jahreszahlen hantiert und so einfältig einige seiner Anekdoten sind, verbergen sich zwischen den Zeilen doch grundsätzlich gewisse historische Züge. In Kap. 74 steht: Geiserich »wurde aus einem katholischen Christen ein Abtrünniger und soll sich als erster zu der arianischen Irrlehre bekannt haben.« Das kann keineswegs stimmen, denn diese osteuropäischen Völkerschaften waren seit der Zeit, da sie eine Art Christentum bei sich duldeten, Arianer. Wenn Geiserich vom Christentum abtrünnig wurde und eine Irrlehre annahm, kann es nur die des Islams gewesen sein, der dem Arianismus noch sehr nahestand und vielleicht als Charedschitisch einzuordnen wäre. Nach Isidor sei das im Jahr 428 n. Chr. geschehen, nach unserer neuen Rechnung entsprechend im Jahr 106 Hedschra (325 AD = 1 H, plus 103 Sonnenjahre = 106 Hedschra-Jahre ergibt 428), also kurz nach Einführung des Is-

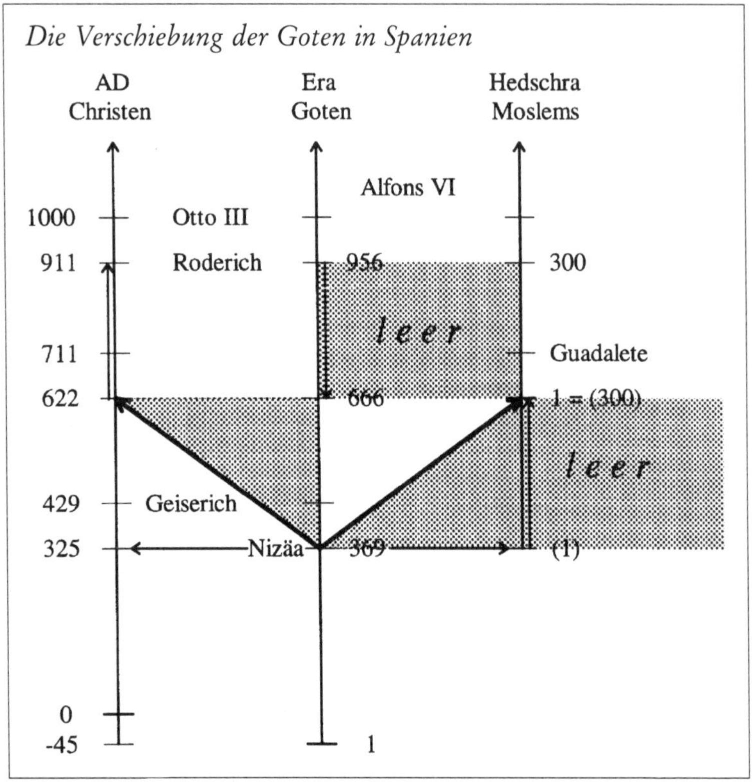

Abb. 16: Durch die Vorwärtsprojektion des nizänischen Konzils und die damit verbundene Verschiebung des Hedschra-Beginns um 297 Jahre nach oben (rechter Strahl) rutschten die spanischen Westgoten in eine frühere Epoche gegenüber den islamischen Andalusiern, obgleich sie deren Zeitgenossen waren (mittlerer Strahl). Auf dem christlichen Zeitstrahl entstanden zwei hintereinander geschaltete getrennte Epochen: eine westgotische und eine islamisch-andalusische (linker Strahl).

lams in Andalusien (etwa 97 H). Im nächsten Jahr setzte Geiserich mit seinem Volk nach Afrika über (und zwar direkt nach Karthago), bewegte sich also mit den Seinen in religionsbrüderlichem Umfeld. So erklärt sich der Grund für den von Isidor berichteten Religionswechsel, für Geiserichs neue Ge-

setze und auch die Möglichkeit für die Besetzung Nordafrikas (Fotos 8 und 9).
Das Schema links soll dieses Erklärungsmodell verdeutlichen.

Weltanschauliche Konsequenzen

Die islamische Geschichtsschreibung hat eine Verschleierung durchgeführt, die der christlichen nicht nachsteht.

Aus der Schlußfolgerung, Mohammed sei schon im 4. Jahrhundert unserer Zeitrechnung aufgetreten, ergeben sich auch für den Islam interessante Einblicke, die seltsame Unsicherheiten beseitigen helfen. Ein moderner Religionsphilosoph aus Marokko, Abdelaziz Benabdallah, der französisch und arabisch schreibt, stellt in seiner Betrachtung über den afrikanisch-maghrebinischen Sufismus (1995, S. 19) fest, daß sich das prophetische Licht während der ersten drei Jahrhunderte der Hedschra als mündliche Überlieferung hielt und dann ersetzt wurde durch einen Vorgang, den er so darstellt: »Der Eingeweihte wird in eine Masse von unklaren Überlieferungen und nachträglichen Schriften geworfen, deren Echtheit zweifelhaft ist…«
Diesen Eindruck hat man allenthalben, wenn man die Dokumentenlage betrachtet: Mit unserem 10. Jahrhundert (dem 4. der Hedschra) beginnt die Historizität, und das heißt zugleich: die Schöpfung von Geschichte aus dem Nichts, die Herstellung von religiösen Inhalten, die es nie zuvor gegeben hatte, und deren Dogmatisierung. Das war in Persien nicht anders als in Ägypten oder Andalusien.
In diesem letzteren Bereich, den wir gerade betrachten, ist besonders auffällig, daß das Datum *300 Hedschra = 911 AD* zum echten Neubeginn wird. Mit Abd er-Rahman III., dem ersten

Kalifen des Westens, beginnt nachprüfbare Geschichte in Córdoba. Das ist natürlich nur auf unsere abendländische Zeitkoordination zurückzuführen, aber da dieser Einschnitt an vielen Orten auftritt, wird er bedeutsam.

Aufregend wird es nun, wenn wir die Folgerungen aus der Gleichsetzung ernst nehmen und dem Islam die Stellung einräumen, die ihm gebührt als christliche Ketzerei zur Zeit Konstantins d. Gr., woraus sofort folgt, daß die Anerkennung des »orthodoxen« Christentums als Staatsreligion hauptsächlich dadurch ausgelöst wurde, daß sich andernorts die arianische Ketzerei kraftvoll durchsetzte (Fotos 10–14).

Die Sassaniden begünstigten offensichtlich diese Ketzerei, die sich später zum Islam hin entwickelte, da sie der sich gerade bildenden »orthodoxen« christlichen Kirche des Hauptfeindes Byzanz widersprach. Daher kommt es, daß die sassanidischen Schahinschahs den späteren Islam förderten und umgekehrt von islamischen Schriftstellern akzeptiert wurden (wie ich S. 94 zeigte).

Aus dieser Erkenntnis wird offensichtlich, daß lange vor dem 7. Jahrhundert schon islamische Mission betrieben wurde. Dies hat Günter Lüling festgestellt, allerdings bezog er es nur auf die Generation vor Mohammed, was schon mehreren Forschern vor ihm bewußt war. Daß aber gleich drei Jahrhunderte nötig waren für diese Mission, bis der Islam zu einem Machtfaktor wurde, ist eine neue Erkenntnis.

Schon Rudi Paret hatte 1954 die Bruchstelle in der Überlieferung der ursprünglichen Korantexte erkannt. Lüling (1981) konnte diese präzisieren: Für anderthalb Jahrhunderte besteht eine vollkommene Lücke, und ein weiteres Jahrhundert ist nur schwach belegt. Außerdem hatte er (1974) herausgearbeitet, daß zahlreiche Suren oder Verse auf frühchristliche Lieder syrischer oder äthiopischer Herkunft zurückgehen und darum eher ins 6. Jahrhundert gehören.

Erst im 10. oder gar 11. Jahrhundert liegt die Schlußredaktion des gesamten Koran vor, d. h. im 4. Jahrhundert der Hedschra.

Wenn wir aus diesen Hinweisen und den schon vorher angestellten Vermutungen ein zusammenhängendes Bild entwerfen wollen, ohne die islamische Tradition der willentlichen Fälschung zu bezichtigen, bleibt nur diese Schlußfolgerung: Die Mission des Propheten Mohammed begann gegen 325 AD und war im 7. Jahrhundert auch machtpolitisch abgeschlossen. Dieses 7. Jahrhundert entspricht aber unserem 10. Jahrhundert, dem Beginn der sunnitischen Türkenherrschaften im Iran, womit der Untergang der Sassaniden, Kabulschahis und anderer »Heiden« besiegelt wird.

Inwieweit die Veränderung des Geschichtsbildes auch den frühen Moslems selbst bewußt war, untersucht Lüling (1981, 309 f.) auf theologischem Gebiet und kommt zu überraschenden Ergebnissen:

»Die politisch und religionspolitisch verantwortlichen unmittelbaren Nachfolger des Propheten (gemeint sind also die ersten Kalifen, unter denen sich angeblich der blitzartige Siegeszug des Islams abspielte, U. T.) haben sich angesichts der innen- und außenpolitisch gefährlich labilen Situation des Frühislam in realistischer Einschätzung der sophistischen schriftkulturellen Überlegenheit der hellenistisch-christlichen Imperiumstheologie (das Christentum war im Laufe des 4. Jahrhunderts Staatsreligion des Römischen Reiches geworden, U. T.) verständlicher Weise anders entschieden, haben mit der Verdrängung und Verleugnung der christlichen Vorgeschichte des Koran und des Islam die Anknüpfungspunkte … beseitigt und höchstwahrscheinlich tatsächlich *allein durch diese Selbstverstellung des Islam* (Hervorh. G. L.) den Islam davor bewahrt, seine mit Mühe errungene religiöse und machtpolitische Unabhängigkeit vom Christentum … wieder an das hellenistisch-christliche Imperium zu verlieren.«

Diese Gedankengänge können nur für das 4. und eventuell 5. christliche Jahrhundert zutreffen, denn im 7. Jahrhundert (der neuen These entsprechend dem 4. Jahrhundert der Hedschra, unserem 10. Jahrhundert) gelangte der Islam ja mit Waffengewalt bis zu den Grenzen Chinas, bis zum Atlantik und Indus und fast vor die Tore von Byzanz, das seinen hellenistischen Charakter schon abgelegt hatte. Von einer »gefährlich labilen Situation« kann dann nicht mehr die Rede sein. Hören wir weiter Lüling:

»Da aber diese selbstverstümmelnde Verdrängung der christlichen Vorgeschichte des Islam, wenn sie ihren tagespolitischen Zweck erfüllen sollte, mit aller Überzeugungskraft durchgeführt werden mußte, damit das neue, entstellte Geschichtsbild wirklich glaubwürdig erschien, konnte dieses notgedrungen gründlich entstellte Geschichtsbild schließlich nicht mehr kurzerhand aufgehoben werden, um zu dem wahren Geschichtsbild zurückzukehren, nachdem das islamische Staatswesen konsolidiert und die Gefahr der sophistisch-theologischen Zersetzung des Islam vorüber war.

Diese anfangs getroffene Grundentscheidung, die christliche Vorgeschichte des Koran und des Islam zu verschweigen und zu verdrängen, hat also zu einer dogmatischen Entwicklung des Islam geführt, die man zur Zeit der notgedrungenen Verdrängung nicht bedacht, nicht erwartet und auch nicht beabsichtigt hatte. Denn beiläufig wurde, je länger das einst zwecks Selbstverteidigung entstellte und also falsche Geschichtsbild Bestand hatte, auch das Geschichtsbild des Propheten und die geschichtsbezogenen und theologischen Aussagen des Koran entstellt, denn man erfüllte ja die durch die Verdrängung der christlich-theologischen Vorgeschichte des Islam entstandene Leerstelle im Geschichtsbild mit falschen Geschichtsdaten.«

Die Auswirkung dieser Geschichtsfälschung auf die islamische Dogmatik, die Lüling mit außerordentlicher Detailkenntnis untersucht, berührt uns hier weniger. Denn obgleich es ihm »mehr um anthropologisch oder gar moralisch und sittlich Signifikantes, um bedeutsame Inhalte, egal ob 500 oder 1000 Jahre früher oder später« (in: »Berliner Geschichtssalon«, II, 2, 16 vom 28. Februar 1996) geht, zeigen doch die letzten Worte des vorherigen Zitats eine erstaunliche Tatsache an, die eine chronologische Korrektur geradezu fordert: die »Leerstelle im Geschichtsbild«, die »mit falschen Geschichtsdaten« gefüllt ist. Ohne den Rückgriff auf die Verschiebung der Zeitskalen könnte ich Lülings überaus tiefgreifende Aussagen über den frühen Islam nicht verstehen! Deshalb hier noch ein kurzes Zitat aus Lülings überragendem Buch (1981, S. 411, Anm. 1):

»Die gesamte altarabische Historiographie ist in der Zeit bis ca. 400 d. H./1000 n. Chr. unter geschichtsdogmatischen Grundprinzipien völlig *umfrisiert (G. L.)* worden. Die europäische Islamwissenschaft hat sich mit diesem Problem nie grundsätzlich in der Weise auseinandergesetzt, daß sie generell die Frage gestellt oder beantwortet hätte, welches zentrale Motiv hinter dieser in der altarabischen Literatur *überall deutlich erkennbaren Umarbeitung der Quellen (G. L.)* gestanden hat.«

Ja, das Motiv wird uns noch eine Weile beschäftigen, auch wenn sich schon abzuzeichnen beginnt, daß Leerstellen bis zu einem Größenbereich von 300 Jahren mit falschen Daten gefüllt wurden. Gerade in Spanien fand ich auffällige Hinweise auf das Motiv.

Die rätselhaften Imasiren

Meine Entdeckungen bei den Imasiren würden ein eigenes Buch füllen. Hier bringe ich nur einige Schlußfolgerungen.

Betrachten wir den »Alten Weltkreis« insgesamt, so bleiben kaum Kulturgebiete übrig, in denen die neue These von Illig nicht anwendbar wäre. Nachdem die arabische Kultur die Zeitverschiebung geradezu offensichtlich machte, wären noch die

Randgebiete des Islams zu untersuchen. Als Spezialist für die *Imasiren* (so lautet die heutige Selbstbezeichnung der Berber) in Nordafrika habe ich mich dort besonders intensiv umgesehen und erstaunliche Zusammenhänge aufdecken können (siehe schon 1984, bes. VFG 3/94). Die Islamisierung des Maghreb durch Okba ben Nafi 680 (also im Jahr des Blutbads von Kerbala) ist eine reine Legende, denn alle arabischen Historiker beschreiben die Religion der Imasiren – besonders der Bergwata – als Mischung aus Arianismus und Heidentum (Fotos 16–17). Abu Gufail, der letzte große Imam der Bergwata, unterlag den Sunniten in der Schlacht am Wadi Baht im Jahre *911*. Die »charedschitischen« Berberreiche von Sidschilmassa und von Tahast erlagen *911* den Fatimiden. Damit begann die Islamisierung des Maghreb. 150 Jahre später fand sie ihren Abschluß mit der Vernichtung der Bergwata durch die fanatischen Almoraviden in einer Schlacht, in der Abdallah ben Yasin fiel (1059). Durch die Almohaden wurden sie 90 Jahre danach völlig aufgerieben und verschwanden aus der offiziellen Geschichte. Bis heute sind sie als Regraga durchaus lebendig und für Völkerkundler von höchstem Interesse, weil sie die alten »frühchristlichen« (arianischen) Sitten bewahrt haben. Der Zusammenhang ist also wieder derselbe: Erst im 10. Jahrhundert beginnt die arabische Bewegung und wird im 11. Jahrhundert erfolgreich. Da die Araber selbst ein ganz anderes Bild davon zeichnen, das bereits 300 Jahre eher ansetzt, muß in den Darstellungen eine Zeitverschiebung vorliegen.

Übrigens verpflanzten die sunnitischen Sieger einige der bekehrten Bergwata-Stämme aus Marokko nach Spanien, an die Nordgrenze des Kalifats von Córdoba (in die Grafschaft León), als Grenzbollwerk gegen die asturischen Christen. Doch diese »Mauregaten« hatten nichts Eiligeres zu tun, als von dort aus die Rückeroberung zu beginnen, indem sie sich als allerchristlichste Krieger unter der Fahne ihres Imams, eines Reiters mit wehendem weißen Burnus, zusammenschlossen und mit diesem Santiago Mohrentöter (von Compostela) in jahrhundertelangen Kämpfen den Islam aus Andalusien vertrieben. Insofern ist der Begriff »Wiedereroberung« (Reconquista) doch nicht ganz aus der Luft gegriffen.

Am Südrand Arabiens

Der Jemen könnte mit seiner schriftlichen Hochkultur ebenfalls Zeugnis für oder gegen die Lückenthese ablegen. Das Ergebnis sieht beschämend aus.

Meine Durchsuchung der Literatur über den Jemen hat entsprechende Unklarheiten in der Zeitschreibung aufgedeckt.
Der vorislamische Jemen unter der Herrschaft der Himyariten, deren letzter, Du Nuwas, zum jüdischen Glauben übertrat und 523 eine große Zahl Christen seines Gebietes massakrieren ließ, ist historisch recht gut erfaßt. 525 wurde Du Nuwas von dem christlichen Äthiopier Abraha geschlagen, der das Christentum wiederherstellen wollte. Dagegen rief der überlebende Himyarite Saif ibn Du Yasan – eine bis heute überragende arabische Heldengestalt, die eher als Moslem gesehen wird – die Perser zu Hilfe, die 575 die ihnen wohl nominell ohnehin gehörende Provinz besetzten.
Im Jahre 6 der Hedschra (= 628 AD oder, laut Enzyklopädie des Islam, drei Jahre später) nahm der fünfte Statthalter der persischen Satrapie, Badhan, den Islam an, und damit versinkt dieses Hochkulturreich für mindestens zwei Jahrhunderte in geschichtsloses Dunkel. Man kennt nur eine Liste der Statthalter, die allerdings »voller Widersprüche und Datierungsprobleme« ist (Smith, S. 137). Erst mit den Yu'firiden (847–997) beginnt eine einigermaßen verläßliche Geschichtsschreibung.

Im Hochland herrschten die Ziyaditen (818–981), aber die diesbezüglichen arabischen Quellen sind »oft unzutreffend, große Unterschiede bestehen in den Jahresangaben« (ebenda). Die Namen der Ziyaditenherrscher von 981 bis 1018 sind gänzlich unbekannt. Liegt hier Gedächtnisverlust durch Übernahme des Islams vor – eigentlich unwahrscheinlich, wenn man die fleißige Schrifttätigkeit der Moslems jener Zeit bedenkt – oder handelt es sich um zuviel gezählte Jahre, die nicht gefüllt werden konnten?

Am Horn von Afrika

Äthiopien besitzt eine alte christliche Schriftkultur,
aber hier sieht der Fall besonders bizarr aus.
Es fehlen gleich doppelt so viele Jahrhunderte.

Zunächst ist auf die ständige Verwirrung in der Literatur hinzuweisen: Das Hochland von Äthiopien wird meist unter Abessinien abgehandelt, während der Begriff Äthiopien – in dem hier untersuchten Zeitraum – für Nubien und Meroe reserviert ist. Der Beginn eigener Literatur fällt auch hier mit der Christianisierung zusammen, denn mit der Übersetzung der Bibel wurde eine genormte Schriftsprache geschaffen, was im 5. bis 6. Jahrhundert angesetzt wird und mit dem Namen des Königs Gabra Masqal verbunden ist. In anderen Datierungen regierte dieser König gegen Ende des 9. Jahrhunderts. Das entspräche dem erwarteten 300-Jahres-Sprung.
Die schöne Chronik »Kebra Nagast«, die früher als äthiopische Geschichtsquelle aufgefaßt wurde, gilt heute als historisierender Roman. Sie beruht auf der Übersetzung eines byzantinischen Werkes, vermehrt um eigene äthiopische Überlieferungen. Durch die Islamisierung Arabiens und Nordafrikas wurde

Abessinien angeblich von der mittelmeerischen Welt abgeschnitten und gewann erst mit König Yekuno Amlak im 13. Jahrhundert wieder Anschluß an die allgemeine Geschichte. Die lange Trennung ist jedoch unwahrscheinlich, denn über das christliche Nubien hatte das uneinnehmbare Reich von Aksum stets Verbindung mit dem koptischen Ägypten. Doch der Ansatz von 1280 für Yekuno dürfte historisch sein.

Die historiographische Lücke, die sich hier verbirgt, ist dehnbar wie Gummi arabicum. In einigen Manuskripten beläuft sich der Abstand zwischen den beiden genannten Königen auf 370 Jahre, in anderen beträgt er 830 Jahre. »Ganz offensichtlich haben wir hier einen Zeitsprung von viereinhalb Jahrhunderten vor uns«, schreibt I. Ullrich Topper (in VFG 4/1994, S. 70). »Merkwürdig exakt ist das einzige dazwischenliegende Datum: Ausbreitung des Islam im Jahre 6114 der Welt-Ära beziehungsweise 614 nach der Geburt Jesu (die in Äthiopien 7 AD angesetzt ist), also 622 AD (nach Neugebauer, 1989).«

Bei derartigen Umrechnungen kommt es stets auf die Epoche der jeweils benützten Ära an, in diesem Fall besonders auf die der Weltschöpfungsära, die bekanntlich ständig hin und her geschoben wurde. Der hier verwendete Ansatz mit 5500 v. Chr. ist allerdings sehr spät aufgekommen, vielleicht erst gegen 500 AD, um eine Erfüllung des 6. Schöpfungstages zu provozieren. Diese Jahreszahlen erwecken daher den Eindruck, von anderen Chroniken des Mittelmeerraumes übernommen zu sein, vor allem die so exakten Grenzdaten 614 und 622.

Obwohl der Datierungssprung von 465 Jahren zwischen den beiden Ansätzen für die Könige »auf den ersten Blick Illigs These zu stützen scheint«, faßt Ullrich Topper seine »Kritische Anmerkung« zusammen, »ist er nicht als direktes Argument zu werten. Die geschichtlich ›leere‹ Zeit, aus der keine sicheren Anhaltspunkte vorliegen, beträgt in Äthiopien nämlich volle 600 Jahre. (...) Wir müssen also akzeptieren, daß Äthiopien nach der Christianisierung wieder in eine fast kulturlose Stufe

zurücksank, die Kontinuität der Geschichte jedenfalls nicht gewährleistet ist.«
Dieser Punkt ist bei allen Nachforschungen am Rand der Ökumene zu beachten: Auch Hochkulturen mit Literatur und bemerkenswert schöner Architektur können Rückschläge erleiden, können für zehn Generationen und mehr in »prähistorische« Zustände zurückfallen, können einen Dornröschenschlaf halten, ohne dabei Zeit überspringen zu müssen. Eine folgerichtige Fortsetzung mit unveränderten Merkmalen wie in der äthiopischen Kirche wird aber um so unwahrscheinlicher, je größer der postulierte Sprung wird. Ob 300 Jahre noch möglich erscheinen, 600 aber nicht mehr, sei dahingestellt.

Alles kommt zu seiner Zeit

Eins der schriftgelehrtesten Völker der Welt, das jüdische, müßte uns natürlich auch Aufschluß geben können über die verstrichene Zeit.

Im jüdischen Mesopotamien ist man gerade im 8. Jahrhundert sehr literarisch tätig, bekämpft eine eigene Sekte, die sich »Karäer« nennt, (d. h. die Lesenden) und steht darum über jedem Zweifel. Der Zeitstrahl muß also gerade dort wieder anders verlaufen. Im Abendland sind die Lücken nämlich offensichtlich. Zwischen 629 bis kurz nach 1000 gibt es auf der Iberischen Halbinsel weder jüdische Grabsteine noch Verträge (laut Cecil Roth, 1979). Die gleichzeitigen toledanischen Konzilien, die dem überhandnehmenden Judentum in Spanien strenge Grenzen auferlegen wollen, oder die notorischen jüdischen Sklavenhändler der »Chroniken«, sind reine Erfindungen, wie aus den Texten schon erkennbar war. Jüdische Schriftsteller haben sich selbst über diese europäische Lücke in der hebräischen Literatur gewundert und sie mit Fakten aus dem Zweistromland aufgefüllt, die dort wohl nachweisbar sein mögen, aber eben zu einem anderen Zeitpunkt stattfanden, vermutlich parallel zur Entwicklung in Europa. Diese »Auffüllung« einer leeren Zeit mit Daten aus einem anderen geographischen Bereich ist ein recht häufiges Mittel, um ungebrochene Geschichtsabläufe darstellen zu können. Hier geschah sie nicht in gemeinsamer Verschwörung mit den Christen, sondern aus Scham: Man wollte nicht zurückstehen, wenn die christlichen Nachbarn in Toledo oder Narbonne so rührig waren.

Im Rheinland sieht es ähnlich aus: Nach der Antike, in der jüdische Präsenz nachweisbar ist, tauchen hebräische Texte erst wieder ums Jahr 1000 auf (dazu auch Heinsohn in VFG 5/1991, S. 36 f. zu Dubnow, 1921), dann allerdings gehäuft und so bedeutend, daß sie bald Widerspruch und Kampf bei den sich nun ausbreitenden Christen auslösen. Man gewinnt stellenweise sogar den Eindruck, daß die jüdische Ausbreitung der christlichen Mission zum Durchbruch verhalf, sei es als Wegbereiter, sei es als Auslöser einer Gegenbewegung.

Die Jahreszählung der Juden, »seit Erschaffung der Welt«, ist leider

Abb. 17: Grabstein einer Jüdin aus Trier vom Jahr 1348 (Landesmuseum).

Abb. 18: Grabstein eines jüdischen Rabbiners namens Meschullam ben Kalonymos aus Mainz vom Jahr 1020 (Landesmuseum).

völlig unbrauchbar für unsere Zwecke, denn es gibt mehrere hundert *verschiedene* Angaben über den Anfang dieser Ära, von 6984 v. Chr. bis 3483 v. Chr., wie Meyers Lexikon mitteilt (1904, Bd. 1). Die heute offiziell benützte beginnt 3761 v. Chr., liegt also eher am unteren Rand des Spektrums.
Schade, gerade von einem so traditionsbewußten, die Zeiten überdauernden Volk hätte man handfestere Hinweise erwarten dürfen.

Das jüdische Chanat der Ukraine

Am Nordrand des Oströmischen Reiches gab es einen zeitweise mächtigen jüdischen Nachbarn, das Chasaren-Chanat.

Irgendwann hatte sich das türkisch sprechende Mischvolk der Chasaren zum Mosaismus bekehrt und gilt seitdem als Grundstock des aschkenasischen Judentums. Ihre Städte Scharkel und

Itil sind mehrfach in Chroniken erwähnt, sonst weiß man leider wenig Verläßliches von ihnen. Obgleich sie schreibfreudig und tolerant gewesen sein sollen, hat doch nichts von ihrer Kultur überlebt. Die einzige abendländische Urkunde, ein Brief eines Rabbiners aus Córdoba an den Chan der Chasaren, ist offensichtlich sehr viel später fabuliert.
Aber es gibt eine untrügliche Hinterlassenschaft: Die Gräber auf der Krim mit hebräischen Inschriften. Wie so oft können wir uns ein Bild vergangener Völker nur aus ihren Gräbern zeichnen. Und die jüdischen Grabsteine auf der Krim sind sogar datiert!
I. U. Topper ist 1993 hingefahren und hat die Steine in Augenschein genommen. In einem Vortrag im Berliner Geschichtssalon berichtete er davon: »Die Grabsteine wurden Ende des vorigen Jahrhunderts zum Thema eines heftigen Gelehrtenstreits in St. Petersburg, da sie eine lückenlose jüdische

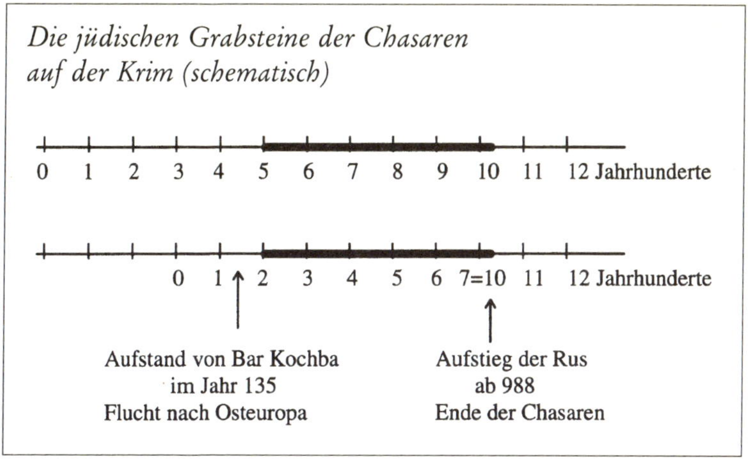

Abb. 19: Oben: Bisher übliche Datierungsweise der jüdischen Grabsteine auf der Krim.
Unten: Neue Einordnung mit Hilfe der Zeitsprungthese durch Versatz der Weltschöpfungsära um drei Jahrhunderte.

Besiedlung der Krim seit dem 3. Jahrhundert belegen. Tatsache ist, daß es dabei moderne Fälschungen und Manipulationen gegeben hat, aber ebenso klar ist, daß nicht alle der durch die jüdische Weltschöpfungsära ins 5., 6., 7., 8., 9. und 10. Jahrhundert datierten Grabsteine als Fälschungen hingestellt werden können. Bei der ungeheuren Masse an Inschriften müßte der Echtheitsbeweis leicht sein. Leider sind die Friedhöfe von Tschufut-Kale und Mangup seither nicht mehr ins Blickfeld der Forschung geraten.
Überdies sind Grabsteine aus Italien veröffentlicht, die nach Tempelära datiert sind und umgerechnet in die Jahre 810 bis 846 gehören.«
Das Problem bildet wieder die Umrechnung. Wir hörten schon, daß die Ansätze für die jüdische Weltschöpfungsära um Jahrtausende voneinander abweichen. Auch die sogenannte Tempelära ist später festgelegt worden und nicht einheitlich.
Nehmen wir an, daß die jüdischen Neusiedler auf der Krim nach dem mißglückten Aufstand von Bar Kochba übers Schwarze Meer geflohen waren und sich auf der Krim niederließen, dann müßten wir vom 2. Jahrhundert an ihre Grabsteine dort erwarten, wie im Zweistromland und in Nordafrika. Wenn die Grabsteine auf der Krim im 5. Jahrhundert erst einsetzen, kann es sich um die typische Datierungsverschiebung von 300 Jahren handeln. Sie würden dann bis ins 7. Jahrhundert reichen, was – wenn man den Sprung einkalkuliert – eben doch das 10. Jahrhundert unserer Zeitrechnung wäre. Sie enden somit zu dem Zeitpunkt, als die orthodoxe christliche Mission in Rußland Erfolg gewann und das Chanat durch übermächtige (meist türkische) Nachbarn sowie durch die Vorherrschaft der Rus von Kiew erdrückt wurde (s. Abb. 19). Genau besehen reichen diese Grabsteine also wiederum nicht als Beweis für die Kontinuität, obgleich sie zuerst diesen Anschein erweckten (siehe auch Chwolson, 1866).

Hinsichtlich der italienischen Grabsteine, die nach Tempelära datiert sind und für 36 Jahre stehen, ist die Unsicherheit noch größer, da auch hier die Umrechnung auf unsere eigene Zeitrechnung völlig schwimmend ist. Sie könnten zwei Jahrhunderte später liegen und würden damit in die allgemeine Blütezeit des Judentums in Mitteleuropa passen. Seit Harkavy (1875) gilt: »In ganz Europa findet sich kein einziger hebräischer Buchstabe, der vor dem 10. Jahrhundert geschrieben wäre, aus dem 10. Jahrhundert sehr wenig, bis 1009 reichen ganz offenkundige Fälschungen.« Die ersten echten Bibelhandschriften stammen von 916, 956 und 1009.

Seit Erschaffung der Welt

Die so weit voneinander abweichenden Ansätze für die »Weltschöpfungsära« der Juden sind auf die Messias-Erwartung gegründet, die an runde oder symbolische Jahreszahlen, meist 500 oder 1000, gebunden ist.

Die Jahresangaben im Alten Testament, die sogar von modernen Wissenschaftlern häufig als Berechnungsbasis übernommen werden, sind in der Mehrzahl rein symbolische Zeitabschnitte, wie Lepsius 1849 klarlegte (dazu Illig in VFG 5/1991, S. 21–34): Es handelt sich fast durchgehend um Abschnitte von 40 Jahren oder dem Mehrfachen von 40; von der 40jährigen Wüstenwanderung des Volkes Israel bis zur 40jährigen Regierungszeit Salomos sind zehn solcher Vierzigergruppen aufgelistet. Im weiteren Verlauf der hebräischen Geschichtsschreibung geht es ebenso symbolisch zu, man schneidert gerne Zyklen von 480 (= 12 mal 40) Jahren und muß die Ereignisse entsprechend auf dem Zeitstrahl hin- und herschieben.

Wie gesagt – diese Manipulationen hatten im Grunde nur ein Ziel, nämlich die Wiederkunft des gesalbten Königs vorauszusagen, fast möchte man denken: durch die Berechnung zu erzwingen. Denn der Messias ist Mittelpunkt der jüdischen Hoffnung.

Wollte man zu einem bestimmten Zeitpunkt in der Vergangenheit die Wiederkehr des Heilands in nächster Zeit stattfinden lassen – etwa um mit der damit verbundenen apokalyptischen Hysterie Politik zu treiben – oder ein erfolglos übergangenes Datum der Messias-Wiederkehr korrigieren, dann mußte man den Anfang der Ära, also die Erschaffung der Welt, entsprechend zurückversetzen. Damit wurde auch die Geschichte des jüdischen Volkes immer länger.

Der jüdische Glaube an ein Tausendjähriges Reich hatte seine Wurzeln in der persischen Erwartung des Saoschiant. Nach zoroastrischer Lehre teilten sich Ormusd und Ahriman die ersten 3000 Jahre der Menschheitsgeschichte, danach herrschte Ahriman weitere 3000 Jahre allein, bis Ormusd mit den Lichtengeln den Sieg davonträgt und dann für immer die Welt regieren wird. Dieser letzte Akt wurde noch erwartet. Die jüdische Theologie hatte ihr Maß der 6000 Jahre hierher bezogen, aber auf eigene Art erklärt: Der gesamte Zeitraum der Menschheitsgeschichte wird einem Tag von (altertümlich) zwölf Stunden gleichgesetzt, so daß jede Stunde 500 Jahren entspricht (was insgesamt wieder 6000 Jahre ergibt). Die letzte Stunde des Tages – vor Sonnenuntergang – gilt den Juden als Ruhezeit: Das ist der Moment, wenn der Messias kommt. Später erhöhte man die 500 Jahre nach einem anderen Rechenmodus auf 600, bis man schließlich ganz von diesem Begriff abging (hierzu Corrodi, 1794).

Bei den frühen Christen war die Endzeiterwartung noch einfach: Es gab nur zwei Reiche, eins von Adam bis Jesus, das zweite vom Heiland bis zum Jüngsten Tag. Im 2. Jahrhundert kam durch die Bewegung um Montanus (120–179) eine neue

Vorstellung auf, die ein drittes Reich einschloß: das zweite reichte von Jesus bis zum Parakleten (»Tröster«, in diesem Fall Montanus selbst, später z. B. Mohammed), erst nach ihm brach das letzte Reich an, das bis zum Jüngsten Tag dauern wird, mindestens aber 1000 Jahre. Diese Vorstellungen sind durchaus *nicht* mit der Apokalypse des Johannes identisch, aber vor ähnlichem geistigen Hintergrund entstanden (Hertel, 1934).

Über viele Jahrhunderte ruhte die Endzeitpsychose. Erst im 10. Jahrhundert kam in Deutschland – ausgelöst durch die Schrecken der Ungarneinfälle, sagt man – so etwas wie eine Heilandserwartung auf, die sich aber nur als geistig-theologische Strömung bemerkbar machte. Vermutlich hat sie den jungen Otto III. mitbeeinflußt, wenngleich in seinem Kreis nur die *frohe* Erwartung im Vordergrund stand. Mit den zweieinhalb Jahrhunderte später ausbrechenden Weltende-Epidemien, mit Joachim von Fiore und den Geißlern, hatte das noch nichts zu tun.

Das Papsttum profitierte zunächst von der Heilserwartung im 13. Jahrhundert, als mit den Kreuzzügen auf die endzeitlich überragende Bedeutung von Jerusalem abgezielt wurde, enttäuschte dann jedoch die Bewegungen und verketzerte sie, weil es sie anders nicht mehr im Griff halten konnte. Papst Clemens VI. verbot die Geißler 1349. Später endeten einige von ihnen auf den Scheiterhaufen der Inquisition.

Die Anfänge lagen jedenfalls nicht bei Paulus, nicht bei den Montanisten, sondern in der Zeit der Ottonen. Vermutlich war man sich später darüber klargeworden, daß die Christianisierung Mittel- und Osteuropas, die frühestens im 10. Jahrhundert vor sich gegangen war, eine Wende im Bewußtsein der Europäer und einen neuen Beginn für die abendländische Kirche bedeutete. Dies war wohl der Hauptgrund, hier das Jahr Tausendeins nach Christus anzusetzen. Man legte rückwärtsblickend fest, wann die einzelnen Länder sich endgültig zum Christentum bekehrt hätten: Island *genau* im Jahr 1000, durch einhelligen Thingbeschluß (das mochte ich schon als Schüler nicht glauben), Ungarn durch den Heiligen Stephan, der 1001 die Krone von Papst Silvester II. entgegennahm und das Land gewalttätig zum Christentum zwang (schon eher glaubwürdig), die Errichtung des selbständigen – das heißt von der »Metropole« Magdeburg unabhängigen – polnischen Erzbistums Gnesen im Jahr 1000 durch Otto III., wo dann für mehr als drei Jahrhunderte die polnischen Könige gekrönt wurden, usw. (Im 3. Abschnitt mehr zu diesem Punkt.)

In der christlichen Heilserwartung tauchte auch mehrmals 500 als Grenze auf, wie schon oben zweimal erwähnt. So glaubten einige Theologen, daß Jesu Geburt im Jahre 5500 seit Erschaffung der Welt stattgefunden habe, weshalb seine Wiederkehr am Ende des 6. Jahrtausends zu erwarten wäre. Da 500 Jahre nach Jesus nichts derartiges geschehen war, mußte man später eine Korrektur vornehmen. Wie das vor sich ging, führt Illig (1996, 85 f., nach Arno Borst) vor: Ein anonymer merowingischer (vermutlich mehrere Jahrhunderte später erfundener) Autor eines »Osterkalenders« versetzte das Datum von Christi Geburt von 5500 nach Erschaffung der Welt auf 5200, streckte die christliche Zeitrechnung also um glatte 300 Jahre und erreichte damit, daß Kaiser Karls Krönungsjahr (»800 AD«, den Chroniken nach im Januar 801) zum Beginn des 7. Jahrtausends der Menschheit wurde, also zum Auftakt des »letzten Tausendjahrreiches«.
Wiederum ist die Beschwörung eines nahen Weltendes Ursache für künstliche Daten. Und wozu – möchte man als religiöser Mensch fragen – sollte eine Zeitrechnung sonst dienen? Haben nicht alle diese meist Jahrhunderte später eingeführten Jahreszählungen einen esoterischen, zahlenmystischen Sinn,

der die Wiederkehr eines Herrschers oder einer Idee bewirken soll?
So gesehen wäre es ungewöhnlich, wenn unsere Anno-Domini-Jahre zu einem anderen Zeitpunkt einsetzen würden als zu einem Jahr 1001, das eben irgendwann einmal, als es Not erforderlich oder Jubelstimmung möglich machte, fixiert wurde.

7 Rekonstruktion der Weltgeschichte

Ein neuer Anfang

Dies ist der erste Schritt zu einer neuen Darstellung der Geschichte Europas. Es ist jedoch noch zu früh, einen gültigen Zeitplan für das Mittelalter aufzustellen.

Die Vorarbeiten haben gezeigt, daß die zeitlichen Zuordnungen, die wir in der Schule gelernt haben, nicht stimmen können. Viele Wissenschaftler haben die Verwirrungen festgestellt und doch nicht die einfache Lösung gefunden, die eine neue Chronologie der Ereignisse bietet. Durch Illigs These der Lücke werden neue Zusammenhänge erkennbar und Schlußfolgerungen möglich, die viele Mißverständnisse ausräumen. Wenn zum Beispiel klar erkannt wird, daß der Islam nicht 600 Jahre nach der christlichen Religion als andersgeartetes Originalprodukt entstand, sondern gleichzeitig mit dem Christentum, wodurch sich beide Religionen in jahrhundertelanger Reibung aneinander erst entwickelten und somit Geschwister sind, werden Vorurteile und Haßmechanismen abgebaut. Ohne diese Hoffnung würde sich diese unsagbar schwierige Arbeit nicht lohnen.
Geschichtsschreibung war zeitweise Erfindung. Von einer Rekonstruktion der tatsächlichen Geschehensabläufe konnte nur selten die Rede sein. Das Zerreißen des großen Flickenmantels abendländischer Geschichtsschreibung beschert uns kein haltbares Netz, in dem wir nun nur noch die »echten« Geschehnisse korrekt unterzubringen hätten. Was mit der neuen Erkenntnis aber möglich ist – nämlich aufzuzeigen, welche Zu-

sammenhänge, Parallelen und Strömungen bestanden haben –, kommt mir schon sinnreich vor.
Die Kürzung des Mittelalters um 297 Jahre, die Illig vorschlägt, ist ein Hilfsmittel, um die Chronologie an *einer* Stelle, nämlich in unserer *eigenen* Zeitrechnung, ins Lot zu bringen. Sowohl der Zeitabstand als auch die Plazierung der Lücke kann durchaus anders liegen, wenn wir es mit einer anderen Überlieferungskette zu tun haben, also zum Beispiel 38 oder 45 Jahre weniger in Byzanz betragen oder um 300 Jahre versetzt in Arabien liegen.
Entscheidend im neuen Geschichtsbild ist also nicht, daß es richtigere Daten der Vergangenheit liefert, sondern daß es die offensichtlichen und nie geklärten Probleme der Historiographie lösen hilft, daß es aus dem Wirrwarr eine überblickbare Situation herausschält. Für unsere Generation wird damit vielleicht ein Schritt in Richtung Objektivität getan, aber schon in der nächsten Generation wird sich zeigen, daß auch diese Rekonstruktion romanhaft ist, durch die Brille unserer eigenen Zeitvorstellungen gesehen.

Nach dieser Vorbemerkung treten wir ein in das neue Bild der Weltgeschichte.
Aus dem germanischen Völkerwanderungsbegriff, der uns allen bewußt ist, entsteht ohne zeitlichen Zwischenraum das deutsche Reich der Sachsen, Franken und Baiern, das von den »Ungarn« den Steigbügel übernahm und eben diese Reiter dadurch besiegen konnte. Sie gehörten vermutlich zu der als Türkenwelle im gesamten Asien spürbaren Steppenvölkerbewegung (Ungar von On-Uigur = Zehn Stämme). Zur gleichen Zeit stieg in Arabien eine eigenwillige christliche Ketzermacht auf, die fast die ganze Alte Welt überschwemmt hätte mit ihren neuen und äußerst praktischen Ritualen.
Als Abwehrmaßnahme schufen die heidnisch-christlichen Völker Europas ihre Ideologie des Tausend-Jahr-Begriffs. Durch

Abb. 20: König Favila zu Pferde erlegt einen Bären. Relief am Klostergang von St. Miguel de Lillo in Oviedo (Asturien, Spanien). Man beachte den Steigbügel, der erst Jahrhunderte später eingeführt wurde!

die Endzeiterwartung wurden die Völker Mittel- und Nordeuropas zu einem einheitlichen Kulturkreis zusammengeschweißt, der damit auch den anderen seine Vorstellung von Geschichte aufzwingen konnte. Mit dieser schlagfertigen Begründung der Zeit konnten die christlichen Theologen später auch fremde Völker, vor allem Moslems und Chinesen, zu ihrer neuen Sicht der Geschichte bekehren.

Mit der neuen Sicht entstand im Laufe der Jahrhunderte eine völlige Umgestaltung der Weltgeschichte, die ganz andere Konstellationen und Konfrontierungen zur Folge hatte. Wir können das heute nicht mehr ermessen, denn unser Geschichtsbild ist ein für allemal geformt von dieser Neuschöpfung. Eine Re-

konstruktion kann eigentlich nur punktweise einsetzen und sie hat nur dann Erfolg, wenn klargestellt ist, daß es sich um einen chronologischen Sprung handelt, der mit Raffinesse ausgebaut wurde.
Es geht um eine organische Neuverteilung der Zusammenhänge. Diese ist nur über einen korrigierten Zeitstrahl möglich, der uns bisher für jeden Kulturkreis in verschiedener Weise vorliegt. Eine Zuordnung der unterschiedlichen Zeitbegriffe könnte eine sinnvolle Übersicht über die gesamte Menschheitsgeschichte bringen.
Eine Kritik muß noch ausgesprochen werden: Die technologische Entwicklung muß genausowenig wie die philosophische, künstlerische oder religiöse Entwicklung stetig voranschreiten, sondern kann Sprünge, auch rückwärts, machen. Der Begriff der Renaissance ist ja gerade sichtbarer Ausdruck für ein solches Ereignis, bei dem rückwärtsschauend ein älterer Zustand wiederhergestellt und damit ein Sprung nach vorn getan wird. Daß gerade die humanistische Renaissance des Cinquecento organisiert und manipuliert war, ändert nichts an dem Erscheinungsbild, das sich uns im Rückblick darbietet.
Schreiten wir voran zur Hochburg, aus der die Renaissance ihr Material bezog.

Der purpurgeborene Kaiser von Byzanz

Ab 330 schuf Kaiser Konstantin eine neue Hauptstadt des Römischen Reiches, Konstantinopel am Goldenen Horn, deren Hafen auch für Wandalenflotten schwer einnehmbar war.

Durch die Anlage einer uneinnehmbaren Hauptstadt konnte ein weiterer Schritt vollzogen werden: die Christianisierung des Reiches. Erst gegen 390 war sie vorläufig abgeschlossen, das rechtgläubige (»orthodoxe«) Christentum wurde Staatsreligion. Italien löste sich 395 von Byzanz ab, brach 476 unter Odoaker zusammen und wurde dann von Ostgoten beherrscht. Fortan gab es nur einen Kaiser im Abendland, den rechtgläubigen Herrscher aller Christen am Bosporus. Unter Justinian d. Gr. im 6. Jahrhundert erlangte Byzanz seine Glanzzeit mit prächtigen Bauten und großer Machtfülle. Von den Küsten Andalusiens und Nordafrikas über Süditalien und viele Inseln bis zu den Grenzen des Persischen Reiches herrschte *ein* Wille, galt *eine* Währung und *eine* Religion. Der allmähliche Niedergang wird persischen und arabischen Angriffen zugeschrieben, inneren Wirren (»Bilderstürmer«) und allgemeiner Dekadenz. Ab Mitte des 9. Jahrhunderts beginnt ein neuer Aufschwung mit der makedonischen Dynastie.

Was uns hier zunächst interessiert, ist der Zeitraum vom Tode Justinians (565) bis zum Regierungsantritt des ersten Makedoniers, Basileios (867), 302 Jahre. In dieser Zeit wurden keine Kirchen gebaut, keine selbständigen Bücher mehr geschrieben, keine Schlachten geschlagen, zumindest nicht, soweit es byzantinische Quellen selbst betrifft. Allerdings läßt sich dies nicht so ohne weiteres nachweisen, denn durch das Spiel der Historiographen sind einige Bruchstücke auch in diese Dunkelzeit hineingerutscht. Soweit es sich um Bulgaren- oder Araberangriffe handelt, wissen wir aus dem oben gesagten schon, daß diese vermutlich an anderer Stelle auf dem Zeitstrahl liegen müssen. Aber wenn man in Griechenland und Anatolien zu jener Zeit auch keine Kirchen oder Klöster baute, müßten die Menschen weitergelebt haben, nimmt man an. Der Beweis fällt schwer.

Datierte Inschriften gibt es im byzantinischen Mittelalter in großer Zahl, doch leider ist fast nie klar, um welche Zeitrechnung es sich bei der jeweiligen Jahreszahl handelt. Verschiebungen um einen Betrag von 260 Jahren sind durchaus möglich, etwa wenn die Seleukiden-Ära und die Märtyrer-Ära zur Auswahl stehen, wie Carl Kaufmann (1917, S. 70) an einem Beispiel

erläutert. Von Kontinuität kann wirklich nicht die Rede sein in diesem turbulenten Raum.
Geschichtsschreibung gab es, aber sie beschränkte sich auf Auszüge und Zusammenstellung älterer Texte. Das kann zu irgendeiner Zeit geschehen sein. Die Autoren sind immer Geistliche; von Dichtung und Philosophie, die im griechischen Sprachgebiet ansonsten nie versiegt war, finden wir in diesem Zeitraum keine Spur. Mit den Makedonen setzt dann wieder normales geistiges Leben ein, der zweite Kaiser, Leo VI., »der Weise«, war selbst Schriftsteller, ebenso Konstantin Porphyrogennetos, der ab 914 regierte und noch einige Überraschungen bringen wird.
Der Durchgang dieser letzten Bastion antiker Bildung durch drei dunkle Jahrhunderte ist den modernen Historikern unklar, woraus sich ein beachtenswerter Wissenschaftlerstreit entspann, der unter der Überschrift *Kontinuitätsdebatte* bisher ohne Abschluß geführt wird. Die Frage lautet: Gab es einen Bruch oder ging das Byzantinische Reich kontinuierlich von der Antike ins feudalistische Mittelalter über.
In einer ganzen Reihe von Spezialgebieten tritt dieses Problem in etwa gleicher Weise auf. Niemitz (VFG 1/1994) hat sein Augenmerk auf die Themenreform gerichtet, eine Wandlung der militärischen Verwaltung zwischen 450 und 950 – also über ein halbes Jahrtausend –, deren Struktur nirgends so recht faßbar ist. Die Reform wird einfach aus äußeren Umständen, die wir als geschichtlich annehmen, rückerschlossen. Dokumente jener Zeit liegen nicht vor, nur Texte *nach* dem Abschluß der Umwandlung. Wie diese zu beurteilen sind, werden wir noch sehen.
Der Bildersturm (726–842) war eine heikle Angelegenheit im orthodoxen Christentum, die mehr an islamische Mission als an innerchristliche Diskussion denken läßt. Warum, fragt sich Niemitz (S. 72, Anm. 5), sind die symbolischen Kreuze als sichtbares Ergebnis des Bildersturms bis heute übriggeblieben,

während von den Bilderstürmern selbst keine einzige Schrift zeugt? Die »katastrophale Quellenlage« für diese Dunkelzeit ist nicht nur verwunderlich, sondern öffnet auch weit die Tür für jede Art von Interpretation und Klitterung. Ich halte es – im Sinne Spenglers (1918–22) – für denkbar, daß diese Reformbewegung gegen die Ikonen schon viel eher stattgefunden hat, nämlich mit dem Eindringen der orientalischen (»islamischen«) Ideen im 5. und 6. Jahrhundert. In syrisch-christlichen Texten

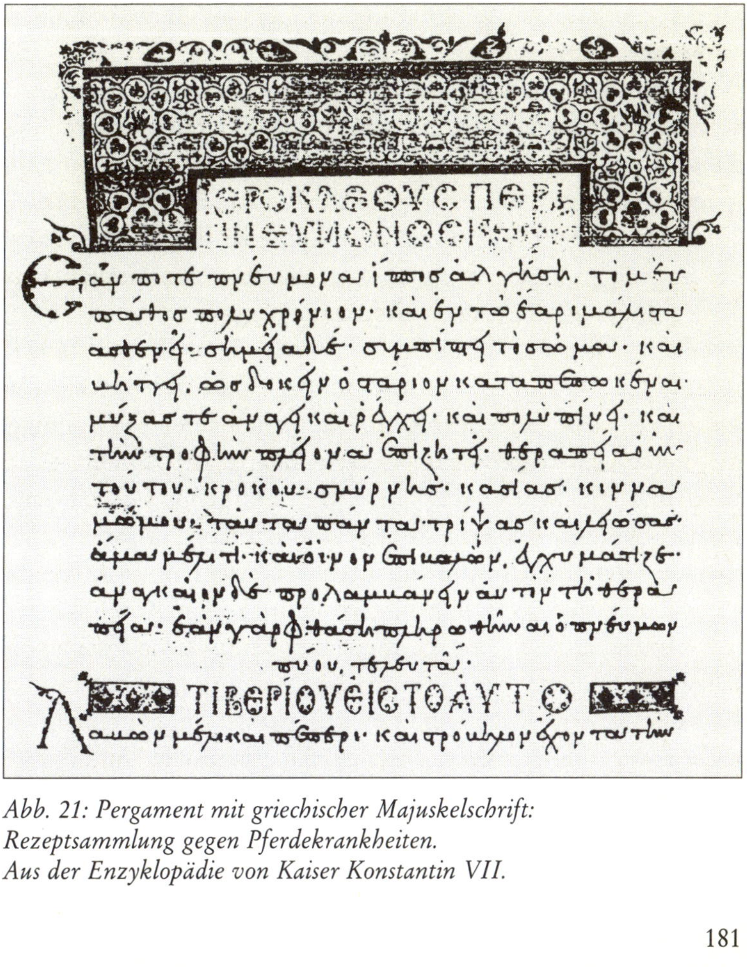

Abb. 21: Pergament mit griechischer Majuskelschrift: Rezeptsammlung gegen Pferdekrankheiten. Aus der Enzyklopädie von Kaiser Konstantin VII.

ist dieser Streit vermerkt. Quellen des 8. und 9. Jahrhunderts übergehen diesen Streit jedoch, erst in der neuen Geschichtsschreibung des 10. Jahrhunderts beginnt er historisch zu werden. Der Sieg der Bilderverehrer wird seitdem alljährlich in den orthodoxen Kirchen als »Fest des rechten Glaubens« gefeiert. Wenn der Streit im 6. Jahrhundert entschieden wurde, das 7. bis 9. aber nicht existieren, ist es folgerichtig, wenn ab dem 10. Jahrhundert das Ergebnis gefeiert wird.

Die neue Darstellung der »langen« Entwicklung von Byzanz seit dem Untergang der Antike ist eigenartigerweise ganz plötzlich entstanden. Illig hat (in VFG 4–5/1992) einen Artikel über den »Erzfälscher Konstantin VII.« veröffentlicht, der deutlich macht, wie unser heutiges Byzanzbild geschaffen wurde. Illig zitiert Schreiner (1991, S. 13), der die Umstellung der Schrift von Majuskeln (Großbuchstaben) zu Minuskeln (Kleinbuchstaben) im 9. Jahrhundert beschreibt. Es war eine Tätigkeit, die wie immer still vor sich ging. Man geht davon aus, sagt Schreiner, daß jeweils nur eine einzige Vorlage eines Textes abgeschrieben und dann meist vernichtet wurde. Dies erforderte Planung, Leitung und Zentralisierung. Mit Sicherheit war eine große Zahl von Kopisten tätig, die gute Kenntnisse in der klassischen Sprache hatten. Bei genauerem Hinsehen ist dies »eine Ungeheuerlichkeit«, meint Illig, und fährt fort: »Das Schriftgut der damals führenden Kulturnation ist binnen ein, zwei Generationen komplett neu geschrieben worden. Seit diesem krassen Traditionsbruch sehen wir alles Frühere durch einen Filter, der im 9. Jahrhundert über die Vergangenheit gelegt worden ist.« (S. 133.)

Als Erklärung für die Umschreibe-Aktion der Mönche von Konstantinopel wird in einer »Lebensbeschreibung der Patriarchen« angegeben, daß man um 870 die Majuskel des 6. Jahrhunderts nicht mehr lesen konnte, weshalb Spezialisten sich die Mühe machten, alle alten Texte in die neugeschaffene Minuskelschrift zu überführen. Illig dreht den Spieß um und behauptet, »daß alles Alte deswegen neu geschrieben wurde, damit die Originale nicht mehr eingesehen werden konnten. Offenbar enthielten sie Sachverhalte, die nicht mehr tradiert werden, sondern untergehen sollten; dies läßt sich jedoch nur indirekt schließen, da die Originale ja vernichtet worden sind.« (Ebenda.)

Die »Erklärung« läßt noch einen weiteren Sachverhalt durchblicken: Nicht nur *uns* fehlen Texte der drei Jahrhunderte, sondern: schon damals gab es keine! Der Bruch von der Majuskel des 6. Jahrhunderts zur Minuskel des 9. Jahrhunderts ist künstlich erzeugt, denn wenn sich die Wandlung der Schrifttypen allmählich über drei Jahrhunderte vollzogen hätte, wäre für die brutale Neuschreibung keine Rechtfertigung zur Hand gewesen.

Hinsichtlich der Chroniken jener Zeit wird die »Ungeheuerlichkeit« noch offensichtlicher. Der hochintelligente Konstantin VII. Porphyrogennetos (= der »Purpurgeborene«), Mitregent ab *911* und alleiniger Kaiser ab 913, ließ 50 Bände einer Enzyklopädie herausgeben, die alles damalige Wissen zusammenfaßt. Drei dieser Bücher hat er selbst geschrieben, natürlich mit besonderem Fleiß das Kapitel über seinen Großvater Basileios I. (ab 867), den Gründer der neuen Dynastie.

Die umfangreiche Enzyklopädie bringt Auszüge aus antiken und byzantinischen Schriftstellern, die wir oft nur in dieser knappen Form kennen, was »freilich auch den Nachteil hatte, das Werk mancher einzelner Autoren für immer verschwinden zu lassen«, wie Schreiner (S. 14) sagt. Noch Jahrzehnte nach Konstantins Tod (959) waren Schreiber damit beschäftigt, die von dem epochemachenden Kaiser befohlene Aktion zum Abschluß zu bringen. »Das uns verfügbare Wissen von Byzanz über seine eigene Vergangenheit ist vollkommen geprägt durch die Aktion des 9. Jahrhunderts und durch Konstantins Wirken«, faßt Illig (S. 134) den Tatbestand zusammen. Unsere Kenntnis der Vorgänge zwischen Heraklios (610–641) und

Konstantin, also für rund drei Jahrhunderte, ist nur in den Schriften niedergelegt, die durch die Redaktion des »purpurgeborenen« Kaisers gegangen sind. Und dies ist nicht etwa Illigs umstürzende neue Idee, sondern Allgemeinwissen der Historiker.

Diese nehmen an, daß der Grund für die Neugestaltung der Vergangenheit darin lag, daß Konstantin die Anfänge seiner Dynastie beschönigen wollte. Er schrieb seinem Großvater, der sich vom Pferdeknecht durch Kaisermord zum Herrn von Byzanz aufgeschwungen habe, eine enorme Anzahl von herrlichen Bauten zu, die allerdings nicht mehr gefunden wurden, im Gegensatz zu denen Justinians d. Gr. im 6. Jahrhundert, die bis heute stehen. Mit Recht fragt nun Illig, wieso die Herkunft als Pferdeknecht und der mehrfache Mord an den damaligen Autoritäten eine glanzvolle Vergangenheit herbeischaffe.

Die Betonung der kaiserlichen Abkunft des Konstantin in seinem Zunamen Porphyrogennetos (»Purpurgeborener«) verdeckt vielleicht, daß er selbst noch nicht Sohn eines Kaisers war, sondern sich diese Abstammung über Basileios und Leon den Weisen erst durch seine Neuschreibungsaktion geschaffen hat. Dann wären auch diese beiden großen Gestalten Erfindungen Konstantins! Vielleicht war er selbst der Kaisermörder niederer Herkunft und verdrängte diese Tatsache aus den Annalen, indem er sie seinem Großvater in die Schuhe schob?

Illig findet auch einen Anlaß für diese Usurpation des Thrones: den Verlust von Jerusalem an die Perser 614 unter Heraklios. Damit hatte jener Kaiser seine Autorität vollkommen verloren. Konstantin, der sich an die Stelle setzt, ist nicht nur so klug, den Thronwechsel zu kaschieren, sondern bemäntelt auch die Tatsache der christlichen Niederlage durch eine bald darauf folgende – natürlich fingierte – Rückeroberung des heiligen Kreuzes Jesu, die man dadurch bewies, daß man unzählige Holzsplitter an alle Kirchen des Abendlandes verteilte.

Wenn dies alles bisher keinen Widerspruch auslöst, können wir Illig auch noch einen Schritt weiter folgen. Phokas (602–610), der ungeschlachte und grausame Soldat auf dem Kaiserthron, war durch den karthagischen Admiral Heraklios gestürzt worden, der ab 613 den zwei Jahre alten Konstantin III. zum Mitregenten erhebt, der sich aber nach dem Tod von Heraklios 641 nur drei Monate auf dem Thron hält und irgendwie geschichtslos bleibt. Der purpurgeborene Konstantin VII. wird als Sechsjähriger 911 Mitregent und zwei Jahre später Kaiser, allerdings von einem Flottenadjutanten namens Romanos sieben Jahre später in den Hintergrund gedrängt und kann sich erst als gestandener Mann 944 wieder als Alleinherrscher behaupten. Illig setzt nun – nach einer Idee von Zeller – die beiden Flottenführer Heraklios und Romanos einerseits und die beiden Konstantine andererseits gleich. Die Abstände zwischen diesen parallel anmutenden Vorgängen spielen – um drei bis vier Jahre ungenau – jeweils um die 300-Jahr-Grenze. Die fast identischen Ereignisse und Personen werden als Überschneidung aufgefaßt. Der künstlich eingeschobene Zeitraum wurde durch die Umschreibeaktion Konstantins und seiner Kleriker mit erfundenem Material gefüllt und dadurch überbrückt.

Daß dieser Rekonstruktionsversuch auch noch nahtlos in die verkürzte persische Geschichte und die davon abhängige arabische Entwicklung paßt, gibt dieser kühnen Idee erst den Rückhalt.

Ein aus dem späten 11. Jahrhundert stammender in Paris erhaltener Kodex von Konstantins wichtigster Schrift (heute als »De administrando imperio« bekannt) wird von Illig (ZS 2/1997, S. 235) »geradezu als Programmschrift für den Aufbau der fiktiven Geschichtsepoche« bezeichnet.

Es gibt aber hier wieder jenen Einwand, der zunächst unumstößlich klingt: Man schaue sich die Münzen an! Auch wenn Berge von Pergamenten neu geschrieben und Inschriften nachträglich angebracht werden, und wenn Irrtümer bei der Da-

tierung von Kunstgegenständen vorkommen, weil sie in ein gefälschtes Zeitraster eingeordnet wurden – Münzen sind Gebrauchsgut, sie können nicht in so großer Zahl gefälscht und dann auch noch als Hortfunde versteckt werden. »Niemand, der im Mittelalter Unruhe stiften will, kommt an den feinsortierten Schubläden der Münzspezialisten vorbei« (Illig in VFG 2/1994, S. 5). Ich fühle mich an die Siebenschläfer von Ephesus erinnert, deren Zeitsprung ja durch die Münze des Jünglings aufgefallen war.
Mit detaillierter Sachkenntnis hat Paul C. Martin sich dieses Problems angenommen und einen ersten Durchbruch erreicht (Vortrag am 14. Mai 1994 in Bremen): Entgegen aller numismatischen Erfahrung fehlt eine Entwicklung des Münzbildes für diese drei Jahrhunderte in Byzanz. Das Aussehen der byzantinischen Münzen von Justinian bis Konstantin VII. hat sich dermaßen wenig gewandelt, daß es meist ganz unmöglich ist, die Münzen den aus der Geschichtsschreibung bekannten Kaisern zuzuordnen. Wenn es doch erfolgt, geschieht es ohne Begründung, rein gefühlsmäßig (Literatur dazu siehe Grierson, 1982). Das erinnert mich an das ganz ähnliche Vorgehen der Historiker bei den Kuschankönigen Indiens, wo Münzen intuitiv den gerade erfundenen Scheinkönigen und Doppelgängern zugeteilt wurden.

Eine bedeutsame Verschiebung

Ein Rundgang bei den Nachbarn von Byzanz zeigt die schon deutlich gewordene Lücke in der byzantinischen Zeitrechnung: Sie müßte eher beginnen und schon gegen 870 enden, also rund 40 Jahre vor der im Abendland festgestellten Lücke.

Kaiser Basileios bestieg als Begründer der makedonischen Dynastie den Thron von Byzanz im Jahr 867 (nach der Neuord-

nung der Chroniken durch seinen Enkel Konstantin Porphyrogennetos). Dies ist wahrscheinlich der erste Anhaltspunkt für die neue Zeitschreibung. Für Chan Boris, den ersten König *Bulgariens*, dessen Taufe 864 den Eintritt dieses Landes in die Geschichte markiert, gilt dasselbe. In *Böhmen* ließ sich Herzog Boriwoj mit seiner Gemahlin Ludmilla 874 taufen und machte dadurch erstmals Geschichte in diesem Raum.
Diese Verschiebung weist auf eine frühe Koordinierung mit der julianischen Era hin. Gerade das wichtigste Datum, die Thronbesteigung des Dynastiegründers Basileios 867, geht auf den Anfang bei Cäsar zurück. Zählt man die obligatorischen 44 Jahre hinzu, erhält man *911*. Auch Isidor macht in seiner Zeittafel zweimal diesen »Fehler«: Er hatte in der »Etymologia« den Ansatz der julianischen Era um 38 Jahre zu spät auf das (echte) Geburtsjahr Jesu gelegt, und für die Mission des Wulfilas (in der »Gotengeschichte«) ebenfalls ein rund 40 Jahre zu spätes Datum genannt. Wenn Geiserichs Einführung der Era mit dem Jahr 500 auf die byzantinische Tradition zurückgriff, dann wäre dies ein weiterer Hinweis auf die Verschiebung, die nach dem Überspringen der Zeitlücke, also am oberen Rand bei 911, bemerkbar werden mußte, wenn den damaligen Chronisten der wahre Sachverhalt unklar war. Dann bestand der Unterschied an jener Stelle nicht 297, sondern 259 Jahre, wie ich schon an der Tausendjahrreich-Hysterie der Joachimschen Bewegung gezeigt hatte: 1001 Era = 1260 AD. In Byzanz begann Geschichte vielleicht schon 911 Era wieder, das heißt in AD umgerechnet 873 (oder sogar 867, wenn man den Sieben-Jahres-Fehler einbezieht). Es kommt eben immer darauf an, *wer* die Jahreszahlen umrechnete: ein byzantinischer oder ein abendländischer Historiker. Isidor war offensichtlich Abendländer, darum fallen seine beiden »östlichen« Daten 38 Jahre zu spät aus.

Bei vielen Untersuchungen der mittelalterlichen Ketzerbewegungen, auch in der esoterischen Literatur, gibt es Zeitprobleme im

byzantinischen Umkreis. Wer über die Entstehung der *Katharer* (= Albigenser), einer seltsamen und doch höchst wichtigen Bewegung des christlichen Hochmittelalters, und ihre gewaltsame Zerschlagung durch die katholische Kirche schreibt, wundert sich über die Kette, aus der die Katharer sich herleiteten. Von byzantinischen Paulinikern über die Bogomilen Bulgariens und Bosniens führt der Weg ins südliche Frankreich und ins Herz Deutschlands (Foto 15). Aber zwischen den Paulinikern und der anatolischen Gnosis, aus der sie entstanden waren, liegt ein Sprung über mehrere Jahrhunderte, der rätselhaft bleibt. Wir kennen die gnostischen Schriften bis ins 4. und 5. Jahrhundert, kennen die Skulpturen und Grabsteine dieser heidnisch-christlichen Synthese, von denen ich mir Prachtstücke in Afyon-Karahissar ansehen konnte (Topper, 1988, S. 175), deren Schlangen und Frauengestalten orientalisch fremdartig anmuten, aber doch eindeutig zur antiken Welt gehören. Sie enden ebenfalls etwa in Justinians Zeit. Wir kennen die Manichäer und den iranischen Hintergrund der Gnosis. Die Ausbreitung der Pauliniker beginnt jedoch frühestens im 9. Jahrhundert, die Mission Bogomils (= »Gottesfreund«) nicht vor 870 (nach anderen erst 940, Topper, S. 176), und verläuft damit etwa zeitgleich mit der Slawenmission von Method und Kyrill. Zwischen der spätantiken Gnosis und der mittelalterlichen »Reinheitsbewegung« (Katharer) klafft eine Lücke von mindestens drei Jahrhunderten, die geisteswissenschaftlich höchst seltsam berührt.
Wiederum wird der Sachverhalt erklärlich, wenn die drei Jahrhunderte ausfallen.

Armenien, dieses rauhe Gebirgsland an der Nahtstelle zwischen Byzanz und Persien, ständiger Zankapfel der beiden Großmächte im Mittelalter, hat einige Ereignisse, zum Beispiel den Arabersturm, hautnah miterlebt und in seinen Chroniken der Nachwelt überliefert. Zwar decken sich die arabischen und die armenischen Berichte nicht völlig, aber doch so weitgehend, daß man eine gemeinsame Quelle annehmen möchte. Leider liegen auch hier die Texte nicht mehr im Original vor, sondern in Verarbeitungen späterer Generationen. Das hochgebildete armenische Volk, das sich im 5. Jahrhundert durch Bibelübersetzungen eine eigene Schriftsprache schuf, Theologie pflegte und klassische Literatur der Griechen bewahrte, erlebt Anfang des 7. Jahrhunderts einen geistigen Niedergang, der bis zum 10. Jahrhundert andauert. Von da an fließen die Texte wieder in gewohnter Weise. Die große Lücke überbrückt ein einziger Autor, der Presbyter Leontius, der 662 bis 770, also 108 Jahre gelebt haben soll und als Kronzeuge natürlich besonders kritisch untersucht werden müßte.

Sebeos jedenfalls, der sich als Augenzeuge ausgibt und unsere Hauptquelle für die arabischen Angriffe und zeitweiligen Besetzungen des großen Gebirges ist, scheint erst *nach* der stummen Zeit geschrieben zu haben. Demnach soll der Kalif Othman schon 646 Ersurum erobert haben, während ein byzantinisches Heer mit alanischen und chasarischen Hilfstruppen am Euphrat geschlagen wurde. Die frappierende Ähnlichkeit mit der andalusischen Geschichtsschreibung läßt vermuten, daß es sich auch hier um Legenden handelt. Zweieinhalb Jahrhunderte später werden armenische Könige eingesetzt und gekrönt, sowohl von den Kalifen (äußerst ungewöhnlich für islamische Verwaltung) als auch von den Griechen und den Persern, alle zum etwa gleichen Zeitpunkt (886), jeder in einem entsprechend besetzten Gebiet.

Trotz allem sind die Armenier stolz auf ihre relative Unabhängigkeit und ihre Könige, die je nach den Berichten bis 914 (Enz. d. Islam) oder bis 1080 (Seldschuken-Sturm), sowohl in Kars als auch am Van-See (Enc. Brit.), regiert haben sollen. Laut »Jewish Encyclopedia« gab es im 4. Jahrhundert in Armenien mehr Juden als Christen, die aber durch die Perser verschleppt wurden und erst ab dem 9. oder 10. Jahrhundert wieder reiche literarische Tätigkeit entfalten.

In allen Zusammenfassungen der armenischen Kirchen- oder Literaturgeschichte wird der Zeitraum vom 7. bis 9. Jahrhundert als dunkle, fast kulturlose Phase bezeichnet und einfach übergangen. Die zweite Blüte im 10. Jahrhundert hat ihre entsprechenden Parallelen in Andalusien und im Iran, so daß sich für Armenien ganz ähnliche Zeitmuster ergeben.

Die rätselhafte Entstehung der Slawen

Selbst wenn wir nicht wüßten, daß die Slawen dasselbe
Volk wie die Deutschen sind, müßten wir doch aus
den seltsamen Behauptungen der Akademiker erkennen,
daß uns hier ein Kriegsgrund aufgebunden wurde.

Nach geschichtlicher Auffassung traten die Slawen bisher erst im späten 9. und im 10. Jahrhundert auf den Plan, zumindest haben sie selbst ihre ältesten Dokumente in diesen Zeitraum gestellt. *Vor* den beiden christlichen Missionaren Method und Kyrill kann von Slawen im geschichtlichen Sinne noch nicht gesprochen werden. Byzantinische Schriftsteller aber, die ins 6. und 7. Jahrhundert datiert werden, nennen schon slawische Stämme. Wiederum wird ersichtlich, daß zwischen zwei verschiedenen Überlieferungssträngen, hier dem slawischen und dem byzantinischen, eine Lücke von 300 Jahren klafft. Da Archäologen mit fortlaufenden Stratigraphien arbeiten, mußten sie die leere Zeit mit Funden anfüllen, die damit als »Vorläufer« der Slawenkultur bezeichnet werden.
Nach der Anschauung deutscher Indogermanisten, von den Russen willig übernommen, entstanden die Slawen als ein kleines, verachtetes, aber ungemein tapferes Volk in den Pripjet-Sümpfen, das sich ständig auf Kosten seiner unslawischen Nachbarn ausbreitete und innerhalb weniger Jahrhun-

derte den gesamten osteuropäischen Raum ausfüllte, wobei nur im Norden und Osten Finnen, am Ostseerand Balten, in der Steppe Türken und am Südrand Kaukasier übrigblieben. Sie verdrängten die Germanen nach Westen bis etwa dorthin, wo in jüngster Vergangenheit die innerdeutsche Grenze verlief. Erst im Hochmittelalter wurden sie schrittweise wieder bis zur Oder, Warthe oder Weichsel zurückgeworfen... Ich möchte das Bild nicht weiter ausmalen, es ist gar zu antiquiert. Natürlich hat dieses Bild etwas mit Politik zu tun und seinerseits auch wieder Politikern zur Rechtfertigung ihrer Ziele gedient.

Geht man wissenschaftlich an das Problem der Slawenentstehung heran, ergibt sich ein völlig anderes Bild, das wohl zunächst ungewohnt wirkt, sich aber dann einfügt in die neue Sicht der Geschichte, die vor allem Klaus von See (1970) und Poliakov (1977, diese und weitere Literatur bei Kuhn, 1994) vorgestellt haben. Da müssen wir lernen, mit den Begriffen Rasse oder Volk sparsam und abgegrenzt umzugehen (Friedrich, 1992), denn sie sind nur literarische Kunstprodukte, die je nach Absicht und Ideologie verwendet werden.

Sprachliche Einheit entsteht nicht durch völkische, rassische oder soziale Gemeinsamkeit, sondern schafft solche Gemeinsamkeit erst. Höchstens Religionen können sprachliche Einheit und dadurch Volksgemeinschaft erzeugen (Hebräisch, Kirchenlatein, Arabisch). Sprachen sind also nicht Ausdruck gemeinsamer biologischer Wurzel (Abstammung), sondern führen erst zur Gemeinsamkeit.

Die frühesten Nachrichten, die auf die Slawen bezogen werden, stehen bei drei spätantiken Schriftstellern. Die erste, in der lateinischen »Gotengeschichte« des Jordanes (oder Jornandes, um 550) spricht von den unermeßlichen Weiten zwischen Weichsel und Schwarzem Meer, wo die Venethi wohnen, deren wichtigste Abteilungen die Sclaveni und Antes sind.

Prokop (gestorben 562) kennt in seinem griechisch verfaßten

Kriegsbericht keine Venedi, aber Sklavinen und Antai, die oft mit den Hunnen verbündet seien. Sie hießen früher gemeinsam Spori, sprachen dieselbe Sprache, trugen dieselbe Kleidung und Waffen, verfeindeten sich aber später.

Die dritte Erwähnung steht in einem griechischen Text von Theophylakt (gestorben 628), demzufolge die Sklavinen Bundesgenossen der Awaren, die Anten jedoch mit diesen verfeindet und Bundesgenossen der Byzantiner seien.

Alle drei Textstellen stimmen also ungefähr überein. Den Oberbegriff Venethi (= Wenden) kennt nur Jordanes, doch es ist durchaus möglich, daß die bei den übrigen beiden erwähnten *Anten* nur eine andere Namensform desselben Oberbegriffs *Wenden* sind. Prokops Oberbegriff Spori ist vermutlich eine »Verschreibung« für Sorbi, das ja bei uns gleichbedeutend mit Wenden ist (z. B. im Spreewald).

Auffällig ist nun, daß alle drei Begriffe dieselbe Bedeutung haben sollen. »Wende von Wandalern, auch gleich Knecht, Leibeigner« steht in Zedlers Lexikon (1743, unter Slaven). Man leitete Venedi gerne von lateinisch vendere = kaufen ab, also dem Oberbegriff Sklaven angepaßt. Die Sorben oder Serben werden ebenfalls als Diener bezeichnet, von lateinisch servii. Und Sclaveni ist ja das Wort für Sklaven, Knechte. Erst im 10. oder 11. Jahrhundert trennt sich Slovene als Eigenname vom Wort Sklave ab.

Von den Wenden, Serben oder Slawen hören wir nach den Byzantinern im 7. Jahrhundert bis zum späten 9. Jahrhundert nichts mehr, wir überspringen geschichtlich gesehen mehr als zwei Jahrhunderte. Vielleicht wurde in jener Zeit nichts geschrieben, aber auch andere Zeugnisse aus jenem weiten Raum fehlen, wie Carsten Goehrke (1992, S. 122) sagt: Vom 6. bis 8. Jahrhundert, die »weitgehend fundleer« sind, haben wir nur einige byzantinische Münzen und Silbergefäße, die aber auch als Beutestücke der Reiternomaden in späterer Zeit dorthin verschleppt sein können. Danach tritt von Transkaukasien

14

14 Santa Maria de Lebeña in Asturien, die besterhaltene Kirche der Arianer, stammt aus dem 11. Jahrhundert. Ihr Altar legt Zeugnis ab für die arianische Glaubenshaltung (siehe Abb. 15).

15

15 Eines der zahlreichen Kunstwerke der »heidnisch-christlichen Synthese«: Das Relief des Drachenkampfes an den Externsteinen in Westfalen, heute kaum noch erkennbar.

16

17

16 Ein modernes islamisches Heiligtum, das halb in eine Höhle hineingebaut ist – lebendiges Zeugnis für das Überleben des vorislamischen Synkretismus der Imasiren im Hohen Atlas (Marokko).

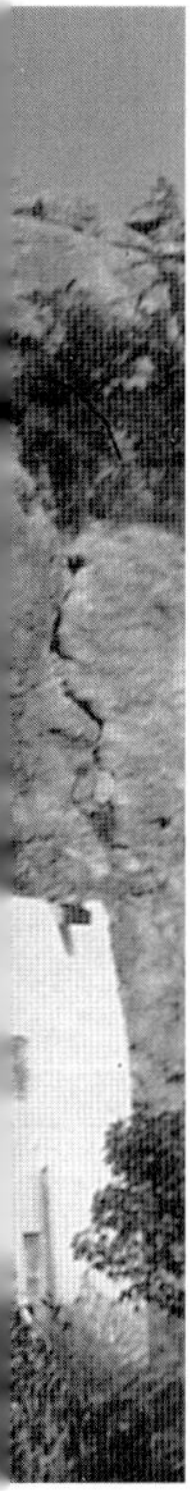

18

18 »Die spanische Wiedergeburt war ganz anders!«: Suebische Frau an einem Bach, über den eine gotische Brücke aus dem Mittelalter führt. Fotografiert im portugiesischen Galicien 1982.

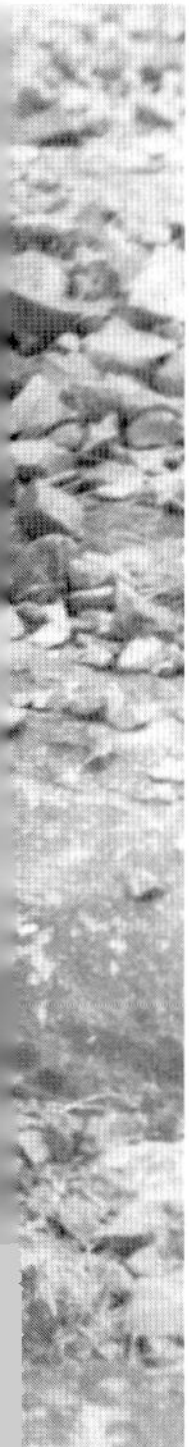

17 Die Felsbilder der Imasiren in Nordafrika lassen die synkretistische Religion bis heute erkennen. Gravuren im Anti-Atlas (Marokko).

19

20

21

19 Dieser steinerne keltiberische Stier steht auf einem Platz mitten in der Stadt Avila (Kastilien). Wäre er wirklich 2500 Jahre alt, wie behauptet wird, dann wäre er heute ein unförmig verwitterter Steinbrocken. Vor 500 Jahren wurden derartige Steinfiguren noch verehrt, wie zum Beispiel das kastilische Schwurheiligtum von Guisande, wo selbst die »Katholischen Könige« Ende des 15. Jahrhunderts noch schwören mußten.

20 Zwei Riesen bewachen den Haupteingang der Kathedrale von Avila in Kastilien: Der Anfang der christlichen Wiedereroberung war noch deutlich vom Heidentum geprägt.

21 Mit der Einnahme der Alhambra von Granada durch die katholischen Könige 1492 endete die sogenannte Wiedereroberung *Spaniens.*

22 Deutsches Schwert aus dem Mittelalter, in das ein slawischer Personenname eingraviert ist. (Museum für Vor- und Frühgeschichte in Berlin-Charlottenburg)

22

23

23 Portugal ist ein junger Staat, der im Kampf gegen die islamischen Truppen gewachsen ist. Das Kachelbild im Bahnhof von Porto erinnert (wie an vielen Orten in Portugal) auch heute noch daran.

über die Wolga bis zur Ostsee als »Leitfossil« arabisches Silbergeld auf, mit kufischen Schriftzügen, aus nordafrikanischen und irakischen Prägestätten, ins 3. Jahrhundert der Hedschra datiert, offiziell also unserem 9. Jahrhundert gleichgesetzt. Aus dem 10. Jahrhundert finden sich dann iranische Münzen der Samaniden (wie zu erwarten wäre). Von da an begegnen uns die ersten slawischen Texte, als ältestes Dokument der Vertrag Olegs mit Byzanz in der »Altrussischen Chronik«, der – wenn er keine Fiktion ist – wohl 911 abgefaßt und künstlich auf 907 rückdatiert wurde, wie Goehrke sagt (S. 166). Damit wird ein weiteres Mal Illigs »historische Grenze« erreicht, genau bei *911*.

Bei den Arabern beginnt etwa in diesem Zeitraum auch erstmals die Erwähnung der Slawen, *Saqaliba* genannt, die in Bagdad Handel trieben und in Andalusien unter den omayadischen Kalifen als Palastwachen und Berater lebten. Sie bildeten neben Imasiren, Arabern und Negern die viertwichtigste Ethnie im islamischen Spanien. Es heißt, daß sie von Juden (in ihrer osteuropäischen Heimat) gefangen oder aufgekauft und als Sklaven nach Spanien gebracht wurden, aber mir scheint hier die typische, tendenziöse Geschichtsschreibung vorzuliegen, die Slawen und Sklaven verwechseln will. Statt einen schwunghaften jüdisch beherrschten Sklavenhandel quer durchs Frankenreich und unbemerkt an den Christen vorbei anzunehmen, möchte ich eher denken, daß diese Slawen Andalusiens keine anderen als unsere bekannten Goten und Wandalen sind, die sich der islamischen Herrschaft verdingten. Vielleicht hat der Satz, die Juden trieben Handel mit dem Volk der Slawen, durch Abschreibung und bösartige Verstellung diesen Sinn erhalten, der dann bei vielen Chronisten wiederkehrt: Die Juden handelten mit Sklaven.

Und wie sprachen diese Slawen?

Die slawische Sprache ist kein Dialekt eines obskuren makedonischen Tales, sondern die geniale Leistung eines orthodoxen Missionars.

Die Sprache der kulturhistorisch gut belegten Wenden oder Wandalen bleibt eine große Unbekannte. Außer Eigennamen kennen wir von ihr kaum ein Wort (vielleicht Era, Hera = Jahr, wie schon erwähnt). Dennoch wissen die Linguisten, daß sie »germanisch« ist, dem Gotischen und Althochdeutschen verwandt, wobei im Wandalischen die sogenannte zweite Lautverschiebung eher als bei den Goten und viel eher als bei den Alemannen oder Langobarden eingetreten ist, also tonangebend war (Höfler, zit. in B. Pischel, S. 126 f.). Auch die Sprache der Waräger und Rus, die die Keimzelle des ersten Rußland legten, gilt als »ostgermanisch«, ebenso wie Gotisch, das praktisch unbekannt ist (Marchand, S. 96). Eine Ausnahme bildet Wulfilas Bibelübersetzung, die als westgotisch gilt. Leider sind die wenigen weltlichen Dokumente, die gotische Wörter enthalten, von dieser Bibelsprache völlig verschieden. Sogar das Wort *Vader* – bei Wulfila *Atta* – stimmt nicht überein.

Nach Scardigli (1973) ist das Gotische nicht einer der vielen germanischen Dialekte, sondern die einzige bekannte germanische Sprache in jenem Zeitraum (4. Jahrhundert), wobei unsere Kenntnisse sehr lückenhaft sind: Wir wissen nicht einmal, wie die Goten »Pferd« sagten! Wulfilas Bibelsprache ist ein Rückgriff auf eine alte Priestersprache, die zunächst nur von wenigen verstanden wurde, neu gestaltet zum Zwecke der christlichen Mission, absichtlich archaisierend und mit zahlreichen Kunstwörtern aufgefüllt. Möglicherweise wurde diese Kultsprache von niemandem und zu keiner Zeit wirklich gesprochen, und deswegen können wir auch keine Einflüsse dieses

Gotischen in heute lebenden Sprachen entdecken, schreibt Scardigli (S. 232 f.).

In lateinischen und arabischen Texten tauchen im 9. Jahrhundert im Osten an den Flußläufen die *Rus* auf, nach 900 allgemein als Rugii bezeichnet (Mehrzahl von Rus). Als Rugier bekannt waren schon kriegerische, »gotisch sprechende« (Wolfram, S. 52) Stammesverbände im östlichen Alpenraum, die 487 von Odoaker besiegt wurden. Im 10. Jahrhundert werden die Rugier als Slawen bezeichnet (Wolfram, S. 353), aber wann der Sprachwechsel vom Gotischen zum Slawischen erfolgte, bleibt offen.

Wie wurden die »gotisch« sprechenden Wenden und Saqaliba und ihre ebenso germanischen Oberherren, die Rus und

𐌰𐍄𐍄𐌰𐌿𐌽𐍃𐌰𐍂𐌸𐌿𐌹̈𐌽𐌷𐌹𐌼𐌹𐌽𐌰𐌼·
𐍅𐌴𐌹𐌷𐌽𐌰𐌹𐌽𐌰𐌼𐍉𐌸𐌴𐌹𐌽· 𐌵𐌹𐌼𐌰𐌹𐌸𐌹𐌿𐌳𐌹
𐌽𐌰𐍃𐍃𐌿𐍃𐌸𐌴𐌹𐌽𐍃· 𐍅𐌰𐌹𐍂𐌸𐌰𐌹𐍅𐌹𐌻𐌾𐌰
𐌸𐌴𐌹𐌽𐍃· 𐍃𐍅𐌴𐌹̈𐌽𐌷𐌹𐌼𐌹𐌽𐌰𐌾𐌰𐌷𐌰𐌽𐌰
𐌰𐌹𐍂𐌸𐌰𐌹· 𐌷𐌻𐌰𐌹𐍆𐌿𐌽𐍃𐌰𐍂𐌰𐌽𐌰𐌸𐌰𐌽𐌰𐍃𐌹𐌽
𐍄𐌴𐌹𐌽𐌰𐌽𐌲𐌹𐍆𐌿𐌽𐍃𐌷𐌹𐌼𐌼𐌰𐌳𐌰𐌲𐌰· 𐌾𐌰𐌷
𐌰𐍆𐌻𐌴𐍄𐌿𐌽𐍃𐌸𐌰𐍄𐌴𐌹𐍃𐌺𐌿𐌻𐌰𐌽𐍃𐍃𐌹𐌾𐌰𐌹
𐌼𐌰· 𐍃𐍅𐌰𐍃𐍅𐌴𐌾𐌰𐌷𐍅𐌴𐌹𐍃𐌰𐍆𐌻𐌴𐍄𐌰𐌼𐌸𐌰𐌹𐌼
𐍃𐌺𐌿𐌻𐌰𐌼𐌿𐌽𐍃𐌰𐍂𐌰𐌹𐌼· 𐌾𐌰𐌷𐌽𐌹𐌱𐍂𐌹𐌲
𐌲𐌰𐌹𐍃𐌿𐌽𐍃𐌹̈𐌽𐍆𐍂𐌰𐌹𐍃𐍄𐌿𐌱𐌽𐌾𐌰𐌹· 𐌰𐌺𐌻𐌰𐌿
𐍃𐌴𐌹𐌿𐌽𐍃𐌰𐍆𐌸𐌰𐌼𐌼𐌰𐌿𐌱𐌹𐌻𐌹𐌽· 𐌿𐌽𐍄𐌴
𐌸𐌴𐌹𐌽𐌰𐌹̈𐍃𐍄𐌸𐌹𐌿𐌳𐌰𐌽𐌲𐌰𐍂𐌳𐌹· 𐌾𐌰𐌷𐌼𐌰𐌷𐍄𐍃
𐌾𐌰𐌷𐍅𐌿𐌻𐌸𐌿𐍃𐌹̈𐌽𐌰𐌹𐍅𐌹𐌽𐍃· 𐌰𐌼𐌴𐌽·:·

Abb. 22: Eine Seite aus dem Silbernen Kodex der Gotenbibel des Wulfila: Das Vaterunser.

Waräger, zu Slawen? Zu diesem Wandel hätten sie genügend Zeit gehabt: Von Prokop bis Wladimir sind vier Jahrhunderte vergangen.

Der Ausgrabungsbefund

Die Slawen werden hin- und hergeschoben, um Lücken zu füllen, die von den Historikern erzeugt wurden.

Da über die Slawen zwischen dem 7. und 10. Jahrhundert die Dokumente »blaß« sind, »treten für die Ausbreitung der Ostslawen die Forschungsergebnisse der *Mittelalter-Archäologie* in den Vordergrund« (Goehrke, S. 23). Man schließt also von Tonscherben und Gräbern ohne jegliche Schriftreste auf die Sprache der Leute. Gewisse Töpferstile werden als »Kultur« bezeichnet und mit Stammesnamen belegt, die bei Prokop und seinen beiden Kollegen vorkamen, und diese dann mit entsprechenden Ausbreitungsgebieten für einige Jahrhunderte seßhaft gemacht. Keramik ist aber Handelsware, oft sehr weit transportiert. Würde man in ferner Zukunft den Palast der Osmanensultane von Istanbul ausgraben, müßte man sie wegen ihres Porzellangeschirrs für chinesische Vasallen halten.

Über die zeitliche Einordnung dieser Keramik-Gruppen ist ohnehin keine Gewißheit zu erlangen. Man füllt einfach die Lücke zwischen ausgehender Antike und Christianisierung, so gut es eben geht. Meist geht es nicht, wie immer deutlicher wird. (Einzelheiten und Literaturangaben in meinem Aufsatz in ZS 4/1995.)

Der Zeitrekonstrukteur Manfred Zeller hat in einem Vortrag (gedruckt in ZS 4/1996) den entsprechenden Fall für Mitteldeutschland untersucht:

»Die ältere Forschung hatte angenommen, daß die Germanen

z. B. das östliche Brandenburg schon im Laufe des 4. Jahrhunderts verlassen hätten, die Slawen aber frühestens im 7. Jahrhundert eingetroffen wären. Diese peinliche Lücke mußte geschlossen werden. Und so geschah es dann auch seit den 60er Jahren, zumindest für einige Siedlungsplätze. Die Germanen blieben länger, die Slawen kamen früher; das Forschungsziel schien erreicht. Neue, Anfang der 90er Jahre bekanntgewordene Daten machten diese Forschungen hinfällig; die Lücke war wieder da.« (S. 499.)

Wann die Lücke plaziert wird, ist hier nicht wichtig, weil die absolute Datierung der Bodenfunde nicht funktioniert (Foto 22).

Für das alte Pannonien (*Ungarn*) hatte ich in meinem obigen Aufsatz (1995, S. 80) das Problem ebenfalls angesprochen, indem ich Wolfram (S. 21) zitierte: Im 6. Jahrhundert zogen die Langobarden aus Ostnorikum-Westpannonien (östliches Österreich und westliches Ungarn) ab nach Italien, aber »zumindest bis ins 9. Jahrhundert gab Konstantinopel seinen Anspruch auf Pannonien nicht auf«. Dann allerdings rückten die Ungarn dort ein. Lag dieses fruchtbare Land drei Jahrhunderte lang brach?

Zeller findet (ZS 2/1996) für Ungarn einen ähnlich seltsamen Forschungsstand: »Die Hinterlassenschaften der Völker aus dem 6. Jahrhundert... sowie die Fortsetzung frühawarischer Funde im 7. Jahrhundert und dann wieder die ungarischen Funde ab dem 11. Jahrhundert sind reichlich vorhanden. Dazwischen aber ist vieles unklar. Manche Fundgruppen werden vom 8. bis zum 10. Jahrhundert hin- und hergeschoben; vor allem kann man immer noch nicht definitiv entscheiden, ob Pannonien im 9. Jahrhundert überhaupt besiedelt war...« (S. 189). Zeller erkennt, daß zwei Landnahmeberichte, der awarische von 598 und der onugurische von 895, wahrscheinlich ein und denselben Vorgang beschreiben, da die wichtigsten Stammesnamen dieselben sind. Zu allem Überfluß haben *Ar-*

chäologen, um die lange Zwischenzeit von (859–598 =) *297* Jahren zu füllen, auch noch ein nicht in den Chroniken verzeichnetes Volk nach ihren ausgegrabenen Ornamenten »Ranken- und Greifenvolk« genannt und in Ungarn Land einnehmen lassen. Dieser Vorgang wird »gegen 700« angesetzt. Alle drei Geschehnisse, sagt Zeller, verdichten sich zu einem einzigen.

Ein Volk wird geformt

Die orthodoxe Religion hat ein Volk entstehen lassen, das sich seitdem als Einheit empfindet. Die Indogermanisten sind damit überflüssig.

Indem wir nun mit der Kürzungshypothese die künstliche Leerstelle in Osteuropa überbrücken, werden zwar archäologische Probleme beseitigt und die verwirrenden Chroniken sinnvoll einander zugeordnet, aber der plötzliche Sprachwechsel harrt immer noch einer Erklärung. Meines Erachtens wird erst durch Erörterung dieser Frage die ganze Tragweite des Zeitsprungs deutlich.

Glagolika, die ursprüngliche Form des Kyrillischen (glagol heißt Wort), ist die Schrift, die die beiden Brüder Method und Kyrill bei ihrer Mission in Mähren erstmals verwendeten. Die ältesten erhaltenen Texte sind die »Kiewer Blätter« vom Ende des 10. Jahrhunderts mit liturgischen Gebeten nach lateinischem Vorbild. Die Schrift selbst mit ihren 36 bis 40 Buchstaben baut auf die griechische Minuskelschrift auf, enthält aber auch Runen und einige völlig eigene Zeichen. Die griechische Minuskel war am byzantinischen Hofe nach 914 entwickelt worden. Schon deshalb müßte die Slawenmission *danach* angesetzt werden, statt traditionellerweise um 870 AD (die schon erwähnte Fehlkalkulation, hier um 44 Jahre). Jedenfalls ist die kyrillische Schrift nicht allmählich aus älteren Vorbildern organisch weiterentwickelt, sondern recht künstlich von einem Missionar »erfunden« worden.

Das gilt ebenso für die Sprache, das sogenannte Altkirchenslawische, das erstmals in dieser Schrift vorliegt. (Sie heißt auch Altbulgarisch oder einfach Altslawisch.) Vorbilder gibt es wiederum nicht. Slowenisch z. B. kann nicht Vorbild gewesen sein, sondern ist das Ergebnis regionaler Ausbildung *nach* Übernahme der Liturgiesprache Altkirchenslawisch. Das gilt für alle anderen slawischen Sprachen wie Russisch oder Serbisch ebenso: Die Lautänderungen erfolgten erst im 10. bis 12. Jahrhundert entsprechend der vorher gesprochenen Volkssprachen. Vokalformen, Betonung usw. zeigen uns an, welche Sprachtypen vorher in jener Gegend in Gebrauch waren, also z. B. bei den Tschechen eine althochdeutsche Sprache, da die tschechischen Wörter wie die altdeutschen auf der ersten Silbe betont werden (hierzu H. Hirt, S. 23, Braun, S. 46 und 53, u. v. a.).

Als früheste Entwicklungszentren für das Altslawische kennt man (Trubetzkoj, 1936, S. 88 f.; Mares, 1965, S. 83) heute nur noch zwei Gebiete, Mähren und Bulgarien. Das sind gerade die beiden Missionsgebiete, die von Method und Kyrill aufgesucht und christianisiert wurden.

Aus dem Charakter des Altslawischen geht deutlich hervor, daß dies nicht der Dialekt einer makedonischen Talschaft sein kann, wie allgemein angenommen wird, sondern eher eine genial und mit Weitblick geschaffene »Priestersprache«, wie es schon im Altertum immer wieder solche gab (Sanskrit oder Sumerisch als Beispiele). Der dem Griechischen völlig gleiche Satzbau, die zahlreichen Wortzusammensetzungen und die neuartige christliche Terminologie (dazu: Ivan Galabov, 1971) lassen an eine künstliche Sprache denken, ein Esperanto für Täuflinge.

Vereinfacht gesagt könnte man den Befund so ausdrücken: Die slawische »Nation« entstand durch die Annahme des byzantinischen Christentums mittels einer Kunstsprache, die von den

Missionaren schriftlich geschaffen worden war. Die zahlreichen ethnischen Gruppen, die diesen Bereich vorher bewohnten, sind nicht abgewandert und die späteren Bewohner nicht den Sümpfen entkommen. Die slawische Einigung ist ein neuer und einmaliger, kulturreligiöser Vorgang im 10./11. Jahrhundert, keine Jahrtausende währende Entwicklung nach indogermanistischer Doktrin. Zwischen arianischen Goten, heidnischen Wenden sowie Rugiern der ausgehenden Antike einerseits und orthodoxen Slawen andererseits besteht keine ethnische Barriere. Und eine dreihundertjährige Entwicklung ist für diesen Übergang nicht nachweisbar und nicht erforderlich.

8 So wird eine Epoche geschaffen

Die Spanische Wiedereroberung war ganz anders

Inzwischen wissen wir, daß die Islamisierung Spaniens friedlich vor sich ging. Die gewaltsame Rückeroberung durch die Christen erforderte eine Geschichtsfälschung, die noch heute geglaubt wird.

Die christliche Wiedereroberung des von Moslems besetzten spanischen Gebietes beginnt offiziell mit Don Pelayo, dem Nationalhelden, der aus der Höhle von Covadonga (bei Cangas in Asturien) herausstürmt und allen Ungläubigen aufs Haupt schlägt. Er ist zwar aus dem Stabe des letzten Gotenkönigs Roderich, vermutlich aus dessen Familie, sonst aber völlig legendär, prägt keine Münzen und hinterläßt nichts Schriftliches. Seine Nachfolger Fruela und Alfons I., König von Astorga und León, sind ebensowenig dingfest, und von dem schon recht machtvollen und langherrschenden Sohn von Fruela, Alfons II. (»dem Keuschen«, er soll 51 Jahre König gewesen sein), sagen die Lexika, er sei »völlig legendär« (Enc. Illustr.) oder »durchaus sagenhaft« (Meyers, 1904). Wer hat dann in diesem Zeitraum regiert? (Foto 18.)
Alfons III., d. Gr., von Asturien und León, 866 bis 910 oder 912 (na ja, warum drückt man sich um das ominöse 911 herum?) ist der erste der katholischen Könige, der historische Wahrscheinlichkeit gewinnt, mit ihm beginnt auch bei den ernsten Historikern die Wiedereroberung.
Da springen die Goten über genau 200 Jahre, von 711 bis 910!

Abb. 23: Das Heiligtum von Covadonga, wo die Wiedereroberung Spaniens ihren Anfang nahm. Ansicht um 1850.

Wenn man aber mit schärferem Blick herantritt, ist der Sprung noch etwas größer, denn wir müssen wohl bis zu Alfons V. (»dem Edlen«) fortschreiten, der als Fünfjähriger auf den Thron kam. Er tritt als erster König von Kastilien auf, nachdem sein Vormund, der Herzog von Galicien, die Verteidigung gegen Al-Mansor geleitet hatte. Von diesem ersten geschichtlichen Alfons stammt das erste schriftliche Gesetz »Fuero de León«, zur Neubesiedlung der Stadt, die angeblich den vorherigen Königen schon als Hauptstadt gedient hatte. Und die ersten Münzen gibt es von dessen Nachfolgern Ferdinand I. (1037–67), Sohn des Königs von Navarra, und Alfons VI. (»dem Tapferen«), noch mit archaischem Krummstab und griechischem Kreuz. Nun erst haben wir wieder Geschichte im realistischen Sinn: Auf dem Konzil von Toledo 1085 wird der französische Abt des Klosters von Sahagun, Bernhard, zum ersten katholischen Metropoliten von Kastilien geweiht, die »Reconquista« (= Wiedereroberung) zeigt ihre Erfolge bis Valencia und Almería. Die Münzen tragen nach byzantinischer Art die Büste des Königs, ein Kreuz, das katholische Monogramm Christi oder einen Löwen (für die Festung León, deren Name allerdings nicht auf Leo = Löwe, sondern auf die siebte römische Legion zurückgeht). Ab Alfons VII. sieht man auf einer Silbermünze sogar das Santiago-Kreuz mit den dreigelappten Enden.

Abb. 24: Siegel von König Alfons II., dem Keuschen, von Asturien, der 842 starb; die Engel tragen die Kleidung einer viel späteren Zeit. (Abbildung aus dem Plakat zum Festakt seines 1155. Todestages in Oviedo, 1997.)

Abb. 25: Inschrift von König Alfonso III. von Asturien. Datiert: Era 913 = 875 n. Chr.

Nur die seltsame Zählung der Alfonsos konnte ich auf den Münzen nicht finden. Sie bleibt nebelhaft (Fotos 19–20).

Als Fazit könnte man skizzieren: Das Königreich Asturien der Legenden ist das bekannte Westgotenreich, vereint mit dem suebischen, evtl. auch mit Navarra, und vor allem mit der Aquitaine, die von den Goten bekanntlich erst gegen 1000 verlassen wird.

Da die portugiesische Geschichte direkt mit der von Kastilien und León verbunden wurde, beginnt Portugal als Grafschaft unter Heinrich von Burgund, »comes portucalensis«, der das Lehen als Schwiegersohn des Königs von Galicien und Toledo, Alfons VI., im Jahre 1097 erhielt. In einem Diplom von Era 1145 (= 1107 AD) wird er als »Anricus principe«, also Fürst Heinrich, bezeichnet (dazu Foto 23). Historiker, denen die Einzelheiten präsent sind, wie Heinrich Schaefer (1845), bemühen sich in gewundener und gelehrter Sprache, diesen Anfang Portugals »aus dem Nichts« plausibel zu machen: Ein gewisser Sisnand (man beachte den echt gotischen Namen!), der als Gefangener des Moslems Aben Abed in Sevilla gelebt hatte, eroberte Coimbra (etwa 1057) und wurde später von König Alfons VI. mit den Titeln consul (antik lateinisch) und al-vezir (arabisch) sowie als »Richter nach dem Gesetz der Gothen« bestätigt. Nach der Echtheit dieser Urkunde zu fragen, ist genauso berechtigt wie nach jener »Schenkungsurkunde« des Königs Ramiro II. von Galicien, die 933 über das Lehen Coimbra verfügt (das aber chronologisch gesehen noch in islamischer Hand gewesen sein müßte). Aber obgleich der Portugiese J. P. Ribeiro sich vor 200 Jahren durch einen wahren Berg von Diplomen hindurchgearbeitet und ein mehrbändiges Werk darüber verfaßt hat, dessen daraus resultierende Datenliste von allen späteren Historikern gern übernommen wurde, ist die Frage nach der Echtheit der Dokumente nie aufgetaucht. Bei einer solchen Menge von zumeist kirchlichen Urkunden erachtete man den Verdacht einer Fälschung als absurd. Wie berechtigt dieser Verdacht dennoch ist, mußte ich im Laufe meiner Erkundigung noch erfahren.

Steininschriften und Münzen machen einen verläßlicheren Eindruck, obgleich sie auch hin und wieder gefälscht wurden. Da die Münzen des christlichen Spaniens vor dem 13. Jahrhundert fast nie Jahreszahlen tragen (gebräuchlich erst ab dem 16. Jahrhundert), fallen sie für unsere Untersuchung aus. Aber die zahlreichen Inschriften an Kirchen und Burgen, auf Grabsteinen zumal, können – so nimmt man an – natürlich nicht alle gefälscht sein. Sie laufen vom 6. Jahrhundert mit geringen Lücken durchgehend bis ins 11. Jahrhundert. Die letzte Inschrift (bei Hübner) stammt von Era 1103, das entspräche nach der neuen Umrechnungsformel (+259) dem Jahr 1362 AD. Nur 21 Jahre später wurde in Kastilien von Era auf AD umgestellt. Wenn wir spätere Inschriften finden, müßten diese dünn gesät sein. Portugal gilt als letztes Land, das die Umstellung offiziell durchführte, nämlich 1422, was Era 1163 entsprechen würde. Mithin müßten, wenn die Zeitkürzungs-These stimmt, Era-Inschriften mit Zahlen, die höher als 1163 sind, fehlen oder äußerst selten sein. Der tatsächliche Befund spricht dafür. Und das hat noch niemanden gewundert? Haben die so weltoffenen und durchaus schreibkundigen Portugiesen zwischen 1163 und 1422 versäumt, ihre Baudenkmäler oder Grabsteine mit Daten zu versehen?

Gefälschte Grabsteine

Eine genaue Untersuchung sämtlicher erhaltener Inschriften des mittelalterlichen christlichen Spaniens zeigt, daß keine als echt gelten kann. Ein wahrhaft niederschmetternder Befund!

Man müßte also diese Inschriften mit Era-Jahreszahlen einer strengen Kritik unterwerfen. Der ab S. 27 schon erwähnte Berliner Professor Emil Hübner (1834–1901) hatte in seiner mehr als vierzigjährigen Tätigkeit und auf vier längeren Reisen in Spanien ein gewichtiges Werk über die Inschriften des christlichen Spaniens verfaßt, das – in reinem Gelehrtenlatein geschrieben – vor Wissen und emsigem Fleiß nur so strotzt. Es wurde seinerzeit hochgeachtet und ist bis heute grundlegend geblieben. Kaum jemand traut sich, die eine oder andere Stelle zu kritisieren. Was ich nun vorbringen werde, stellt den Wert

des Werkes in Zweifel, und das vieler Vorläufer und Nachfolger dazu. Leider bleibt mir keine Wahl.
Wie ich schon auf S. 27 sagte, habe ich mir die älteste Kirchweih-Inschrift Spaniens, von der ich zuerst meinte, sie könnte Illigs These über den Haufen werfen, sehr genau angesehen und Zweifel an ihrer Echtheit ausgesprochen. Bischof Pimenius von Sidonia (Provinz Cádiz) wird durch fünf solcher Marmor-Inschriften und mehrere Texte der Konzilien von Toledo zur geschichtlich beglaubigten Person. Leider weichen diese Inschriften (bei Hübner, Nr. 80, 85, 88 und 89 sowie 111), auf denen Pimenius als »pontifex« (das kann Bischof oder Papst heißen) oder »antistite« (= Vorsteher, also ebenfalls Bischof) eine »basilica« (Tempel) weiht, hinsichtlich des Pontifikatjahrs leicht voneinander ab. Sie sind übrigens alle in derselben Werkstatt hergestellt. Das ist nicht verwunderlich, denn diese Kirchen liegen im Umkreis von 50 km, aber ein kleines Buchstabenkürzel (ID für »ilustrium« = berühmt) verrät Unkenntnis der Schreibgewohnheiten des 7. Jahrhunderts. Es steht jeweils im ersten Teil des Textes, in dem die Märtyrer aufgezählt werden, deren Reliquien der Kirche bei ihrer Gründung übergeben wurden. Die Namen dieser Märtyrer lassen jedoch einem modernen Theologen die Haare zu Berge steigen: Außer Johannes dem Täufer tauchen Cosmas und Damian und ähnliche Heilige auf, die erst in der Renaissance und im Barock zu Ehren gelangten. In der frühen Westgotenzeit kannte man sie noch nicht. Man wird die Unmöglichkeit derartiger Behauptungen aber schon vor Mitte des vorigen Jahrhunderts gemerkt haben, denn seit der Zeit, als Hübner sich mit diesen Inschriften beschäftigte, fehlt der obere Teil der Inschrift mit den verräterischen Namen und dem ungewohnten Kürzel, wogegen der untere Teil mit der Widmung und dem Namen des Pimenius in prächtig guter Lesung erhalten ist.
Auch die Inschrift Nr. 90 aus Jerez stammt aus derselben Werkstatt, hier ist gerade der unmögliche Märtyrertext erhalten,

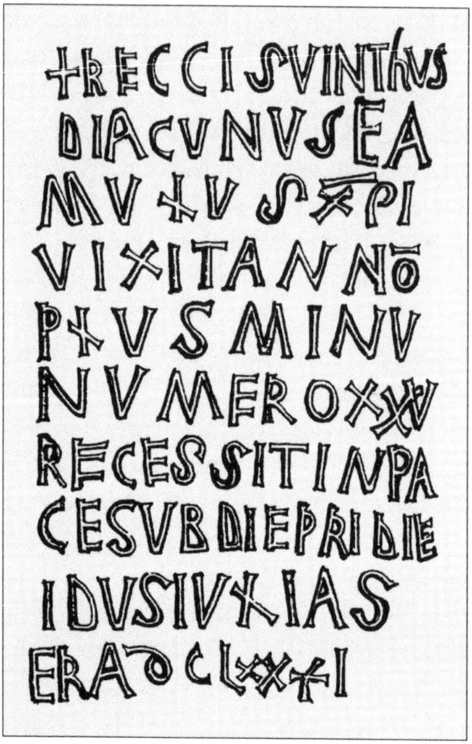

Abb. 26: Marmortafel aus Montoro aus dem Jahr 681 Era = 643 n. Chr. – Beispiel für die Unkenntnis der Fälscher. (Nach Emil Hübner 1871.)

während die Weihung inzwischen fehlt. In beiden Fällen ist der Widerspruch zwischen den beiden Inschriftteilen geschickt beseitigt.

Hübner ist zwar aufgefallen, daß Pimenius kein gängiger Name ist; er führt ihn auf griechisch Poimynos zurück, meldet aber doch keinen Zweifel an, was er sonst wortreich tut, wenn die Sachlage offensichtlich ist. Er hat nämlich eine große Zahl von Inschriften und Grabsteinen (!), insgesamt 104 Steindenkmäler, als *gefälscht* entlarvt, darunter berühmte Königs- und Heiligengräber. Manche dieser Epitaphe sind aber auch zu drollig, die Fälscher bewiesen Humor!

Da gibt es Texte in heidnisch-klassischem Latein mit Jahreszahl im 6. Jahrhundert oder die Weihinschrift über dem Portal der Kirche Santa Marina in Lissabon mit der Zahl Era 412, die aber ganz neu aussieht; wir wissen ja, daß es vor 500 Era keine solche Inschrift geben kann. Oder (Nr. 7) den Grabstein mit den Worten »Hier ruht Ruderich, letzter König der Goten«. Wer sich vom Lachen erholt hat, darf weiterlesen: Bei Ciudad Rodrigo am westlichsten Rand von Kastilien lagen in einer Kirche die Bruchstücke eines Grabsteins (Nr. 11), auf dem man noch »Kaiser und König Karl Martell, Ehre Galliens« und die Jahreszahl »Anno 723« (ohne Era!) lesen kann. Dieser Karl, der angeblich 732 die Sarazenen bei Tours oder Poitiers schlug, war kein Kaiser und starb offiziell erst 741 in Frankreich. Martell heißt »der Hammer«, aber jetzt kommt noch einer: In den Fundamenten des Klosters der Barfüßerinnen in Carmona (Sevilla) lag ein Stein (Nr. 22) mit einer Inschrift in zwei Jahreszählungen, nämlich Era und Hedschra. Endlich ist das »missing link« gefunden, möchte man frohlocken, eine korrekte Gleichsetzung der beiden ungestörten Zeitrechnungen. Da wird der 5. Januar 811 Era dem Dienstag des Jahres 156 der Hedschra (»ecira«) gleichgesetzt. Ich rechne mit dem von meinem Sohn Alexander geschaffenen Programm für die Era-Tage nach und stelle fest: Jener 5. Januar 811 war ein Dienstag, und wenn auch Tag und Monat des islamischen Datums nicht genannt werden, so ist doch ein Teil des Jahres 156 Hedschra mit Era 811 gleich. Aber Hübner, der ohnehin nicht sehr kritisch an die sakralen Dokumente herangeht, sagt hier, daß der Stein mehrfach in der Literatur beschrieben wurde und doch offensichtlich gefälscht ist. Das darf man ihm unbesehen abnehmen.

An diesem auffälligen Beispiel wird eine Technik der Fälscher deutlich: Man rechnete nur soweit um, wie man es verantworten konnte, ohne Fehler zu produzieren. Hätte dieser Stein auch noch Tag und Monat des Hedschra-Jahres getragen (was eigentlich unerläßlich ist, denn es gibt 50 Dienstage in jedem Hedschra-Jahr), wäre ein immenser Aufwand an Rechnerei nötig gewesen, der vor dem 17. Jahrhundert nicht zu bewältigen war.

In Carmona befinden sich noch weitere Steine, die so offensichtlich gefälscht sind, daß man nicht weiß, ob man lachen oder weinen soll. Da werden theologische Spitzfindigkeiten wie die Dogmatisierung des Heiligen Geistes oder gefälschte Chroniken durch Inschriften gerechtfertigt. Sogar die Christenverfolgungen unter Nero und Diokletian werden mehrfach auf Märtyrersteinen »bezeugt«. Diese hatte Hübner schon anläßlich seiner ersten Reise ohne Zögern »sämtliche als mittelalterliche Fälschungen, in durchaus echt wirkendem Latein« erkannt (1869, zitiert nach Kaufmann, S. 312).

Die meisten Steininschriften wurden in Kirchen und Klöstern gefunden, einige in Stadtmauern oder Herrenhäusern. In der Kirche in Santiago de Compostela in Galicien steht sogar ein Stein mit der »Aera«-Zahl 840 in *arabischen Ziffern*, die dort erst zwei Jahrhunderte später auftraten. Und auf dem Grabstein von Alfons V. steht, daß er Al-Mansor (den Almoraviden) im Era-Jahr 1065 besiegte und an einer Pfeilwunde starb...

Aber wie gesagt – alle diese zuletzt genannten Steine erklärt auch Hübner, meist gegen die ihm vorliegenden Meinungen seiner Kollegen und Vorgänger, als Fälschungen, insgesamt 104 Steine.

Bei den übrigen zweihundert merkt er hin und wieder einige ungewöhnliche Fehler, wagt es aber kaum, den Verdacht auf Fälschung auszusprechen. Zur Rechtfertigung muß er zuweilen ganz haarsträubende Umwege finden. Wäre er nämlich seinen Zweifeln nachgegangen, wäre ihm kaum ein Stein übriggeblieben. Nun hätte ja der Nachweis, daß alle diese in der Literatur sorgsam gehüteten Inschriften – der Stolz von Kirchen und Museen – Fälschungen aus der Zeit der katholischen Eroberung und der Inquisition sind, einem Wissenschaftler ebenfalls Ehre gemacht. Aber vermutlich hätte er mit seiner Meinung allein dagestanden, gegen den ganzen akademischen Berufsadel, und wäre irgendwo unbeachtet verhungert, statt als angesehener Gelehrter sein Leben als Freund von Mommsen und Saavedra zu beenden. Jedenfalls kann ich mir nicht denken, daß einem so klugen Mann der Sachverhalt nicht im Laufe der 40 Forschungsjahre aufgegangen sein sollte.

Da gibt es nämlich – wie bei den Pergament-Diplomen – auch bei den Steinen das Phänomen der offengelassenen Datumszeile! Man möchte es nicht glauben, kann es aber in Marmor gehauen betrachten: Der Text des Grabsteines klingt zunächst unverdächtig, bis es ans Datum geht – das fehlt einfach. Die Stelle ist zwecks späterer Ausfüllung freigelassen. Auch für Kirchweihinschriften ist das nachweisbar! Da wird dem Heiligen Stefan eine Kirche in Iliberri (Elvira) bei Granada geweiht, wobei neben dem Era-Jahr 615 der Tag und das Jahr der Regierungszeit von König Wittirich stehen sollten, aber die Stelle ist leer, weil man sich noch nicht einig war, welches Datum zu dem (imaginären?) Gotenkönig passen könnte. Auf demselben Stein sind gleich noch zwei weitere Kirchweihen verzeichnet, diesmal für das Jahr 632 Era. Dieser Marmorblock mit der unmöglichen dreifachen Weihinschrift befindet sich in der Mauer der Kirche Santa Maria auf der Alhambra (Foto 21), die zwischenzeitlich einige Jahrhunderte in maurischer Hand gewesen war. Man muß also annehmen, daß hier nach der »Wieder«-Eroberung ein Gedenkstein angebracht wurde, der nachträglich irgendwelche katholischen Kirchen des 6. Jahrhunderts in Granada postuliert. Müßte nicht auch Hübner das gemerkt haben?

Übrigens sind die Jahreszahlen der rund hundert datierten Steine stets in einer Weise angebracht, daß sie über den Rand hinauslaufen, oft zweigeteilt, so daß sie mindestens an zwei Stellen nachträglich verändert werden konnten. Die Jahreszahlen sind außerdem in seltsam verschleiernder Manier geschrieben – im Gegensatz zum übrigen Text –, damit keine eindeutige

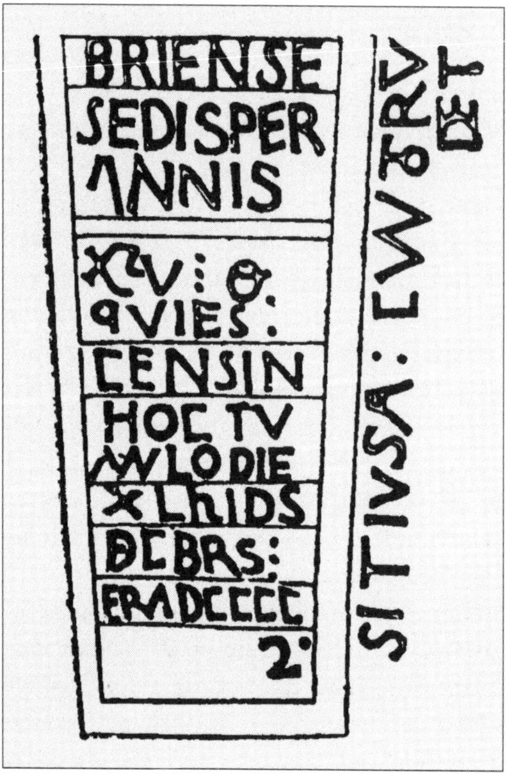

Abb. 27: Grabstein mit Era-Datierung 950, das wäre 912 AD. (Aus: Emil Hübner 1871, No. 235.)

Lesung möglich ist. Einige Zahlen erkennt auch ein Laie als nachträgliche Eintragung von anderer Hand (z. B. Nr. 84), in einem Falle ist die Leerstelle sogar durch sinnlose Buchstaben ausgefüllt worden (Nr. 172). Als unecht fällt oft auch das ornamental verwendete Kreuz auf den Grabsteinen auf. Auch dieses Zeichen hat nämlich seine Stilgeschichte.
Ich habe nur die auffälligsten Beispiele erwähnt, immerhin aus der Zahl jener Steine, die als echt gelten.

Die Entlarvung der spanischen Era

Die Era-Datierung war vor der Einführung der christlichen Zeitrechnung schon gefälscht und verrät damit den Zeitsprung.

Bei meiner eifrigen Suche nach echten Inschriften war mir aufgefallen, daß nur dieser Pimenius fünfmal auf Steinen verewigt ist, sonst hat kein Bischof mehr als einen Stein als Nachweis. Und was ebenfalls seltsam anmutet: Diese Nennungen von Bischöfen sind auf wenige Bistümer beschränkt und fallen nur in die Jahre 589 bis 662 AD, als habe es nur 73 Jahre lang katholische Aktivität dort gegeben. Die Konzilsberichte behaupten aber eine bis heute durchgehende katholische Kirchentätigkeit ab dem Jahr 300. Diese Texte dürften also allesamt nachträglich geschrieben sein. Um sie zu beglaubigen, schuf man die Grabsteine und Kircheninschriften.
Sicher war die den Steinmetzen befohlene Aktion flächendekkend und zeitfüllend geplant, dann aber doch recht ärmlich ausgefallen. Angst vor Aufdeckung brauchte man nicht zu haben. Wenn alle Schriftstücke einer gewissen (erfundenen) Epoche, also der katholischen Goten des 6. bis 8. Jahrhunderts, in derselben Manier abgefaßt und gestaltet sind, und wenn es keine gegenteiligen Beweisstücke gibt, dann muß man einfach jedes Dokument dieser Zeit als echt ansehen. Der Einwand, daß man ja nicht gut *alle* andersartigen Zeugnisse vernichten konnte, ist überflüssig. Es gab keine anderen christlichen Inschriften der Goten jener Zeit, weil sie Arianer oder Moslems waren.
Denn das war ja gerade das Ziel der spanischen Fälschungsaktion: Eine christliche Vorgeschichte zu schaffen, die das Recht gab, diese Gebiete Iberiens »zurückzuerobern«. Soviel hatte schon der Katalane Olagüe (1969) herausgearbeitet, und es wird heute zunehmend bekannter. Antonio Gala hat es sogar in seinen amüsanten Roman »Die Handschrift von Granada« eingebaut. (Hinweis von Holger Langberg.)

In Sachen Zeitrechnung hatte man sich allerdings recht gut abgesichert. Die höchsten Era-Jahre im ehemals arabischen Spanien und Portugal fielen ins 7. Jahrhundert, widersprechen also nicht der behaupteten Eroberung durch die Moslems 711. Nur einmal wird DCCC (800) auf einem Stein in Córdoba erwähnt. Aber Hübner sah die letztgenannte Inschrift nur noch *ohne* die offensichtlich falsche Jahreszahl; man hatte sie rechtzeitig entfernt. Derartige Korrekturen werden noch heute praktiziert, wie ich in spanischen Museen durch Vergleiche von Inschriftsteinen mit älteren Katalogen feststellen konnte: Namen und Daten, die unter modernen Gesichtspunkten sofort als Fälschung erkennbar wären, werden mit Hammer und Meißel abgeschlagen.

Auf einigen Steinen in Katalonien gibt es Jahreszahlen in Era und Anno Domini, die vielleicht einen direkten Anschluß der beiden Ären ermöglichen. Leider sind sie allesamt gefälscht.

Da muß man die Jahreszahlen absichtlich verkehrt lesen, damit sie stimmen, und der erwähnte »König Karl nach König Otto dem Göttlichen« paßt nirgends so recht ins Bild. Für die mehrhundertjährige Gotenherrschaft in Katalonien sind das übrigens allzu wenig Grabsteine mit Inschriften.

In den zwanziger Jahren hatte Diehl in Leipzig das Werk Hübners fortgesetzt und auf den ganzen mittelmeerischen Westen ausgedehnt. Natürlich übernahm er Hübners Urteil hinsichtlich der Echtheit der Inschriften fast unbesehen. Ab 1924 war ein Friedhof bei Tarragona ausgegraben worden, der neue Erkenntnisse über die spätrömische und frühchristliche Zeit brachte. Nach dem Bürgerkrieg machte sich José Vives daran, einen neuen Inschriften-Katalog zu erstellen, der die Arbeit von Hübner und Diehl weiterführte und an einigen Stellen auch kritisierte (zuletzt 1969). Damit haben Spanier die Sichtung ihrer Schätze selbst übernommen, und es weht ein frischer Wind in der Inschriftenforschung. Nicht nur, daß jetzt in einer lebenden Sprache geschrieben wird, Spanisch statt Latein, sondern es werden auch Zöpfe abgeschnitten, die ein Jahrhundert lang die Forschung hemmten.

Im Museum von Oviedo in Asturien sah ich einige Grabsteine mit sehr alten Era-Daten, die vielleicht zu einer anderen Zeitrechnung gehören, wie Hübner, Mommsen u. a. glaubten. Vives belegt mit guten Argumenten, daß sie mit der allgemeinen »spanischen« Era identisch sind. Damit gewinnen wir sehr frühe Zeugen für jene Zeitrechnung! Die Inschriften beginnen mit COS 316 (COS für Consules, die bei den Römern übliche Art, durch die Namen der Konsuln den Zeitpunkt zu nennen), und reichen über CONS 400 bis AERA 474. Alles in allem ist es jedoch eine magere Ausbeute, noch dazu in einem Gebiet, das, wie er selbst sagt, fast unzugänglich zwischen den Bergen

Abb. 28: Grabstein aus Asturien mit Datum in Consular-Ära 328.

liegt, um Cangas de Onís, der späteren Wiege der Wiedererobe-rung. Dieser kleine kantabrische Stamm habe also zu rein pri-vaten Zwecken – nämlich nur auf den wenigen Grabsteinen, nie offiziell – die Era-Datierung in Gang gesetzt, die dann ein Jahr-tausend lang im ganzen Westen Spaniens in Gebrauch blieb. Wenn aber ausgerechnet in dem Schlupfwinkel, aus dem die »Reconquista« hervorkam, die Handvoll Grabsteine gefunden wurden, die einen um fast zwei Jahrhunderte früheren Einsatz der Era rechtfertigen sollen, dann schwant mir schon wieder Unheil. Obgleich mir diese Steine im Museum von Oviedo einen sehr viel echteren Eindruck machen als die andalusischen, halte ich sie doch für zu vereinzelt, isoliert und zeitlich depla-ziert, als daß sie beweiskräftig wären.

Zum Glück wurde die besagte Nekropole von Tarragona mit Hunderten von beschrifteten Grabsteinen ausgegraben und gut dokumentiert. *Keiner* der Steine trägt ein Era-Datum. Nur fünf der im Katalog aufgeführten 57 Steininschriften sind durch namentliche Angabe der Konsuln datierbar; sie stammen aus westgotischer Zeit, wie wohl die meisten Steine dieser Nekro-pole, die vielleicht im 6. Jahrhundert verlassen oder zerstört wurde.

Vives stellt in diesem Zusammenhang noch mehr fest: Die Era-Datierung ist in Ostspanien, also in der Provinz Tarraconensis, in Saragossa und Katalonien, nie verwendet worden, nicht ein-mal auf Pergamenten, sondern nur die Consular-Datierung; auch Juan de Biclara (567–90) sowie alle Konzilsberichte haben nur eine Datierung nach Kaisern und Königen. Im Westen Spa-niens dagegen findet man die Era sowohl auf Inschriften als auch bei den Schriftstellern wie Idacius und Isidor. Das gibt zu denken!

In seinem Katalog verzeichnet Vives noch fast 200 Inschriften mehr als Hübner, 160 mehr als Diehl, alle natürlich vor 711 (!), und spart nicht mit kritischen Worten über die vielen Fehler, Mißlesungen wie Rechenfehler, die Hübner beging. Er merkt

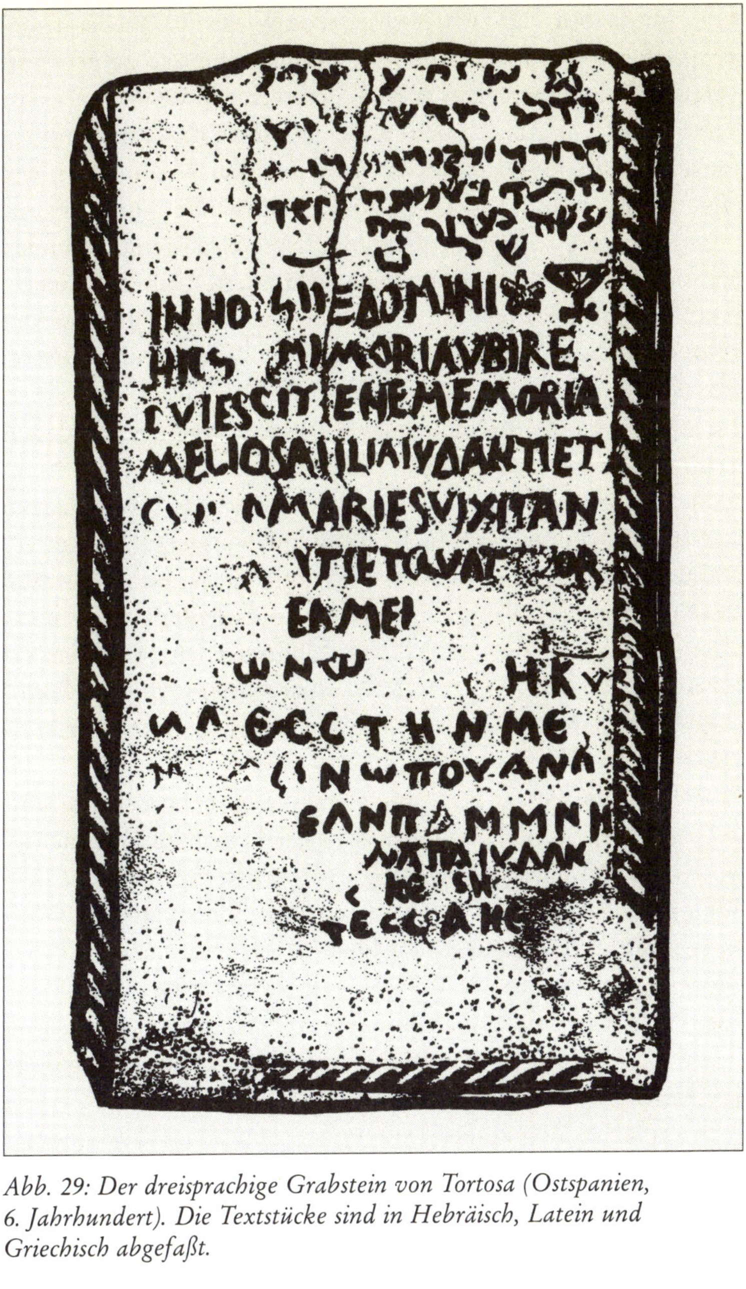

Abb. 29: Der dreisprachige Grabstein von Tortosa (Ostspanien, 6. Jahrhundert). Die Textstücke sind in Hebräisch, Latein und Griechisch abgefaßt.

auch bei jedem Stein an, wenn Schreibweise oder Inhalt des Textes zu sehr von der Norm abweichen. Nie jedoch kommt er auf die Idee, daß er es mit einem gefälschten Stein zu tun haben könnte, nicht einmal bei dem schon erwähnten offensichtlichen Erinnerungsstein auf der Alhambra, der drei Kirchweihen zugleich dokumentieren soll. Auch Vives möchte seinen eigenen Forschungsgegenstand nicht in die Grube versenken. Er hilft mit haarscharfen Überlegungen nach, wenn das Datum einer Weihinschrift nicht auf Sonntag fällt, wie es sein müßte, indem er das oft »kabbalistisch« verschlüsselte Datum – eine Eigenart jener Zeit, wie er glaubt – so günstig liest, daß es (außer in einem Fall) doch auf Sonntag fällt. Aber dieses Problem hatten die Fälscher wohl schon selbst entdeckt, weshalb sie in einem Konzilstext (des II. von Saragossa, 691) eine Beschwerde gegen angebliche Kirchweihen an Wochentagen einfügten. Gewiß erkennt Vives, daß das von Hübner (und ebenso von Diehl und Delehaye) ins 6. bis 7. Jahrhundert datierte elfenbeinerne Kruzifix (!) ins 9. bis 12. Jahrhundert gehören muß, aber eher auf Grund der beiden Heiligennamen, die damit in den Kult eingeschleust werden sollten – was mißlang –, als aus den hier offenkundigen kunsthistorischen Erwägungen.

Wegen der Schriftart hatte ja Hübner schon selbst Steine mit Jahreszahlen des 7. Jahrhunderts ins 10. befördert, ohne die nötige Schlußfolgerung daraus zu ziehen. Die Wissenschaftler-Blindheit, die Vives seinem Vorgänger vorwirft, trifft ihn selbst aber stärker, weil er mit weitaus besserem Rüstzeug und umfassenderer Kenntnis noch immer im dunkeln tappt.

Eine besonders ulkige Weihinschrift einer Basilika mit langem Text (Nr. 307 bei Vives) soll den Abschluß bilden. Da wird die Übergabe von Reliquien dokumentiert, während des 11. Regierungsjahres von Chindaswint und 4. von Receswint (»also« 653, die beiden Könige regierten aber nicht gemeinsam), im 15. Jahr des Pontifex Bischof Justus – hier wird wohl ein spanisches Pontifikat vorbereitet –, und diese Reliquien bestanden

nicht nur aus dem Blut des Herrn und einem Stück Holz vom Wahren Kreuz Christi (dessen Verehrung erst mit den Kreuzzügen aufkam), sondern auch aus Gebeinen recht vieler Märtyrer, darunter der »Sieben Schläfer von Ephesus«.
Wenn die Echtheit der Chroniken ohnehin zweifelhaft ist und zahlreiche Steininschriften als Fälschungen entlarvt werden können, dann bleibt von der Era wenig übrig. Sie ist ein Kunstprodukt der Kirche zur Stützung ihrer Machtansprüche in Spanien. Weil sie aber offensichtlich zu einem Zeitpunkt in Gang gesetzt wurde, als man die Anno-Domini-Jahre noch nicht allgemein benützte, verrät der zwischen den beiden Zählweisen festgelegte Abstand den künstlichen Einschub von drei Jahrhunderten.

9 Aufsteigendes Abendland

Wikinger oder die Emporien des Nordens

Die sogenannten Chroniken der Mönche haben uns ein Feindbild beschert, das selbst unsere nächsten Nachbarn nicht verschont hat.

Die unsagbare Angst, die das christliche Abendland – den Mönchschroniken zufolge – vor den seefahrenden Nordmännern jahrhundertelang ausstand, gehört wohl auch ins Fabelreich, zumindest soweit es die ersten Exzesse dieser Eroberungen betrifft. Schon um 800 suchen die Wikinger legendärerweise die sächsischen, friesischen und fränkischen Nordseeküsten heim, beginnen ihre Zerstörungen an der Seinemündung (810) und rauben das in den Klöstern angehäufte Gold. Bald segeln sie den Rhein aufwärts bis Straßburg, das sie brandschatzen. Ich stelle mir vor allem die Rückfahrt rheinab recht bildlich vor: Beutebeladen liegen die langen hochbordigen Drachenboote gut in der Strömung, von den Recken mit kräftigen Rudern vorangetrieben; mittschiffs wiehern die Heldenrosse. Während die viele hundert Boote starke Flotte das heilige Köln passiert, werfen adlige Damen am Ufer Blumen in die Fluten des Rheins und geben damit Anlaß, daß man sich das nächste Mal (882) Köln als Ziel vornimmt, und vor allem moselaufwärts Trier, eine der bestbefestigten Städte des Frankenreiches.

Auch die Erstürmungen von Paris 845 und 866 (und noch öfters), das als schwelender Schutthaufen zurückbleibt, war eine ungemein taktische Leistung, denn mit mehreren hundert Booten den engen Seinefluß aufwärts zu fahren, ohne sich gegenseitig zu rammen, erfordert nicht nur die gewohnte skandinavische Seemannskunst, sondern auch Tollkühnheit und Berserkerwut gegen die am Ufer fliehenden Frankenritter. Zum Glück gehörten zu solch einer flinken Flotte den Chroniken zufolge Zehntausende von nordischen Helden, die übrigens weniger scharf auf Gold als vor allem auf Sklaven aus waren, die man in die Heimat verschleppte, weil dort der Ackerbau durch die alljährlichen Raubzüge der Mannschaft kaum noch gepflegt wurde.

Von geschichtswissenschaftlicher Seite hat man natürlich einleuchtende Erklärungen für diese lemmingartige Flut von heidnischen Seefahrern gefunden, die von Norwegen und Dänemark aus England, Irland, Aquitanien, Andalusien, die französische Provence, Sizilien und Nordafrika heimsuchten. Wie man aus den weiten Fahrten nach Grönland (»grünes Land«), Labrador (Vinland, wo Wein wuchs) und Island schließen kann, war das Klima damals besonders warm, weshalb auf den skandinavischen Feldern Rekordernten eingebracht wurden, die wiederum eine Überbevölkerung auslösten, woraus die Notwendigkeit für die junge Mannschaft entstand, sich anderswo ihr Brot zu suchen.

Da aber archäologischerseits keine Anzeichen für Brandschatzung und nur ausnahmsweise einmal Waffen oder Gräber der Nordmänner gefunden wurden, begann man einen anderen Ton anzuschlagen und spricht nun von Handelsbeziehungen, die ja durch die nordischen Emporien (= Handelsstützpunkte, wie Haithabu), die Vorläufer der Hanse, in vorbildlicher Weise belegbar sind, wenn auch zu anderem Zeitpunkt, wie ein Vergleich des Stadtsiegels (von »880«) mit einem entsprechenden von Lübeck (1256) deutlich macht. Man fand in Haithabu auch arabische und persische Münzen, aber keine fränkische Währung, wodurch die Schmach von den christlichen Europäern

Abb. 30: Stadtsiegel aus Haithabu (um 880) und Lübeck (1256) mit fast gleicher Gestaltung und Schiffstyp (Kogge). Diese Unmöglichkeit ist nur durch Fehldatierung von Haithabu um mindestens 300 Jahre erklärbar. (Zeichnung U. Topper nach Graichen/Hillrichs 1993, S. 213 u. 211.)

genommen wird, sich derart feige ausrauben zu lassen. Sollte man nicht besser aus dem regen Handel und den zahlreichen Münzen schließen, daß Araber und Perser damals durchaus Münzen prägten, die Franken aber nicht?
Das stille Abtreten der nordischen Seemacht hat Folgen, die einfach unterschlagen werden: Chroniken der Mönche aus dem 9. oder 10. Jahrhundert, und seien sie auch später geschrieben, erweisen sich somit als Hirngespinste. Wer nur einfach die dort mitgeteilten unglaublichen Zahlen für Menschen und Boote auf ein vernünftiges Maß zusammenstreicht, ansonsten aber die Raubzüge und dazu erfundenen Klöster etc. als Fakten weiterführt, begeht denselben Unsinn, den Olagüe für die Ausbesserung der Chroniken von Andalusien aufzeigte. Illigs Erklärung (1996, S. 157 ff.), daß nicht nur die Wikingerzüge virtuell sind, sondern der *ganze* Zeitraum, mag radikal klingen, ist aber im gesamten Rahmen einleuchtend.
Zufälligerweise (?) im Jahr *911* werden diese Normannen dann doch ganz rechtmäßig in die Geschichte eingereiht, nämlich als Lehnsträger des Frankenkönigs Karl (»des Einfachen«), durch den sie im Vertrag von St. Clair-sur-Epte unter ihrem Führer Rollon die von da an nach ihnen benannte Normandie erhalten, die Basis für die zukünftige Eroberung von England. Sicher hat der diplomatische Frankenkönig die Eroberer juristisch sanktioniert, um sein Land vor weiteren Folgen zu schützen. Warum das Dokument nachträglich auf 911 datiert wurde, scheint nun einleuchtend: noch älter konnte man es nicht machen, man wäre sonst in der Vorgeschichte gelandet.
Eroberungszüge von Dänen in südwestlicher Richtung sind durchaus nicht nur erfunden, sie fanden allerdings in anderer Form und zu anderer Zeit statt, als es uns bisher erzählt wurde. Auf der Iberischen Halbinsel sah man schon 750 die schrecklichen Engel (gemeint sind Angeln aus Jütland) vor den Toren von Córdoba; im nächsten Jahrhundert zerstörten sie Sevilla, von arabischen Chronisten als Magos (Perser) be-

zeichnet. Absurd wird diese »Geschichtsschreibung« bei den weiteren Abenteuern dieser Truppe: Nachdem sie in einem Scharmützel am Guadalquivir rund 20 000 Gefallene zurücklassen mußten, durchzogen sie 14 Jahre lang das Mittelmeer und kehrten ruhmbeladen auf der Heimfahrt ein zweites Mal an der andalusischen Küste zum Brandschatzen und Raubmorden ein.
Ganz anders, viel realistischer, lesen sich dann die Erwähnungen von Seefahrerüberfällen auf Galicien in den Jahren 960, 966 und 1016, aus denen vielleicht bei der Geschichtsschreibungsaktion – ganz entsprechend der im fränkischen Reich – die unglaubwürdigen Wikingerzüge in Andalusien gestaltet wurden. Am Rande sei vermerkt, daß auch für die Waräger in Rußland ähnliche Korrekturen ein verläßlicheres Bild entstehen lassen. Wiederum bietet der von den Byzantinern (ursprünglich in Griechisch abgefaßte) Vertrag von (907? oder) *911* mit den Rus einen ersten Anhaltspunkt für die Legalisierung dieser Händlertruppe, für uns den ersten Hinweis auf Geschichtlichkeit.

Gab es im Mittelalter Städte?

Auch im eigenen Haus wird noch geschummelt, um die Zeitzählung aufrechtzuerhalten.

Wer sich darauf verläßt, daß die Archäologen die fraglichen drei Jahrhunderte in *unseren eigenen* Städten ganz sicher belegen können, ist verlassen. Auch in diesem interessanten Arbeitsbereich, der eigentlich nur Fakten ergeben sollte, ist der Grundfehler derselbe: Man geht von der festgelegten Geschichtsschreibung aus und ordnet die Funde bestmöglich ein. Wir haben ja zum Glück einige Städte in Gallien, England

und Deutschland sowie in Norditalien, die seit der Römerzeit durchgehend bewohnt sind. Nehmen wir einmal das zweitausendjährige Köln, das ja durch den Wiederaufbau nach dem letzten Krieg auch in archäologischer Hinsicht etwas besser erschlossen werden konnte, als dies in früheren Generationen möglich war. Da stellte man fest, »daß die merowingische Periode nur durch ein königliches Grab unter dem Dom repräsentiert wird«, schreibt Niemitz (in VFG, 3/1992, S. 62), und daß »merowingische Siedlungsspuren im römischen Köln praktisch fehlen. So muß angenommen werden, daß in dieser Zeit das Gelände innerhalb der Stadtbefestigung nicht besiedelt gewesen sei.« Das aber ist eine äußerst unbequeme Annahme, sagt Niemitz, weshalb man diese vermeintliche Lücke mit Keramikfunden schloß, die in die Merowingerzeit datiert wurden. Zumindest glaubt man für Trier aus einigen Funden auf eine merowingische Besiedlung schließen zu können.
Statt das Fehlen einer Besiedlungsschicht als Hinweis auf andersartige geschichtliche Abläufe zu werten, wird versucht, diesen Umstand bestmöglichst auszubügeln. Man bläht eine dünne Schicht, die gerade eine Generation bezeugen würde, zu einem Zeugnis für mehrere Jahrhunderte auf, wie z. B. in Frankfurt, deren Ausgrabungsergebnisse Niemitz (in VFG, 3–4/1993) unter die Lupe genommen hat. Im Gegensatz zu den ersten vier römischen Schichten (1 bis 4, von der Eisenzeit bis 210 n. Chr.) und den hochmittelalterlichen und neuzeitlichen (Schichten 7 bis 10, von 910 bis heute) ist die dazwischenliegende Schicht 5 nicht sehr ergiebig, vor allem sehr dünn. Sie steht für 700 Jahre. Wenn sie halb so viele Jahre belegen müßte, wäre sie immer noch sehr viel schwächer als die anderen Schichten und könnte nur einen Niedergang in der Völkerwanderungszeit suggerieren. Die oberste der drei Teilschichten von 5, Schicht 5 c, umfaßt ausgerechnet die Jahre zwischen 650 und 890/910, also den in Frage gestellten Zeitraum. Niemitz sagt (S. 115), daß der Ausgräber, Stamm, sie regelrecht »hinzuge-

mogelt« habe, wie aus seiner Besprechung deutlich wird, denn diese Schicht besteht aus Hausgruben, die mit merowingischem Schutt und karolingischen Scherben verfüllt sind. Er möchte nicht glauben, daß diese Gruben 250 Jahre offenstanden, um mit älteren Kulturschichten oder Schutt aus spätkarolingischer Zeit allmählich zugefüllt zu werden. Außerdem sind diese Hausgruben selten, meistens fehlen sie ganz, und damit auch das Zeugnis für die entsprechenden 250 Jahre.

»Diese Schicht 5 c ist eine Pseudoschicht; sie taucht in den Abbildungen der Stammschen Veröffentlichungen bezeichnenderweise nicht auf, kann also allenfalls den Originalzeichnungen der Ausgräber entnommen werden«, führt Niemitz aus (S. 117). An einem Schaubild zeigt er, daß die Schichtenfolge im Pfalzgebäude des Frankfurter Stadtkerns selbst schon das Fehlen der 300 Jahre offenkundig macht.

In England sieht die Lage der mittelalterlichen Stadtarchäologie nicht besser aus. Auf einer Tagung 1986 in London, die unter dem sinnvollen Titel »Die Wiedergeburt der Stadt im Westen, 700–1000 n. Chr.« stattfand (Niemitz 3/1992, S. 57), wurde eher das Gegenteil festgestellt, nämlich daß die in der Römerzeit gut bewohnten Städte und Verwaltungszentren London, Chester und York ab dem späten 5. und 6. Jahrhundert kaum noch bewohnt waren und frühestens im 9. Jahrhundert wieder zu Städten werden, die dann ab dem 10. oder 11. Jahrhundert das uns gewohnte Ausmaß mittelalterlicher Handelszentren erreichen. Für das Vorhandensein der Städte im Zwischenzeitraum zeugt manchmal nur eine bischöfliche Notiz, etwa die eines Beda Venerabilis (siehe Kap. 1) zum Jahr 604 für »die Metropole London, die ein Haupthandelsplatz für viele Völker ist«, ohne daß man Reste davon finden könnte. Wie wenig vertrauenswürdig die fromme Quelle Beda ist, wird damit wieder einmal deutlich. Erwartungsgemäß gibt es auch keine Münzen im damaligen Britannien. Man kann nicht einmal erkennen, ob York schon um 700 oder erst um 1050 zur wichtigsten Stadt in

Ostengland wurde. Dazwischen liegt fundleere Zeit. »Die Preisgabe der durch die Chroniken vorgegebenen Chronologie würde den Archäologen zu stimmigen Stratigraphien verhelfen«, sagt Niemitz dazu (S. 65).
Der Niedergang von Städten durch Kriege und Pest ist gewiß oft vorgekommen, aber wenn schriftliche Überlieferung im Gegenteil blühende Städte und Handel vortäuscht, die durch Ausgrabungen nicht bestätigt werden können, muß diese Überlieferung in Frage gestellt werden. Ein völliges Brachliegen dieser ruinierten Stadtreste wird durch die Funde übrigens nicht belegt, die zu erwartende sterile Schuttschicht fehlt. Spätantike Gegenstände reichen bis in die Schichten der nach dem Normannensturm (1066) neu aufblühenden Städte.
»Archäologie«, sagt Niemitz abschließend, »darf nicht Geschichte schreiben, sondern nur ihren eigenen Befunden folgend eine Ordnung aufbauen – ähnlich wie prähistorische Forschung, die im allgemeinen große Vorsicht bei der Interpretation walten läßt. Wenn die Befunde gegen die Geschichtsschreibung sprechen, muß die Archäologie die Widersprüche stehen lassen und sogar betonen.«

Der Beginn unserer Geschichtlichkeit

Der Anfang des Deutschen Reiches ist geheimnisvoll.
Vor 911 gibt es in Europa keine Geschichtlichkeit.

In seiner Darstellung der »Geburt Mitteleuropas« schreibt Wolfram (1987, S. 12) ohne Umschweife: »Vor dem Ende des 10. Jahrhunderts geschah nirgendwo... eine österreichische Geschichte. (...) Mit anderen Worten: Es gibt keine frühmittelalterliche Geschichte Österreichs. (...) Dieses Problem ist freilich keine österreichische Besonderheit. (...) Jedes Handbuch der deutschen Geschichte handelt vom frühmittelalterlichen Deutschland, obwohl es die Deutschen und ihr regnum Teutonicum vor dem 10. Jahrhundert nicht gab.«

Die Grenzlinie für diese plötzliche Entstehung von Geschichtlichkeit in Mitteleuropa (»ab 907«) sieht selbstverursacht aus, in der Wirklichkeit setzen Reichsgründungen nicht plötzlich ein, sondern werden durch eine Entwicklung vorbereitet.

912, beim Tode seines Vaters Otto, wurde Heinrich zum Herzog der Sachsen ausgerufen; sieben Jahre später wählten vereinigte Franken und Sachsen ihn zum ersten deutschen König. Er gewann durch kluges Verhalten die Unterstützung der Schwaben und Baiern und besiegte Lothringen, womit erstmals ein Fünfstämmebund im Herzen Europas die Vormacht innehatte, was als Deutschlands Keimzelle bezeichnet werden kann. Das mag politisch durchaus als Neubeginn zu verzeichnen sein, aber die damit in den Geschichtsbüchern verbundene Gründung von Städten und Burgen, die erstmalige Aufstellung einer Reiterei, kurzum: der Beginn einer Zivilisation aus dem Nichts, kann so nicht vor sich gegangen sein. Heinrichs Doppelsieg über die Ungarn 933 ist wohl nicht erfunden, sollte aber in einen größeren Rahmen eingebettet werden, der mit der Einführung des Steigbügels, der christlich-orthodoxen Mission in Osteuropa und dem Niedergang des Sassanidenreiches zusammenhängt.

Die Michaelfahne, die in diesen Schlachten erstmals von deutschen Reitern getragen wurde, ist wohl eine Antwort auf die Fahnen der Steppenreiterei, wie auch die ungarische Kriegstaktik als westlicher Ausläufer der beginnenden türkischen Heereszüge aufzufassen ist.

Der Mangel an einer ideologischen Gemeinsamkeit des deutschen Heerbanns gegenüber den religiös geformten Reiterheeren des Ostens dürfte der politische Hauptgrund für die Christianisierung Mitteleuropas gewesen sein. Die dabei entstehende Glaubensform hatte zunächst mit dem orientalischen

Christentum wenig zu tun, sondern war in seiner sächsischen Gestalt (»Heliand«) eine durchaus originelle Neuschöpfung, die durch Verschmelzen von Anregungen aus Byzanz und keltisch-sächsischem Heidentum entstand. Die durch die Kirchengeschichtsschreibung an diese Stelle gesetzte jahrhundertelange irische Mission kann nur eine punktmäßige Verbreitung gehabt haben.
Da von Rechtgläubigkeit und römischer Disziplin in der beginnenden Christianisierung Deutschlands nichts zu spüren ist, mußten im nachhinein durch eine rigorose Neuschreibung der Geschichte ganz andere Zustände vorgespiegelt werden. Die inquisitorischen Maßnahmen nach der Pestzeit (14. Jahrhundert) haben dann die Spuren früherer Religiosität erfolgreich tilgen können.

Durchblick?

Aus dem verständlichen Verlangen, alle Ereignisse in eine ferne Vergangenheit zu versetzen, um sie ehrwürdig und unantastbar zu machen, ist eine völlig unhaltbare Zeitlinie entstanden, deren Schwierigkeiten uns heute verblüffen.

So hätte sich nun die Geschichtsschreibung als *Zeitfalle* erwiesen. Wir sind hineingetappt durch Auswendiglernen und blindes Vertrauen. Der »gesunde Menschenverstand«, den Spengler und Olagüe auf die Geschichte anwandten, wirkt nur bei wenigen.
Geschichte ist organisch gewachsen, doch nur durch den Filter der Literatur können wir sie aufnehmen. Die Gestaltung der Geschehnisse durch den Historiker entscheidet über den Ablauf weiterer Geschehnisse. Mit Geschichtsdarstellung kann Kriegsbereitschaft erzeugt werden – das gilt in hohem Maße für

den »Großen Krieg«, la *Grande Guerre*, auf dieser wie auf der anderen Seite der Maginot- oder Siegfriedlinie. Auch heute sind derartige Auswirkungen unserer Geschichtsschreibung nicht ausgeschlossen, nur daß sie sich weniger durch Bücher als vielmehr durch optische Medien fortpflanzen.

Anläßlich der kürzlich begangenen 900-Jahr-Feiern in Frankreich zur Erinnerung an den Aufruf zum ersten Kreuzzug 1095 wurde deutlich, daß diese alten Mythen noch aktuelle Kraft besitzen. Sie in ihre Schranken zu verweisen, ist wohl Aufgabe für jedermann. Aber die Methode dazu bleibt schwach, solange sie nur vom guten Willen getragen ist. Eine wissenschaftliche Begründung für die Anfechtbarkeit oder Falschheit gewisser schädlicher Mythen ist nötig.

In einer Korrektur der Zeitskalen, alle Kulturkreise übergreifend, sehe ich ein wirksames Mittel. Wahrheitssuche war der Anlaß zu einer Erforschung der zeitlichen Zusammenhänge. Durchblick in tatsächliche Vorkommnisse und Einsicht in die Fehlschlüsse, die eine uns heute fremdartig erscheinende Geschichtsschreibung verursacht hat, sind die Ergebnisse dieser Suche. Sie könnten einen wirksamen Beitrag zur Friedensstiftung zwischen den Völkern bringen.

Zeitverschiebungen sind keine Seltenheit im Geschichtsbewußtsein der Menschheit, sondern fast die Regel. Nur in Ausnahmefällen wird ein größerer Zeitraum einfach übersprungen, das heißt: Geschehenes ungeschehen gemacht, wie die zwölf Jahre unserer jüngsten Vergangenheit. In den allermeisten Fällen wird der Abstand zum Ursprung vergrößert, also künstlich Zeit eingeschoben, wie in dem hier betrachteten Zusatz von 300 Jahren. Der Beweggrund dieses besonderen und vermutlich letzten Gewaltaktes kann als religiös bedingt entschuldigt werden, da er ein Zeitgefüge festlegen wollte, das die Tausendjahrreichidee enthielt. Den anderen Manipulationen im Altertum ist er dennoch vergleichbar. Als wohlbekanntes Beispiel darf ich das Alte Testament anführen, wo durch ellenlange erfundene Geschlechtsregister enorme Abstände zwischen die Bauphasen des Tempels von Jerusalem eingefügt werden, so daß Salomon und David in eine unverhältnismäßig frühe Zeit rücken, nämlich um 1000 v. Chr. (und das mit Eisenschwertern!). Abraham gar, der ohnehin sehr spät erfunden wurde, rückt noch einmal ein Jahrtausend vor diese Könige und damit in eine völlig mythische Vorzeit. Der Turmbau zu Babel, Noahs Kastenbau und die Vertreibung aus dem Paradies springen dann über weitere Jahrtausende zurück, als wäre Zeit ein Gummiband, das sich allen Wünschen anpaßt.

Aber anderen Völkern ging es nicht besser. Babylonier und Inder fügten ebenfalls Jahrtausende in ihre Historie ein, um ein ehrwürdiges Alter ihrer Kultur vorzutäuschen, selbst die Iraner waren nicht frei davon. Bei letzteren ist die Endzeitsehnsucht schon vorgeformt.

Die Manie, alles möglichst alt erscheinen zu lassen, scheint überhaupt eine menschliche Schwäche zu sein. Die Mayas in Mittelamerika kannten ebenfalls das Syndrom der Jahrhunderttausende, das auch die indischen Yugas kennzeichnet, und sie brachten durchaus mathematisch anmutende Zahlenreihen dafür hervor, die manchen Mythologen noch heute narren. Wenn nicht gerade unsere Archäologen auf derartige Phantasien hereingefallen wären, könnte man sich auf den mystischen Sinn dieser Zahlenspiele beschränken. So aber wird eine Korrektur unumgänglich.

Es ist durchaus verständlich, daß jedes Volk Wert auf ein möglichst hohes Alter legt, denn es verleiht Prestige und Vorrang vor den Nachbarn. Der letzte Schah des Iran ließ es sich nicht nehmen, die 2500-Jahr-Feier seines Thrones zu begehen (obgleich oder weil er Sohn eines kosakischen Truppenführers war). Dagegen ist nichts einzuwenden. Wenn aber Archäologen aus Eitelkeit und Wettstreit mit Kollegen ihre Funde immer älter werden lassen – die Stadtgründungen reichen im Nahen Osten nun schon 9000 Jahre zurück –, dann möchte man in der

Geschichtsforschung eine *Rückkehr zu den Kriterien der Wissenschaft* fordern, die im vorigen Jahrhundert noch Gültigkeit hatten.

Bei den recht häufigen Streitigkeiten der Mittelalter-Wissenschaftler um die Datierung deutscher oder französischer Altertümer schlug man sich gerne auf die Seite der älteren Einschätzung, also lieber karolingisch als ottonisch, weil hohes Alter auch höheres Prestige bedeutet, sagt Illig (1996, 317) und fügt hinzu: »Der neue Zeitansatz verzichtet auf Kindereien dieser Art.«

Sicher scheint mir außerdem, daß die Verschiebung über rund 300 Jahre gegenüber der Hedschra durch die abendländische Geschichtswissenschaft nicht erkannt worden ist. Die Wissenschaft ist bis heute blind gegenüber dieser von ihren Vorgängern verursachten Fehlerquelle.

Gegenbeweise: Die Woche und die Osterfestrechnung

Der Versuch, die These von Illig mittels der Osterfestrechnung zu stürzen, ist unwirksam, weil der Anlaß zur Erstellung eines christlichen Kalenders die Wochenzählung war.

Bei der engeren Eingrenzung des ausgefallenen Zeitraums legte Illig zunächst 296 Jahre fest. Aus mathematischen Gründen schlug ich 297 Jahre vor. Die Ungenauigkeit von einem Jahr bei einem Gesamtzeitraum von fast drei Jahrhunderten mag unwichtig scheinen, aber gerade an Kleinigkeiten werden Probleme sichtbar. Mein Korrekturvorschlag (in VFG 3/1994, S. 53) wurde durch Illig nicht gleich aufgegriffen, denn ein halbes Jahr später (in ZS 1/1995, S. 49) berechnete er weiterhin 296 Jahre, erst auf meinen zweiten Hinweis (in ZS 3/1995, S. 363) erkannte er den Fehler und erklärte, daß solche Fehler durch sich überschneidende Jahresanfänge verdeckt werden können, die früher nicht immer auf den 1. Januar fielen, sondern oft in den Frühling oder Herbst gelegt wurden. Da meine Begründung auf der Siebentagewoche aufbaute, wies Illig (ZS 2/1996, S. 243) auch darauf hin, daß die Römer nicht die Wochentage, sondern nur die Monatstage angaben. Aber ist denn die Woche eine Neuerung?

Die Siebentagezählung ist ein wichtiger Zeitmaßstab!

Die Frauen der Imasiren im Hohen Atlas in Marokko haben eine unfehlbare Methode, den Wochentag richtig zu bestimmen. Sie tragen am Handgelenk ein Armreifenbündel, das aus sieben verschiedenen Silberreifen besteht. Es wird abends abgestreift und erst nach Umlegen eines der einzelnen Reife am nächsten Morgen wieder angelegt. Einer der sieben Reife ist dicker als die anderen sechs, er bezeichnet den Sonntag, der auch dort wie in vielen anderen Sprachen »der Erste« heißt; bei manchen Stämmen bezeichnet der dicke Reif auch den Donnerstag oder einen anderen Wochentag, auf den der örtliche Markttag fällt. Immer dann, wenn der dicke Reif vorne liegt, ist die Woche um. Natürlich kann eine Frau gelegentlich das Umlegen eines Reifs vergessen, wird es aber spätestens am nächsten Markttag merken. Einem ganzen Volk kann dieser Fehler nicht passieren.

Der Wochenkalender bestand in dieser römischen Provinz spätestens seit Einführung des Christentums ohne Unterbrechung. Seit diesem Zeitpunkt sind auch jüdische Imasiren-Stämme bezeugt, und deren strenge Einhaltung des Sabbats hat die genaue Überlieferung der Siebentagewoche ebenfalls verbürgt. Auch die Islamisierung förderte den Wochenrhythmus.

Da die Wochentagszählung schon Jahrhunderte vor der kritisierten Lücke begonnen und von selbständigen Gebirgsstämmen verschiedener Religionen offensichtlich fehlerfrei bis heute eingehalten wurde, müßte die Lücke, wenn der übersprungene Zeitraum etwa zwischen 614 und 911 liegt, 297 Jahre sein, denn die Gesamtzahl der Tage von *diesen* 297 Jahren im 7. bis 9.

Jahrhundert (365 mal 297 plus 74 Schalttage ergibt 108 479 Tage) beträgt glatt 15 497 Wochen.

Illig hat also den ausgefallenen Zeitraum korrekt berechnet, denn wie er sagt: Es fallen nicht die Jahre zwischen 614 und 911 aus, sondern: die ersten acht Monate des Jahres 614 werden an die letzten vier Monate des Jahres 911 angesetzt, womit ein Abstand von exakt 297 Jahren entsteht (1996, S. 19).

Durch die Einbeziehung des Wochenrhythmus in die Illigsche These ist eine weitere Stütze gewonnen: In dem in Frage kommenden Zeitraum können es nur 297 Jahre gewesen sein, wenn der Fehler nicht größer als fünf Jahre in beiden Richtungen war.

An dieser Stelle setzte nun ein anderer Leser (Ulrich Voigt aus Hamburg) mit einem mathematischen Einwand an: Wegen der Wochentage und der Mondphasen müsse die Lücke allermindestens (28 x 19 =) 532 Jahre oder ein vielfaches davon betragen. Der Osterfestzyklus von 532 Jahren ist (wie schon erwähnt) das Produkt aus Wochenrhythmus und metonischem Mondzyklus. Dieser Einwand muß so korrekt angemutet haben, daß Illig ihn veröffentlichte (in ZS 2/1996, S. 242). Mit einer völlig irrelevanten Osterfest-Berechnung hat sich Werner Bergmann (Univ. Bochum, siehe EuS 8/1997) diesem Argument angeschlossen und gesagt: »Entweder sind also 532 Jahre ausgefallen oder keins.« (S. 485.)

Die Behauptung, das Osterfest falle nur alle 532 Jahre auf denselben Tag, ist jedoch falsch, weil Ostern nur in einem Zeitraum von 35 Tagen verschiebbar ist (zwischen 22. März und 25. April). Die Wiederholung gleicher Ostertage ist darum recht häufig; außerdem ist 28 als Faktor zu groß, da 5, 6 oder 11 Jahre als Abstand im Julianischen Kalender ausreichen (siehe meine Antwort in ZS 3/1996, S. 398). So hat dieser Versuch, die Zeitkürzungsthese von Illig zu stürzen, keine Chance, weil Wochenzählung und Osterdatum zu *kleine* Zeiteinheiten sind.

Der neue Entwurf

Diese Zusammenfassung der neuen These unter dem weltweiten Blickwinkel, der hier erstmals vorgestellt wurde, ist ein Versuch, der zu weiteren Forschungen anregen soll.

Vielleicht ist es angebracht, noch einmal in großen Zügen die *Ergebnisse* dieser Prüfung Revue passieren zu lassen. Von allen Zeitrechnungsarten, die im Laufe der letzten zwei Jahrtausende zwischen Portugal und Indien benützt wurden, sind zwei wichtige bis heute noch in Gebrauch: unsere AD-Zählung und die Hedschra der Moslems. Beide sind vor dem 10. Jahrhundert kaum bezeugt, wobei die Hedschra auf Münzen schon um 100 H. auftritt und ab 300 H. gesichert ist. Die Gleichsetzung zwischen den beiden dürfte aber später erfolgt sein, vielleicht erst im 13. Jahrhundert. Diese Gleichsetzung – das stellt sich jetzt heraus – ist nicht auf der Basis alter Chroniken oder verläßlicher Berechnungen mit Hilfe anderer Zeitrechnungsarten erfolgt, sondern von christlicher Zahlenmystik bestimmt gewesen, die durch Endzeiterwartung und Offenbarung geprägt waren.

Vermutlich wurde die AD-Jahreszählung erst im 12. Jahrhundert begonnen, ohne daß man dabei einen tatsächlichen Zeitabstand zur Geburt Jesu beachtet hätte. Man stellte einfach einen Anfang 1001 AD in die kurze Regierungszeit des Kaisers Otto III. und ordnete anschließend die übrigen Zeitrechungen ein.

Bei der Gestaltung der Geschichtsdaten passierten Pannen, die nicht mehr vertuscht werden konnten und heute Einblick in diese Arbeit geben. So hatte man zwar für die unverbunden dastehende antike Geschichte einen verläßlichen Zeitstrahl erstellt, erinnerte sich aber nur an wenige Ereignisse der *eigenen* Geschichte und konnte sie nicht einordnen, da es hier vorher keine Jahreszählung gab und Aufzeichnungen kaum existierten.

Wichtigster Anhaltspunkt wurde das Ereignis, das für alle Christen wie ein Schock gewirkt hatte: die Einnahme Jerusalems durch die Perser. Das lag (soviel hatte man vielleicht aus Byzanz erfahren) 90 Jahre vor dem neu fixierten Jahr 1001 AD. Demnach war rückerrechnet das Jahr des Herrn 911 das früheste Datum für eine neuere Geschichtsschreibung. Alle danach erfolgten Ereignisse mußten in diese neue Zeitskala eingeordnet werden – z. B. die Taten der großen Vorgänger Ottos, wie die beiden Schlachten gegen die Ungarn, die man auf entsprechend symbolische Zahlen legte: 933 und 955. Dabei kam es nicht auf Exaktheit an, nicht einmal auf Wahrheitstreue, sondern auf Sinngebung, die durch Zahlenmystik diktiert wurde. Eine solche Sinnzahl war 11, der größtmögliche Abstand zwischen Jahren mit gleichem Wochentag.

Durch komplizierte Berechnungen und Gleichsetzungen, die von Fachleuten, sogenannten Komputisten, ausgeführt wurden und natürlich nach theologischen Gesichtspunkten erfolgten, wurde für die fernere – vor 911 – liegende Geschichte ebenfalls ein Zahlengerüst erstellt, das weder einheitlich noch kritisch unanfechtbar war, aber sich doch im Laufe der Zeit durchsetzte. Daß dabei eine große Lücke durch Neuschreibung der Geschichte zu schließen war, erschreckte die Geistlichen nicht.

Als Anhaltspunkt für chronologische Berechnungen erwies sich die Kalenderreform Cäsars recht günstig, da man seit jenem Zeitpunkt das (fast) genaue Sonnenjahr im Römischen Reich verwendete. In spanischen Klerikerkreisen erfand man eine mit diesem Ereignis beginnende Jahreszählung, die Era, die analog zu anderen römischen Ären verlief, jedoch eigens für Westeuropa neu geschaffen wurde, wobei man nicht versäumte, lateinische Chroniken (Isidor, Hydatius usw.) mit Era-Jahreszahlen auszustatten und sogar Inschriften herzustellen, die die Era versteinerten. Der Hauptgrund war kirchenpolitischer Art; man wollte ein vorislamisches christliches Spanien suggerieren

und brauchte dafür Dokumente. Man schleuste die Era als *tarich es-Safar* (d.h. Zeitrechnung der Spanier) sogar in arabische Texte ein, die im Auftrag der Kirche produziert wurden.
Weniger durch die Kreuzzüge als vielmehr durch die stellenweise äußerst blutige Wiedereroberung Spaniens war die Kirche auch in geistige Auseinandersetzung mit dem Islam geraten, die sich in Frankreich und Deutschland unter anderem in der militärischen Bekämpfung der Katharer austobte. Hinsichtlich der Geschichtsschreibung mußte eine ebenso radikale Sprache angeschlagen werden. Spanische Mönche erklärten Mohammed zum Antichrist und verknüpften den Beginn seiner Mission auch komputistisch mit apokalyptischen Ideen: Sie verbanden das Jahr 1 der islamischen Zeitrechnung (Hedschra) mit der Schreckenszahl 666 der Offenbarung des Johannes. Da die islamische Hedschra-Epoche das Streitkonzil von Nizäa zur Grundlage hatte, wurde dieses durch die Komputisten nun rückrechnend auf 369 Era fixiert. Der Abstand (666–369) beträgt 297 Jahre, das sind 3 mal 3 mal 3 mal 11 Jahre, eine beliebte Zahlenspielerei jener Zeit. Das Jahr 369 ergab später bei der Einführung der Anno-Domini-Zählung (minus 44) das Jahr 325 AD.
Dieses Jahr wählte man zu einem der Eckpfeiler der neuen Geschichtsschreibung. Man schuf aus dem Streitgespräch ein erstes weltweites christliches Konzil (»von Nizäa«), das damals, in der Herrschaftszeit Konstantins die Spaltung des Christentums in Arianer (später Sarazenen und Moslems genannt) und Orthodoxe (= Rechtgläubige, später Katholiken genannt) klarstellte. Viele geschichtliche Ereignisse wurden nun an diesem Zeitpunkt festgemacht, vor allem rückblickend die gesamte heidnisch-römische Geschichte. Konstantin erklärte man zum ersten christlichen Kaiser des Reiches und nannte ihn fortan den Großen. Ob und wann und in welchem Ritus er getauft worden war, blieb allerdings offen. Da für den Zeitraum vor der postulierten Christianisierung des Römischen Reiches einige Chroniken erhalten waren, gelang die Einordnung jener

Geschehnisse relativ einheitlich und zuverlässig. Das Todesjahr Jesu, das eigentlich völlig im dunkeln lag, wurde mit Hilfe der neuen Jahreszahlen in der römischen Geschichte verankert: 325 minus 297 = 28. Ein gewisser Vitorinus habe angeblich im Jahr 500 Era dieses Rechenergebnis ermittelt. Möglicherweise verbirgt sich dahinter der Humnanist Petrus Vittori aus Florenz (1499–1584).

Die Festlegung des Jahres 1 Hedschra auf 666 Era – also (minus 44) auf 622 AD – hätte für die spätere Geschichtsforschung unlösbare Probleme bringen müssen. Bei der Zuordnung der Hedschra verschob sich nämlich der Abstand zwischen den beiden Zeitrechnungen um den Betrag von 297 Jahren, was durchaus im Sinne der Urheber dieser Idee war, weil das Christentum dadurch einen doppelt so großen zeitlichen Vorsprung vor dem Islam gewann. Einige islamisch-christliche Ereignisse, die eigentlich zeitgleich waren (z. B. Geiserich und die »Islamisierung« Nordafrikas), lagen nun rund drei Jahrhunderte auseinander, doch da sie später unter religiös verschiedenen Blickpunkten beschrieben wurden, fiel die Unstimmigkeit niemandem mehr auf.

Dieser Abstand erhielt äußerste theologische und politische Bedeutung, als das Jahr 1001 der Era herannahte. Joachim von Fiore hatte in seiner Schrift die theoretische Grundlage gegeben und der Mönch Gerhard hatte darauf aufbauend mit apokalyptischer Stimmgewalt vor diesem Schreckensjahr gewarnt. Von besonderer Wichtigkeit neben 1001 (Era) wurde das Jahr 1260 (AD) anvisiert, da es durch die jüdischen Propheten und die Johannesoffenbarung zum Zeitmaß *an sich* geworden war.

So wurde die Zahlenspielerei der Endzeitprediger konkret: 1001 Era = 1260 AD. Der übersprungene Abstand hätte 297 minus 44 Jahre sein müssen, er war aber sieben Jahre kürzer. Man nahm dies hin, weil dieser Fehler – 38 statt 44 (beide Jahre zählen mit) – möglicherweise durch die mauritanische Provinz-Ära, die im Jahr 40 AD begann, verursacht war.

Die absichtliche Fehlberechnung um sieben Jahre (man zählte stets *erstes und letztes* Jahr mit), ergab eine Verkürzung der (legendären) Lebensspanne Jesu: Wenn Jesus im Jahr 44 Era geboren war, dann läge sein Geburtsjahr nach dem neuen Rechenmodus (44 minus 38 =) sieben Jahre vor dem Jahr 1 AD. Natürlich blieb man bei der Festlegung der Geburt Jesu auf 1 AD, schon aus populärpolitischen Gründen. Sein Todesjahr fiel damit ins Jahr 33 (nämlich 40 minus 7), wie heute allgemein angenommen wird. Nach den Angaben über die Umstände zur Geburt Jesu, die man in die Evangelien eingefügt hatte und nicht mehr ändern konnte, mußte allerdings in der Renaissance die Geburt Jesu auf mindestens 4 v. Chr. (Tod des Herodes) angesetzt werden. Um nun die neue Lebensspanne Jesu von 33 Jahren, die in der Zwischenzeit kirchlich verankert worden war, einzubeziehen, verlegte man das Kreuzigungsjahr auf 29 AD. Wegen der Volkszählung des Augustus, die wahrscheinlich im Jahr 7 v. Chr. stattfand, hätte man noch einmal korrigieren müssen, wofür Kepler planmäßig eine Konstellation von Jupiter und Saturn im Sternzeichen Fische errechnete und mit dem »Stern der Weisen« gleichsetzte.
Die Fehlerquelle von sieben Jahren stiftete während der Neuschreibung der mittelalterlichen Geschichte an verschiedenen Stellen Verwirrung, über die keine Einigung mehr erzielt werden konnte. Man ließ bei besonders wichtigen Daten einfach beide nebeneinander stehen, etwa beim Konzil von Nizäa, das nach der neuen Rechnung – 325 Jahre nach Christi Geburt – nun auf das Jahr 318 AD fiel. Man nannte dieses kirchliche Zusammentreffen die »Große Synode«, ließ fast gleiche Streitgespräche und Urteile stehen und führte die beiden Ereignisse nacheinander.
Was bei so lange zurückliegenden Daten kaum Schwierigkeiten verursachte, mußte bei den kurz vor der Umstellung liegenden Geschehnissen Probleme aufwerfen. So hat z. B. das Datum der Umstellung von Era auf AD-Zählung in mehrfacher Hinsicht

Mißergebnisse gebracht, wie ich schon erwähnte. Ich möchte hier nur noch das Beispiel von Portugal unter die Lupe nehmen, weil es besonders knapp vor der humanistischen Neuschreibung lag, so daß sich das Problem kaum verbergen ließ.
Man nimmt heute an, daß die Umstellung von Era auf AD in Portugal unter König João I. im Jahr 1422 AD oder 1415 AD erfolgte (siehe hierzu Heiss, S. 23). Die Festlegung auf (1)422 ist allerdings rein fiktiv und später errechnet. Zeugnisse dafür gibt es meines Wissens nicht. Die 1 am Anfang (also 1000) schreibt man – wie im Cinquecento Italiens – in Portugal selbst in offiziellen Dokumenten noch heute nicht, denn es wäre widersinnig! Man wußte ja noch, daß die Einführung des Jahres 1001 AD nicht 1000 Jahre nach Jesu Geburt geschah, sondern willkürlich festgelegt worden war. Folglich ist nur dieser Neubeginn, mit dem die christliche Idee symbolisiert wird, als Epochenbeginn zu verwenden. Man schreibt stets das Jahr der neuen Zählweise, heute also 999.
Wie kam man nun dazu, das Jahr 422 als das der Einführung der neuen Zeitrechnung in Portugal festzulegen? Es handelt sich wieder um eine typisch komputistische Zahlenspielerei: Da 911 AD das erste »echte« Jahr der neuen Geschichtsschreibung geworden war, mußte man von diesem die 748 *tatsächlich* vergangenen Jahre des ersten Jahrtausends abziehen und erhielt damit das reale Era-Jahr nach 1000, nämlich 163. Dieses entsprach (1163 plus 259) dem AD-Jahr 1422. Als sich nun durch die humanistischen Erkenntnisse alle Daten um 7 Jahre zurückverschoben, ergab sich für Portugals Umstellungsjahr die Zahl 415, die allerdings später wieder fallengelassen wurde, als man die Unlogik dieser Rechenmanipulation erkannte.
Noch ein anderer komputistischer Fehler ist signifikant und kann bei der Erstellung einer neuen Chronologie eines Tages brauchbare Hinweise auf die jeweilige Quelle beziehungsweise die Umrechner der Daten geben: Da man in der Renaissance nicht mehr 911 AD, sondern (minus 297) das Jahr 614 AD für

den Fall von Jerusalem ansetzte, ergab sich gegenüber 622 – dem Antichristjahr der spätmittelalterlichen Mönche und dem neuen Anfangsjahr der islamischen Hedschra – eine Lücke von acht Jahren. Wegen ihrer Nähe zu den sieben Jahren der Verschiebung von Jesu Geburt bedarf es größter Aufmerksamkeit, den Fehler jeweils richtig einzuordnen.

Es ist nicht anzunehmen, daß diese neuen Erkenntnisse sich wie ein Lauffeuer ausbreiten und schon bald zu einer Revision der Geschichtsschreibung führen werden. Eher möchte ich annehmen, daß der Widerstand gegen gewisse Folgerungen gerade erst gegenteilige Beweise erzwingen wird, die vorher nicht nötig waren. Es wird darum ratsam sein, den Zeitpunkt, zu dem Illig und Niemitz erstmals die neue Entdeckung mitteilten, also 1991, als eine Grenze zu betrachten: Alles was danach geschrieben wurde – wie etwa die hauseigene katholische Kritik an der Echtheit des Heiligen Bernhard (siehe Illig, VFG 2/1994, S. 20–39) –, könnte schon eine Antwort darauf sein, ein Versuch der Schadenseindämmung, der die Lawine bremsen soll. Jedenfalls können wir uns auf hitzige Debatten gefaßt machen, und daß diese nicht nur mit den reinen Mitteln der Wissenschaftlichkeit ausgefochten werden, das ist voraussehbar.

Vermutlich wird bei der Kritik an der neuen These noch manchem Wissenschaftler der (Doktor)Hut hochgehen.

Literatur

Abkürzung: VFG und ZS bezeichnet die Vierteljahreszeitschrift von Heribert Illig, »Vorzeit-Frühzeit-Gegenwart«, ab 1995 »Zeitensprünge« (Gräfelfing bei München). 2/95 bedeutet: Jahrgang 1995, 2. Heft

Albrecht, Gisela (1995): »Livius und die frühe römische Republik« (ZS 3/95, S. 222–246)

Alföldi, Andreas (1976): »Römische Frühgeschichte« (Heidelberg)

Al-Mas'udi (gest. 956): »Die Goldenen Gärten = Les prairies d'Or« (frz. v. Meynard u. Corteille, Paris 1861–74)

Altheim, Franz (1948–1950): »Literatur und Gesellschaft im ausgehenden Altertum« (Halle/S.)

– (1959–62): »Geschichte der Hunnen« (4 Bde., Berlin)

Aravamuthan, T. G. (1949): »Gods of Harappa« (in: »Journal of the Bihar Research Society« 24, 3)

– (1955): »Origin and Growth of Religion. Indian Evidence« (in: »Transactions Arch. Soc. of South India«, Vol. I, Madras)

Barral i Altet, Xavier (1976): »La circulation des monnaies Suèves et Visigotiques« (München)

Basham, Arthur L. (1954): »The Wonder that was India« (London)

– (Hrsg., 1968): »Papers on the date of Kanishka« (Leiden)

Beda Venerabilis: »Historia ecclesiastica« (deutsch von Wilden, Schaffhausen 1860)

Beltrán Villagrasa, Pio (1948): »Rectificaciones y falsificaciones en las monedas visigodas« (Akten des 3. Archäolog. Kongresses in Murcia, S. 385–449; Cartagena)

– (1972): »Numismática de la Edad Media y de los Reyes Católicos« (Zaragoza)

Benabdallah, Abdelaziz (1995): »Le soufisme afro-maghrebin aux XIXe et XXe siècles« (Rabat)

Biruni, Al- (1000): »Athar ul Bakiya. Chronology of Ancient Nations« (hrsg. und übers. von C. E. Sachau, London 1879)

Bischoff, Bernhard (1979): »Paläographie des römischen Altertums und des abendländischen Mittelalters« (Berlin)

Blachère, Régis (1953): »Le problème de Mahomet« (Paris)

Blaschke, Wilhelm (1957): »Reden und Reisen eines Geometers« (Berlin)
Blöss, Christian (1988): »Jenseits von Darwin« (Frankfurt/M.)
– (1991): »Planeten, Götter, Katastrophen: Das neue Bild vom kosmischen Chaos« (Frankfurt/M.)
– (1995): »Sonnenfinsternisbeobachtungen in Mitteleuropa von 600 bis 900« (ZS 3/95)
– (1996 mit Niemitz): »Der Selbstbetrug von C14-Methode und Dendrochronologie« (ZS 3/96)
Blöss, C. und Niemitz, H.-U. (1997): »C14-Crash. Das Ende der Illusion, mit ^{14}C- und Dendrochronologie datieren zu können« (Gräfelfing)
Blunck, H. F. (1936): »König Geiserich« (Hamburg)
Bodmann, Gertrud (1992): »Jahreszahlen und Weltalter. Zeit- und Raumvorstellungen im Mittelalter« (Frankfurt/M.)
Borges Coelho, António, (Hrsg., 1972): »Portugal na Espanha Arabe« (2 Bde., Lissabon)
Borst, Arno (1990): »Computus. Zeit und Zahl in der Geschichte Europas« (Berlin)
Brauer, A., Hajdas, I. u. a. (1994): »Warvenchronologie«, (in: »Geowissenschaften« 12, Heft 10, Potsdam)
Braun, Maximilian (1947): »Grundzüge der slawischen Sprachen« (Göttingen)
Bréhier, Louis (1907): »Le monde byzantin« (Paris)
Brémond (1950): »Berbères et arabes« (Paris, Payot)
Brinker, Helmut und Goepper, Roger (1980): »Kunstschätze aus China« Katalog (Zürich)
Brückner, A. (1913): »Die Wahrheit über die Slavenapostel« (Tübingen)
Buchner, Edmund (1982): »Die Sonnenuhr des Augustus« (Mainz)
Buchner, R. (Hrsg., 1964): »Ausgewertete Quellen zur deutschen Geschichte des Mittelalters« (Bd. VII, Darmstadt)
Cantor, Moritz (1913): »Geschichte der Mathematik«, Bd. II (Leipzig)
Chwolson, D. (1866): »Mémoires de l'Académie impériale des Sciences de Saint Petersbourg«, VII série, tome IX (S. Petersburg)
Codera y Zaidin, Francisco (1879): »Tratado de Numismática arábigo-española« (Madrid)
Corrodi (1794): »Kritische Geschichte des Chiliasmus« (2 Bde., Zürich)
Csöke, Sandór (1979): »The Sumerian and Ural Altaic Elements in the Old Slavic Language« (Privatdruck, München)
Cunningham, Alexander (1883): »Book of Indian Eras«
Dahn, Felix (1861–71): »Die Könige der Germanen« (München, Würzburg)
– (1865): »Prokop von Cäsarea« (Berlin)
Daum, Werner, (Hrsg., 1987): »Jemen« (Innsbruck, Frankfurt/M.)
Delambre (1817): »Histoire de l'Astronomie Ancienne« (2 Bde., Paris)
– (1819): »Histoire de l'Astronomie du Moyen Age« (Paris)
Dermenghem, Émile (1960): »Mohammed« (aus dem Franz., Reinbek)

Diehl (1924–31): »Inscriptiones latinae christianae veteres« (3 Bde., Leipzig)
Dozy, Reinhart (1861): »Histoire des Musulmans d'Espagne 711–1110« (4 Bde., Leiden; deutsch Leipzig 1874)
– (1866): »Al Idrisi, Description de l'Afrique et de l'Espagne« (mit de Goeje; Leiden)
– (1961): »Le Calendrier de Cordue« (Nachdruck, Leiden)
Dozy, R. und Engelmann, W. H. (1869): »Glossaire des mots Espagnoles et Portugais dérivés de l'Arabe« (Leiden; Nachdruck Beirut 1974)
Dresler, Adolf (1957): »Gutenbergstudien IV: Gutenberg und Regiomontanus« (Wien, Zürich)
Drews, Arthur (1921): »Das Markus-Evangelium als Zeugnis gegen die Geschichtlichkeit Jesu« (Jena)
Eggermont, Pierre H. (1987): »India and the Ancient World« (Löwen)
Enderlein, Volkmar (1990): »Islamische Kunst« (Dresden)
– (1994): »Mschatta – ein Kalifenschloß. Führungsblatt Nr. 1 zum Museum für Islamische Kunst, Pergamonmuseum« (Berlin)
»Enciclopedia ilustrada« (Madrid)
»Encyclopedia Judaica« (1971 ff.) (Jerusalem)
»Encyclopedia of Islam« (ab 1954) (Leiden, London)
»Enzyklopädie des Islam« (1913–34): 4 Bde. (Leiden, Leipzig)
Ettinghausen, R. (1977): »La peinture arabe« (Genf)
EuS = »Ethik und Sozialwissenschaften« (Zeitschrift; Opladen)
Evola, Julius (1955): »Mysterium des Grals« (München)
Finegan, J. (1989): »Archaeological History of Religions of Indian Asia« (New York)
Flórez, Henrique (1747–73): »España sagrada« (29 Bde., Madrid)
Franke, Lothar (1996): »Kalender der Jahre 1000–2100 zur Zeitrechnung im deutschen Sprachraum« (Wiedemar)
Friedrich, Horst (1990): »Velikovsky, Spanuth und die Seevölker« (2. Aufl., Wörthsee)
– (1989): »Velikovsky, Spanuth und die Seevölker« (VFG 5/89)
– (1992): »Sprachstammbaum und Kataklysmen« (VFG 4–5/92)
Frye, R. N. (Hrsg., 1975): »The Cambridge History of Iran« (8 Bde., Cambridge)
Fuhrmann, Horst (Hrsg., 1988): »Monumenta Germaniae Historica« (Bd. 33, Hannover)
Galabov, Ivan (1973): »Das Altbulgarische und das Latein im europäischen Mittelalter« (Vortrag an der Univ. Salzburg)
Gaube, Heinz (1973): »Arabosasanidische Numismatik« (Braunschweig)
Gauthier, E. F. (1935): »Genseric« (Paris, Payot)
Gerbert, Marie-Claude (1992): »L'Espagne aus Moyen Age« (Paris)
Ginzel, F. K. (1906–1914): »Handbuch der mathematischen und technischen Chronologie« (3 Bde., Leipzig)

Göbl, R. (1978): »Antike Numismatik« (2 Bde., München)
– (1984): »System und Chronologie der Münzprägungen des Kuschanreiches« (Wien)
– (1984 a): »Numismatik« (Wien)
Goehrke, Carsten, und Kälin, Ursel (1992): »Frühzeit des Ostslaventums« (Darmstadt)
Gomez Moreno, Manuel (1932): »Las primeras crónicas de la Reconquista: El ciclo de Alfonso III« (in: »Boletin de Historia«, S. 615, Madrid)
– (1966): »Documentación Goda en pizarra« (Real Acad. Hist., Madrid)
Graichen, Gisela, und Hillrichs, H. H. (Hrsg., 1993): »C14- Die Gebeine des Papstes« (München)
»Grande Encyclopédie« (Paris)
Grierson, Philip (1982): »Byzantine Coinage« (Washington)
Grotefend, Hermann (1891–98): »Zeitrechnung des deutschen Mittelalters und der Neuzeit« (2 Bde., Hannover)
Heinsohn, Gunnar (1988): »Die Sumerer gab es nicht« (Frankfurt/M.)
– (1991): »Jüdische Geschichte und die Illig-Niemitzsche Verkürzung der christlichen Chronologie des Mittelalters« (VFG 5/91)
– (1991): »Wie alt ist das Menschengeschlecht?« (Gräfelfing, 2. Aufl. 1996)
– (1992): »Perserherrscher gleich Assyrerkönige?« (Gräfelfing)
– (1993): »Wer herrschte im Industal?« (Gräfelfing)
– (1993): »Die Wiedereinsetzung Armeniens in sein archäologisches Erbe« (VFG 2/93)
– (1994): »Für wieviele Jahre reicht das Grönlandeis?« (VFG 4/94)
Heinsohn, G., und Illig, H. (1990): »Wann lebten die Pharaonen?« (Frankfurt/M.)
Heinsohn, G. und Steiger, Otto (1989): »Die Vernichtung der weisen Frauen« (5. Aufl., München)
Heiss, Alois (1872): »Description générale des monnaies des rois wisigoths d'Espagne« (Paris; Nachdruck Italien 1976)
Henseling, Robert (1939): »Umstrittenes Weltbild« (Leipzig)
Herodot: »Historien« (übers. von W. Marg, München)
Hertel, Heinr. (1934): »Das dritte Reich in der Geistesgeschichte« (Hamburg)
Hirt, Herman (1905): »Die Indogermanen« (Straßburg)
Höfler, Otto (1957): »Die hochdeutsche Lautverschiebung« (Wien)
Hörbiger, Hanns und Fauth, Philipp (1912/1925): »Glazialkosmogonie« (Leipzig)
Hrozný, Friedrich (1940): »Die älteste Geschichte Vorderasiens« (Prag)
Huber, Michael O.S.B. (1910): »Die Wanderlegende von den Siebenschläfern« (Leipzig)
Hübner, Emil (1871 und 1900): »Inscriptiones Hispaniae Christianae, mit Supplementum« (G. Reimer, Berlin, Nachdruck Hildesheim 1975)

Ibn Adhari oder Idhari (Ende 13. Jahrhundert): »Al Bayan ul Moghreb« (frz. E. Fagnan, Algier 1904) – (s. a. Dozy, 1848–51, 2 Bde.)
Ibn al Hakam al Misri (gest. 871): »Futuh Misri wa al Maghrib wa al Andalus« (= Achbar al madschmu'a), hrsg. v. E. Vidal Beltran (Valencia 1966/1974) nach Ch. C. Torrey (New Haven 1922)
Ibn al Kardabus: »Kitab al Iktifa« (Die vollständige Geschichte), n. d. Ausg. von A. Mujtar al Abbadi, Alexandria, Ägypten, 1966, (span. Übers. Felipe Maíllo Salgado, Madrid 1986)
Ibn Chaldun (14. Jh.): »Al moqaddima« (zahlr. Übers.) – »Berberchronik« (übers. Baron de Slane, Algier 1852–56, 4 Bde.)
Ibn Cotaiba (9. Jh.): »Adadith al imam wa al siwasa« (laut Dozy 1062 geschrieben)
Ibn Yunis (1008): »Al Zij al Kabir al Hakimi«, (part. hrsg. und übers. von J. J. Caussin de Perceval: »Ebn Iounis ...«, Paris 1804)
Ideler, Ludwig (1826): »Handbuch der mathematischen und technischen Chronologie« (Berlin)
Illig, Heribert (1988): »Die veraltete Vorzeit« (Frankfurt/M.)
– (1991): »Die christliche Zeitrechnung ist zu lang« (VFG 1/91)
– (1991): »Jüdische Chronologie« (VFG 5/91)
– (1992): »Wann lebte Mohammed« (VFG 2/92)
– (1992): »Vom Erzfälscher Konstantin VII« (VFG 4–5/92)
– (1993): »Kalender und Astronomie« (VFG 3–4/93)
– (1994): »Doppelter Gregor – Fiktiver Benedikt« (VFG 2/94)
– (1995): »Spaniens Wirrungen im frühen Mittelalter« (ZS 1/95)
– (1996): »Streit ums zu lange Mittelalter« (ZS 1/96)
– (1996): »Von der Karlslüge« (ZS 3/96)
– (1996): »Das erfundene Mittelalter« (Düsseldorf)
Illig, H., und Niemitz, H.-U. (1991): »Hat das dunkle Mittelalter nie existiert?« (VFG 1/91)
Isidor, Sankt I. von Sevilla: »Historia de regibus Gothorum, Wandalorum et Suevorum« (ed. Faustinus Arevalo, Bd. 7, Paris 1862) – (deutsch von D. Coste, Berlin 1887/Essen 1986)
– (1862): »Etymologiarum, De Natura Rerum etc.« (Hrsg. Faustinus Arevalo, Bd. I; Paris)
Jahn, Karl (1977): »Die Frankengeschichte des Raschid ad-Din«, (Text in Faksimile, Übers. und Komm., Wien)
Jedin, Hubert (1959): »Kleine Konziliengeschichte« (Freiburg i. Br.)
Jettmar, Karl (1957): »Urgeschichte Innerasiens: Asiatischer Steppengürtel und Sibirien« (Abriß der Vorgesch.; München)
– (1966): »Mittelasien und Sibirien in vortürkischer Zeit« (Gesch. Mittelasiens; Leiden)
Kaufmann, Carl M. (1917): »Handbuch der altchristlichen Epigraphik« (Freiburg i. Br.)

King, J. E. (1930/1979): »Bede, Historical Works« (London)
Klima, O. (1959): siehe Rypka
Koch, John (1883): »Die Siebenschläferlegende und ihre Verbreitung« (Leipzig)
Kohn, Hans (Hrsg., 1960): »Die Welt der Slawen« (Bd. I; Frankfurt/M.)
Krusch, Bruno (1880): »Studien zur christlich-mittelalterlichen Chronologie. Die Entstehung unserer heutigen Zeitrechnung« (I und II, Berlin)
Kubitschek, W. (1928): »Grundriß der antiken Zeitrechnung« (München)
Kuhn, Joachim (1994): »Innereuropäische Ursprünge des Rassismus« (in: »Silsila«, Zeitschrift, Heft 3, Berlin)
Lane-Poole, Stanley (1875): »Catalogue of Oriental Coins in the British Museum« (London)
Le Goff, Jacques (1981): »La naissance du purgatoire« (Paris) – (deutsch Stuttgart 1985)
Lentz, Wolfgang (1938): »Zeitrechnung in Nuristan und am Pamir«, (in: »Abh. Preuß. Akad. d. Wiss.« Nr. 7, Berlin 1939)
Lévi-Provencal, E. (1931): »Inscriptions arabes d'Espagne« (Leiden)
– (1950): »Histoire des musulmanes d 'Espagne«
Lietzmann, Hans (1984): »Zeitrechnung der römischen Kaiserzeit, des Mittelalters und der Neuzeit« (Berlin)
Lohuizen-de Leeuw, Johanna van: in: Basham 1968; – und in: Sinor 1970.
Lüling, Günter (1974/1993): »Über den Ur-Qur'an« (Erlangen)
– (1981): »Die Wiederentdeckung des Propheten Mohammed« (Erlangen)
– (1992): »Der christliche Kult an der vorislamischen Kaaba« (Erlangen)
Makkari, Al- (17. Jh.): »Nafh at-Tib« (Bd. 1, hrsg. von Dozy, Dugat, Krehl und Wright, Leiden 1855–61)
Mallory, J. P. (1989): »In Search of the Indo-Europeans« (London)
Mares, Frant. Vaclav (1965): »Die Entwicklung der slavischen phonologischen Systeme« (München)
Martin, Paul C. (1994–1995): »Wie stark erhellen Münzen die ›dark ages‹ in Italien?« I–III (VFG/ZS, 4/94; 2/95; 3/95)
– (1996): »Datierung antiker Münzprägung mit Hilfe des Grönlandeises?« (ZS 2/96)
Marx, Christoph (1993): »Datieren vor der gregorianischen Kalenderreform« (VFG 3–4/93)
– (1995): »Generelles Historiographieschema« (ZS 3/95)
– (1996): »Der bislang letzte ›große Ruck‹« (ZS 3/96)
– (1996): »Zwischen Altzeit und Neuzeit: Wahnzeit« (Selbstverlag Basel)
Menéndez Pidal, Ramón (1956 ff.): »Historia de España« (Madrid)
Metzger, Térèse und Mandel (1982): »La vie juive au Moyen Age« (Fribourg, Schweiz)
»Meyers Konversationslexikon«, 4. und 6. Auflage, 1884–1907 (Leipzig)
Milicua, José (Hrsg., 1993): »Historia Universal del Arte«, Bd. III (Barcelona)

Millás Vallicrosa, J. M. (1967): »Literatura hebraico-española« (Buenos Aires, 3°, 1973)
Mitchiner, Michael (1977): »Oriental Coins and their values. The World of Islam« (London)
Mitra, Debala (1937): »The Cultural Heritage of India« (Bd. I, Calcutta)
Mühlmann, Wilhelm (1961): »Chiliasmus und Nativismus« (Berlin)
Müller, Angelika (1990): »Unvorsichtige Behauptungen zu Plato und Bewußtsein« (VFG 1/90)
– (1990): »Die Quelle. Über die Zweifelhaftigkeit alter Überlieferung« (VFG 5/90)
– (1992): »Indogermanische Ursuppe?« (VFG 1/92)
– (1992): »Karl der Große und Harun al-Raschid« (VFG 4–5/92)
Narain, A. K. (1957): »The Indo-Greeks« (Oxford)
– (1968): »The Coin types of the Indo-Greek Kings« (Chicago, USA)
Neugebauer, Otto (1989): »Chronography in Ethiopic Sources« (Wien)
Newton, Robert R. (1972): »Medieval Chronicles and the Rotation of the Earth« (Baltimore)
– (1976): »Ancient Planetary Observations and the Validity of Ephemeris Time« (Baltimore)
– (1977): »The Crime of Claudius Ptolemy« (Baltimore, London)
Niemitz, Hans-Ulrich (1991): »Fälschungen im Mittelalter« (VFG 1/91)
– (1991): »Kammeier kritisch gewürdigt« (VFG 3–4/91)
– (1992): »Archäologie und Kontinuität« (VFG 3/92)
– (1993): »Eine frühmittelalterliche Phantomzeit – nachgewiesen in Frankfurter Stratigraphien« (VFG 3–4/93)
– (1994): »Byzantinistik und Phantomzeit« (VFG 1/94)
– (1994): »Die Dauerkrise frühmittelalterlicher Keramikforschung« (VFG 2/94)
– (1995): »Die ›magic dates‹ und ›secret procedures‹ der Dendrochronologie« (ZS 3/95)
– (1996 mit Blöss): »Der Selbstbetrug der C14-Methode und Dendrochronologie« (ZS 3/96)
– (1997 mit Blöss): »C14-Crash. Das Ende der Illusion mit Radiokarbonmethode und Dendrochronlogie datieren zu können« (Gräfelfing)
Nieto Alcaide, Víctor (1989): »Arte prerrománico Asturiano« (Salinas in Asturien, Spanien)
Olagüe, Ignacio (1950): »La decadencia de España« (4 Bde.)
– (1969): »Les Arabes n'ont jamais envahi l'Espagne«
– (1974): »La revolución islámica en occidente« (Barcelona)
Orosius, Paulus: »Adversum paganos« siehe Torres Rodriguez
Paret, Rudi (1954): »Der Koran« (Übers. und Komm., Stuttgart)
Pauly-Wissowa (1893): »Lexikon der Altertumskunde« (Bd. 1, Stichwort Aera) (Nachdruck Stuttgart 1958)

Pischel, Barbara (1980): »Kulturgeschichte und Volkskunst der Wandalen« (Frankfurt/M.)
Plaeschke, Ingeborg und Herbert (1988): »Frühe indische Plastik« (Leipzig)
Pörtner, Rudolf (1964): »Die Erben Roms« (Düsseldorf)
Pohl, H. D. (1977): »Slavisch und Lateinisch« (Klagenfurt)
Poliakov, Leon (1977): »Der arische Mythos« (Wien)
Prause, Gerhard (1966): »Niemand hat Kolumbus ausgelacht« (Düsseldorf)
Prou, Maurice (1892): »Les monnaies Carolingiennes« (Paris; Nachdr. Graz 1969)
– (1896): »Les monnaies Mérovingiennes« (Paris; Nachdr. Graz 1969)
Rade, Claus Dieter (1997): »Gedanken zu geschichtlichen Größen Indiens« (ZS 1/97)
– (1998): »Indonesiens mittelalterliche Chronologielücken« (ZS 2/98)
Randow, Norbert (1972): »Die Pannonischen Legenden« (Berlin)
Raschid ud-Din Tabib (1311): »Djami' at-Tawarich« (übers. Blochet) – (siehe auch Jahn, Karl)
Ribeiro, J. P.: »Dissertacões ...«, Vol. III, und »Observacões de diplomática« (Coimbra)
Rodriguez Alonso, Cristobal (1975): »Las Historias de los Godos, Vandalos y Suevos de Isidoro de Sevilla« (León, Spanien)
Rosenthal, F. (1952): »History of Muslim Historiography« (Leiden)
Roth, Cecil (1979): »Los Judios secretos. Historia de los maranos« (Madrid) (engl. 1931/1958)
– (1966): »World History of the Jewish People«, Bd. 11 (London)
Ruehl, Franz (1897): »Chronologie des Mittelalters und der Neuzeit« (Berlin)
Rypka, Jan (1959): »Iranische Literaturgeschichte« mit Beiträgen von O. Klima u. a. (Leipzig)
– (1968): »History of Iranian Literature« (Dordrecht)
Saavedra y Moragas, Eduardo (1892): »Estudio sobre la invasión de los Arabes en España« (Madrid)
Santillana, Giorgio de, und Dechend, Hertha von (1993): »Die Mühle des Hamlet« (Berlin) (aus dem Amerikan., Boston 1969)
Scardigli, P. (1973): »Die Goten. Sprache und Kultur« (aus dem Ital. 1964; München)
Schaefer, Heinrich (1845): »Histoire de Portugal« (Paris)
Schildman, Kurt (1993): »Relativierte Chiliastik« (ZS 1/93)
– (1994): »Die Indusschrift entziffert!« (in: »Efodon-Synesis« Nr. 5, Wessobrunn)
– (1996): »Entzifferung der Indus-Schrift« (ZS 3/96)
Schlunk, Helmut et al. (1947): »Ars Hispaniae« (Bd. 2, Madrid)
Schreiner, Peter, und Euw, Anton v. (Hrsg., 1991): »Kaiserin Theophanu« (Bd. II, Köln)

Schuh, Dieter (1973): »Untersuchungen zur Geschichte der tibetischen Kalenderrechnung« (Wiesbaden)
Sendón de León, Victoria (1986/1993): »La España herética« (Barcelona)
Sinz, Erich (1984): »Gudrun kam vom Schwarzen Meer« (München, Berlin)
Smith, Rex G. (1987): »Politische Geschichte des islamischen Jemen« (in: Daum 1987)
Solé Tura, Jordí (Hrsg., 1991): »La vida judía en Sefarad« (Toledo)
Sonntag, Regine (1987): »Studien zur Bewertung von Zahlenangaben in der Geschichtsschreibung des frühen Mittelalters« (Diss., München)
Spengler, Oswald (1918–22): »Der Untergang des Abendlandes«, 2 Bde. (dtv, 5. Aufl., 1979)
– (1937): »Reden und Aufsätze« (München)
– (1966): »Frühzeit der Weltgeschichte« (München, posthumes Fragment)
Taylor, Long und Kra (Hrsg., 1992): »Radiocarbon After Four Decades« (New York)
Thompson (1969): »The Goths in Spain« (Oxford)
Topper, Ilya Ullrich (1994): »300 Jahre Phantomzeit?« (VFG 4/94)
– »Apuntes sobre la era árabe en el contexto mediterráneo« (in: »Al-Andalus – Maghreb« III, Homenaje a Braulio Justel Calabozo, Univ. Cádiz, im Druck)
Topper, Uwe (1977): »Das Erbe der Giganten« (Olten)
– (1984/91): »Sufis und Heilige im Maghreb« (Köln, München)
– (1988): »Wiedergeburt. Das Wissen der Völker« (Reinbek)
– (1993): »Das letzte Buch. Bedeutung der Offenbarung des Johannes« (München)
– (1994): »Die Siebenschläfer von Ephesus« (VFG 1/94)
– (1994): »Zur Chronologie der islamischen Randgebiete« (VFG 3/94)
– (1995): »Entstehung des Slawentums« (ZS 4/95)
– (1996): »Hinweise zur Neuordnung der Chronologie Indiens« (ZS 4/96)
Topper, U. und Topper, U. (1988): Arte rupestre en la provincia de Cádiz (Cádiz, Spanien)
Torres Rodriguez, Casimiro (1985): »Paulo Orosio, su vida y sus obras« (Santiago, Spanien)
Touchet, Jacques (1991): »La Grande Mystification« (Carcassonne)
Trubetzkoj, Fürst N. S. (1936): »Die Altkirchenslav. Vertretung« (in »Zeitschr. f. slav. Phil.«, Bd. 13, Leipzig)
– (1939): »Gedanken über das Indogermanentum« (in: »Acta Linguistica« I.)
Vives, José (1963): »Concilios Visigóticos e Hispano-Romanos« (Madrid)
– (1969): »Inscripciones cristianas de la España romana y visigoda« (Barcelona)
Wellhausen, Julius (1884): »Abriß der Geschichte Israels und Judas« (Berlin; Nachdr. 1985)
– (1897): »Reste arabischen Heidentums« (Berlin)

– (1899): »Prolegomena zur ältesten Geschichte des Islams« (Berlin; Nachdr. 1985)
Werner, Karl F. (1959): »Zur Arbeitsweise des Regino von Prüm« (in: »Die Welt als Geschichte« 19. Jahrg., S. 96–116, Stuttgart)
Witzleben, Uta von (1960/1984): »Schahname« (Berlin)
Wolfram, Herwig (1987): »Die Geburt Mitteleuropas: Geschichte Österreichs vor seiner Entstehung 378–907« (Berlin)
Zedler, J. H. (1743): »Universallexikon« (Leipzig; Nachdr. Graz 1962)
Zeller, Manfred (1993): »Die Steppenvölker Südost-Europas in der Spätantike und im Frühmittelalter« (VFG 1/93)
– (1993): »Der Iran in frühislamischer Zeit« (VFG 3–4/93)
– (1994): »Zentralasien im frühen Mittelalter« (VFG 3/94)
– (1996): »Die Landnahme der Ungarn in Pannonien« (ZS 2/96)
Zinner, Ernst (1937): »Der deutsche Kalender des Johannes Regiomontan. Nürnberg um 1474« (Leipzig)

Register

288 Seiten, ISBN 3-7844-2724-3

Jörg Dendl

Wallfahrt in Waffen

Als die Kreuzfahrer am 15. Juli 1099 Jerusalem stürmen, ist dies das Ende eines ohne Gnade geführten Glaubenskriegs. Der Historiker Dendl schildert die packenden Ereignisse des Ersten Kreuzzugs vom Aufruf in Clermont 1095 und dem Aufbruch der christlichen Heere bis zur blutigen Eroberung Jerusalems in einem grandiosen Szenario der mittelalterlichen Welt. Die erste authentische Darstellung auf Basis aller heute verfügbaren Quellen.

Langen Müller